Gottfried Eisermann · Schicksal und Zufall

Gottfried Eisermann

Schicksal und Zufall

In Leben und Wirken Goethes

1998

BOUVIER VERLAG · BONN

Die Deutsche Bibliothek - CIP-Einheitsaufnahme

Eisermann, Gottfried:
Schicksal und Zufall: in Leben und Wirken Goethes/
Gottfried Eisermann. -
Bonn : Bouvier, 1998

ISBN 3-416-02811-2

 Printed in Germany. Titelfoto: AKG Photo. Umschlaggestaltung: Michael Fischer, Köln. Satz: Karin Lippert, Bonn. Druck und Einband: Druckerei Plump KG, Rheinbreitbach. Gedruckt auf säurefreiem Papier.

Jeder von uns hat sich einmal gefragt, ob gewisse zufällige Ereignisse nicht einen inneren Zusammenhang besäßen und ob das, was wir Schicksal nennen etwa bloß Zufall wäre. Oft hat manchen von uns auch der glückliche Ausgang törichter Handlungen dazu gebracht, dies als Schicksal oder Fügung zu betrachten. „Es gibt Augenblicke des Lebens, in denen die Begebenheiten gleich geflügelten Weberschiffchen vor uns sich hin und wider bewegen und unaufhaltsam ein Gewebe vollenden, das wir mehr oder weniger selbst gesponnen und angelegt haben", sann Goethe in „Wilhelm Meisters Lehrjahre", jenem Werk, in dem er auf sein Leben zurückblickte. Diese Überlegung aber drängt sich uns allgemein auf, wenn wir unser Schicksal in befreundete Hände gelegt haben. Was dann daraus geworden ist, bleibt profanen Augen oft auf ewig ein Rätsel. Bereits der sechsjährige Goethe hatte sich, als er von dem furchtbaren Erdbeben von Lissabon erfuhr, Gedanken hinsichtlich der Güte Gottes gemacht. War es die Schuld der Menschen, die dort schicksalhaft nach Gottes Willen umkamen, weil sie alle schlecht waren oder waren sie nur zufällig wie die biblischen Arbeiter zu Siloah, die weder gut noch schlecht waren, durch das Erdbeben zugrunde gegangen?

Oft suchen wir bei anderen, Älteren oder Erfahreneren, Klügeren oder höher Gestellten Rat, „wie weit sich", so drückte Goethe es einmal aus, „wie weit sich der Mensch mit seinen Gedanken wagen, und wovon er hoffen dürfe, sich andern jemals Rechenschaft zu geben". Alle Übergänge im Leben sind ja Krisen. Uns alle aber treffen Übergänge, manchmal nachträglich erkennbar, als schicksalhafte Entscheidungen oder Wendungen. Schwierig wird es dann besonders für Menschen, die reinen Herzens und reiner Absichten sind, wenn sie dorthin gelangt sind, wo sie über sich selbst aufgeklärt werden sollen. Um so schwieriger, wenn der Rat oder die Aufklärung, die wir in einer solchen Lage erteilen sollen, einen Entschluß oder eine Entscheidung veranlassen können, die dem Betreffenden zum Schicksal werden kann. Nur im tiefsten Vertrauen auf die eigene Urteilsfähigkeit lassen sich deshalb solche Aufklärungen oder Ratschläge guten Gewissens verantworten, zumal dann, wenn das Schicksal mit dem Betreffenden offenbar einen anderen Weg einschlagen möchte.

Mit dem zufällig vernommenen Namen eines Menschen kehrt uns oft sein Bild ins Gedächtnis zurück. Der Zufall ist es auch nicht selten, der unsere Entschließungen, von denen wir sogar ahnen mögen, daß sie weitertragende Wirkungen haben werden, zu bestimmen scheint. Die Umstände, unter denen wir jemandem begegnet sind, der Zufall, der uns zu ihm führte, kann ihm oder uns beiden zum Schicksal werden, ungeachtet wie geringfügig der Anlaß oder der Umstand sein mögen, der dies auslöst oder gar herbeiführt. Wie oft hören wir auch, daß „Kommissar Zufall" dieses oder jenes Verbrechen, manchmal nach Jahrzehnten, aufdecken und den Schuldigen überführen half. Mehr als eine klassische Erzählung hat sich dieses Moments bei der Darstellung der schicksalhaften Sühne einer lange unentdeckten Untat bedient. „Wir wollen jedoch weder Philosophie noch Poesie als die entscheidenden Helferinnen zu einer endlichen Entschließung hier vorzüglich preisen; denn wie ein kleines Ereignis die wichtigsten Folgen haben kann, so entscheidet es auch oft, wo schwankende Gesinnungen obwalten, die Waage dieser oder jener Seite zuneigend", heißt es dazu in Goethes vorerwähntem Roman „Wilhelm Meisters Wanderjahre".

Oft geschieht es uns auch, daß wir bei einem Unternehmen, das wir wagen mußten oder einfach in die Wege leiteten, ganz nahe vor dem rettenden Hafen, sei es durch Zufall oder durch Schicksal, gescheitert sind. Der italienische Ökonom und Soziologe Vilfredo Pareto definierte daher den Zufall als „jenes Insgesamt unbekannter Ursachen, die einmal in dieser, ein andermal in jener Richtung wirken und denen wir in unserer Unkenntnis ihrer wahren Natur deshalb den Namen Zufall verleihen". Oft hören wir aber auch die Redensart, wenn uns etwas mißlingt oder wenn wir auf stärkeren Widerstand zu stoßen meinen: „Ich merke, es sollte nicht sein" und appellieren dabei bewußt oder unbewußt an eine höhere Macht. Andere erblicken darin eher die Hand des Allmächtigen - oder auch kleinerer Götter. Der Schotte Adam Smith, der gern als Vater der Volkswirtschaftslehre bezeichnet wird, sah in der „unsichtbaren Hand“ sogar den aus der Harmonie des Weltalls hinabreichenden Regulator des Marktgeschehens.

Unbewußt haben wir jedoch wiederum nur an das Schicksal appelliert, wenn wir das „zufällige“ Dazwischentreten eines Umstands oder Geschehens zum Anlaß nehmen, die weitere Verfolgung unseres Handelns aufzugeben, weil das Ziel unseres Handelns nicht zu unserer uns dunkel bewußten Bestimmung passen will. Zudem verzichten wir überdies dann gewöhnlich auf die weitere Verfolgung unserer Pläne, um nicht noch härtere Rippenstöße oder Nackenschläge des Schicksals zu erfahren. Nüchternere Seelen aber schieben dann alles auf den Zufall, der dann zum „dummen“ Zufall wird. Schließlich scheinen ihnen alle unsere Unternehmungen so zu verlaufen, in der Liebe nicht anders als auf dem Theater, im Geschäft sowohl als in der Politik, „vor dem Altar, mit Umarmungen oder goldenen Ringen, beim Gesange der Heimchen oder bei Trompeten und Pauken, es ist alles nur ein Wagestück und der Zufall tut alles“, heißt es dazu in „Wilhelm Meisters Lehrjahre“. Das „Zufällige“ jedoch hat auch Goethe als die antike Tyche gedeutet und gemeint:

> Die strenge Grenze doch umgeht gefällig
> Ein Wandelndes, das mit und um uns wandelt;
> Nicht einsam bleibst du, bildest dich gesellig,
> Und handelst wohl so, wie ein andrer handelt:
> Im Leben ist's bald hin-, bald widerfällig,
> Es ist ein Tand und wird so durchgetandelt.
> Schon hat sich still der Jahre Kreis geründet,
> Die Lampe harrt der Flamme, die entzündet.

Unlängst hat, obwohl der moderne Mensch sich ungern öffentlich über das Problem von Schicksal und Zufall äußert, der ehemalige Generalbevollmächtigte des Krupp-Konzerns und Vorsitzende der Krupp-Stiftung Berthold Beitz gesagt, es gäbe Dinge, „wo man sagt: Donnerwetter! Die Juden sagen 'Berg und Berg trifft sich nie im Leben. Mensch und Mensch trifft sich immer.' Das stimmt auch. Es gibt gewisse Dinge, die man einfach nicht erklären kann." Und er fuhr fort: „Manchmal denke ich, Berthold, vielleicht ist auch einer, der die Hand drüber hält. Ich laufe ja nicht in die Kirche. Aber ich glaube schon, daß man einen Bonus hat." Kürzlich hat sich der englische Verleger österreichischer Herkunft Lord A.W. Weidenfeld gar als „ein Glückskind des Zufalls" bezeichnet. Auch müssen wir Menschen von heute nicht allein die Rollen, sondern sogar Wohnsitz und Wohnung häufiger wechseln als unsere Vorfahren. Aber auch uns überkommt, wenn wir zufällig ein seit Jahrzehnten bewohntes fremdes Gemach betreten, das Gefühl, daß die Uhren dort schon manche Geburts- und Sterbestunde geschlagen haben, und was dort umhersteht, erinnert daran, daß Vergangenheit in Gegenwart übergehen, in ihr schicksalhaft weiterwirken kann. Es mag sein, daß die Bewohner nur auf hergebrachtem Besitz beharren, oft aber bannt sie mehr die Erinnerung an jene Geburten und Todesfälle, zufällige Ereignisse oder schicksalhafte Begebenheiten, die sich in jenen Räumen abgespielt haben.

Gewiß haben unsere Vorfahren auch bereits in vorgeschichtlicher Zeit, obwohl die Höhlenmalereien davon kein Zeugnis hinterließen, die seither nie mehr beruhigende Frage gestellt, wer sind wir, woher kommen wir, wohin gehen wir? Wer bestimmt unser Geschick? Zumal für den religiösen Menschen wird der Weltenweber immer und unaufhörlich das Gewebe der Menschenschicksale mit der Kette der sich verflechtenden Leidenschaften und dem Einschlag der sich kreuzenden Interessen verbinden. Er allein kennt das Muster und weiß den Sinn, auch wenn es mit Hilfe der heiligen Schriften und Philosopheme nur mühsam gelingt, einen Zipfel der Gesetze der menschlichen Beziehungen zum Ewigen zu ergrübeln, denn „all unser Wissen ist Stückwerk". Das Schicksal erscheint derart als ein numinoser Erklärungsgrund von Vorgängen, deren Ursache sich unserer forschenden Erkenntnis zu entziehen weiß, jedoch unter jedem Aspekt dennoch der Willkür entzogen bleibt. Noch in seinem zweiundsechzigsten Lebensjahr erklärte Goethe einem seiner engsten und vertrautesten Freunde, „daß er sich nie in seinem Leben eines zufälligen Glückes habe rühmen können und daß er solches auch im Spiel erfahren, wo ihn das Glück durchaus fliehe". Es besteht kein Zweifel, daß er für seinen Lebensweg daraus eine Maxime abgeleitet hat:

Dein Los ist gefallen, verfolge die Weise,
Der Weg ist begonnen, vollende die Reise:
Denn Sorgen und Kummer verändern es nicht,
Sie schleudern dich ewig aus gleichem Gewicht.

Denn „Willkür bleibe ewig verhaßt den Göttern und Menschen", war Goethes Überzeugung, war ihm doch bekanntlich auch Unordnung verhaßter als Unrecht. Da Vernunft die Welt regiere, so sei, meinten die Griechen, alles streng determiniert, kein Zufall könne die Weltstruktur durcheinanderbringen, so daß die menschliche Handlungsfreiheit eigentlich eine Illusion sei. Notwendigkeit - Ananke geheißen, die später gar als Göttin des Schicksals verehrt wurde - regiere das Geschehen. Insbesondere der Philosoph Zeno aus Kition auf Zypern, der Begründer der Philosophenschule der Stoa, formulierte diese Lehre, woraus er die Konsequenz zog, daß das Leben kein Spiel sei. Der Mensch müsse vielmehr, indem er älter wird, Vernunft und Kräfte darauf richten, seine Pflichten, insbesondere gegenüber seinen Mitmenschen, zu erfüllen. Älter werden heiße selbst eine neue Beschäftigung antreten; alle Verhältnisse änderten sich, und man müsse entweder ganz zu handeln aufhören „oder mit Willen und Bewußtsein das neue Rollenfach übernehmen". Diese mächtige, bis in die Neuzeit fortwirkende Lehre, die in der Folge gern von den Juristen übernommen und ausgebaut wurde, hat z.B. den „Philosophenkaiser" Marc Aurel und Friedrich den Großen zu ihren Schülern. Freiheit bestehe darin, sich in das Schicksal zu fügen. Treffend hat Goethe die Ananke formuliert:

Da ist's denn wieder, wie die Sterne wollten,
Bedingung und Gesetz: und aller Wille
Ist nur ein Wollen, weil wir eben sollten,
Und vor dem Willen schweigt die Willkür stille;
Das Liebste wird vom Herzen weggescholten,
Dem harten Muß bequemt sich Will und Grille.
So sind wir scheinfrei denn nach manchen Jahren
Nur enger dran, als wir am Anfang waren.

Es ist mehr als ein literarisches Hilfsmittel, das man dem Schicksalsglauben der alten Griechen abgeschaut hatte, wenn man in Zeiten, da die alten Ordnungen umstürzen und den neuen nicht ohne weiteres das Zutrauen auf Zuverlässigkeit oder gar Dauerhaftigkeit zuwächst, auf das Glück, das Schicksal vertraut. „Indem uns das Leben fortzieht, glauben wir aus uns selbst zu handeln, unsre Tätigkeit, unsre Vergnügungen zu wählen, aber freilich, wenn wir es genau ansehen, so sind es nur die Neigungen der Zeit, die wir mit auszuführen genötigt sind." Die Menschen seien derart als Organe ihres Jahrhunderts anzusehen, die sich meist unbewußt bewegen. „Unser Wille ist ein Vorausverkünden dessen, was wir unter allen Umständen tun werden. Diese Umstände aber ergreifen uns auf eine eigene Weise." Im Lebenskampf entfaltet sich damit unversehens und unvermeidlich die Lebensdeutung. Nicht nur für antikes Empfinden steht dies im Zusammenhang mit der Hybris, der Scheu, sich über die „Überirdischen", das Schicksal oder auch nur über alle Mitmenschen zu erheben:

Denn mit Göttern
Soll sich nicht messen
Irgend ein Mensch.
Hebt er sich aufwärts
Und berührt
Mit dem Scheitel die Sterne
Nirgends haften dann
Die unsicheren Sohlen,
Und mit ihm spielen
Wolken und Winde.

Der alternative Drang jedenfalls, entgegen dem Vertrauen und der Ehrfurcht vor dem Schicksal alles auf den Zufall zurückzuführen, treibt die Menschen zumeist in die Arme des Aberglaubens. So hatten sich auch in der Antike die Griechen bereits die Frage gestellt, ob das menschliche Geschick nicht durch den blinden Zufall gelenkt werde. Unter Moira indes, dem Schicksal, verstanden die Griechen ursprünglich nur den Anteil des einzelnen am Gesamtschicksal, der ihn persönlich betrifft. Dabei wurde nicht ausgeschlossen, daß dieser Schicksalsanteil dem Betreffenden von den Göttern oder einer einzelnen Gottheit, insbesondere von Zeus höchstselbst, zugeteilt wurde. Das Bewußtsein der Übermacht der Götter, das später zu der Auffassung von der Unberechenbarkeit der Zukunft führte, war bei den Griechen besonders weit verbreitet. In dem Maße, in dem der Glaube an die Götter schwand, wandelte sich die Gestalt der vergöttlichten Tyche zur hypostasierten Unberechenbarkeit, zum Zufall.

Die antike Vorstellung von der Allgegenwart der Götter war indes weit verbreitet. Ja, die Griechen glaubten von den Göttern, ebenso wie die frühen Christen von den Engeln, „daß wenn sie erscheinen, sie gewöhnlich unerkannt unter ihnen wandeln.“ Andererseits aber konnte die Moira, das verhüllte Schicksal, selbst als eine handelnde, personifizierte Gottheit aufgefaßt werden. Goethe schloß sich zuweilen der alten griechischen Anschauung an, daß von jedem Menschen ein Daimon Besitz ergriffen habe, der dann sein Schicksal und sein inneres Müssen bestimme. Der Daimon der Griechen, ein Halbgott, wählt sich altgriechischer Auffassung zufolge einen Menschen zum Wohnen und begründet damit in ihm ein inneres Muß, eine Sinnesart, der er nicht entrinnen kann. In diesem Sinne ist die erste Strophe von Goethes Orphischen Urworten „Daimon“ überschrieben.

Zur Vorstellung vom Schicksal aber scheint zwangsläufig auch die vom Lebenssinn zu gehören, jedenfalls ist die griechische Tragödie erfüllt von der Schicksalsidee. Wetter und Vogelflug, die Züge des Antlitz und der Hände, die Botschaft der Sterne oder die Eingeweide der den Göttern geopferten Tiere oder gar die Sprüche der Orakel suchten sie für die Prognose künftigen Geschehens dienstbar zu machen. Es erschien ihnen gar als ein Grundgesetz, daß alles wiederkehre, die Apokatastasis panton. In dem Maße, in dem später dann der Glaube an die schicksalhafte Übermacht der Götter verblaßte, wurde die Gestalt der Tyche zur hypostasierten Unberechenbarkeit. Der Philosoph Epikur, gewissermaßen der Rivale des Zenon, lehrte gar, der Mensch sei ein zufälliges Atomgemisch, der Zufall, dem er entstamme, verdamme ihn gleichzeitig auch zur Freiheit. Insbesondere Ärzte nahmen sich später seiner Lehre an.

Was indes den vorherrschenden Schicksalsglauben der Griechen anbelangt, so gibt es bei ihnen Schicksal allerdings im doppelten Sinne, ein von außen kommendes (die Tyche, wörtlich das Begegnende) und ein aus dem menschlichen Innern selbst aufsteigendes (den Daimon im eigentlichen Sinne). Den antiken Schicksalsglauben der Griechen mitsamt der Verehrung der unsterblichen Götter im Olymp und seiner inhärenten Warnung vor der Hybris der Sterblichen hat Goethe, der sein ganzes Leben lang der antiken Dichtung als einem unerreichten Vorbild und der mit ihr verbundenen Mythologie mehr als nur einem Kulturgut treu blieb, prägnant in die Verse zusammengefaßt:

Es fürchte die Götter
Das Menschengeschlecht!
Sie halten die Herrschaft
In ewigen Händen,
Und können sie brauchen,
Wie's ihnen gefällt.
Der fürchte sie doppelt,
Den je sie erheben!
Auf Klippen und Wolken
Sind Stühle bereitet
Um goldene Tische.
Erhebet ein Zwist sich,
So stürzen die Gäste,
Geschmäht und geschändet,
in nächtliche Tiefen.

In diesem Zusammenhang ist Goethes Ausspruch zu verstehen: „Mir geht's nach dem Ratschluß der Götter, den ich in tiefer Ahndung ehre." Das römische Fatum ist demgegenüber von vornherein das personifizierte Schicksal, mag es Glück oder Unglück verheißen. Fatum (vom Verbum fari) bedeutet dabei ursprünglich „das, was gesagt", d.h. verheißen, wurde und sich erfüllen muß, also die Lebensdauer, die dem Kind bei der Geburt zugewiesen wird. Die drei Parzen, deren spätes Abbild im ersten Akt des „King Lear" von Shakespeare auftritt, und deren Macht sogar soweit reicht, „den Lebensfaden abzuschneiden", werden schließlich den drei Moiren gleichgesetzt als die „drei Schicksale" (tria fata). In vielen Kulten bilden Götter eine triadische Einheit, so wie die Parzen, die Nornen und die Totenrichter. Das Alte Testament besitzt drei Erzväter, drei Engel Abrahams, drei Freunde Hiobs. Das Neue Testament weist drei Versuchungen Christi auf, ebenso drei Versuchungen Petri, drei Kreuze, drei Marien, drei Offenbarungen nach dem Tod, drei Tage bis zur Auferstehung, nicht zuletzt die göttliche Dreieinigkeit. Auch in der keltischen Mythologie findet sich überall das Symbol der Dreiheit. Man könnte fragen, ob die „Mütter", die am Ende des zweiten Teils des „Faust" auftreten, nicht auch eine Dreiheit bildeten. Goethe, sonst nicht bereit, die Geheimnisse seiner Dichtungen preiszugeben, meinte dazu, Plutarch habe die „Mütter" - wie sie ja auch im keltischen Raum, etwa heute noch in und um Bonn nachweisbar, als drei Muttergöttinnen (matres, matrae oder matronae) verehrt wurden - als Gottheiten bezeichnet.

Die Mütter! Mütter! 's klingt so wunderlich.

Schelling, dem Goethe später in seiner Zeit in Jena näherkam und der sich darauf berief, daß viele Wissenschaften mit drei Formen, Anschauungen oder Prinzipien arbeiten, erläuterte: „Weil die Idee der Trinität die Ursprünglichste von allen ist, darum gibt es ein Christentum." Viele eschatologische Heilserwartungen knüpfen sich an die Dreiheit bis in den Sozialismus und Kommunismus. „Nach bestimmten Gesetzen treten wir ins Leben ein, die Tage sind gezählt, die uns zum Anblicke des Lichts reif machen, aber für die Lebensdauer ist kein Gesetz. Der schwächste Lebensfaden zieht sich in unerwartete Länge, und den stärksten zerschneidet gewaltsam die Schere einer Parze, die sich in Widersprüchen zu gefallen scheint“, hielt Goethe dagegen. In diesem Zusammenhang sollte an die besondere Verehrung und Wertschätzung erinnert werden, die Goethe Shakespeare und dessen Charaktergestaltung entgegenbrachte, die sich der Historizität überlieferter Gestalten bediente, um sie in Analogie zu zeitgenössischen Figuren zu setzen und sie für seine dichterischen Intentionen zu nutzen. -

> Denn ein Gott hat
> Jedem seine Bahn
> Vorgezeichnet,
> Die der Glückliche
> Rasch zum freudigen
> Ziele rennt.
> Wem aber Unglück
> Das Herz zusammenzog,
> Er sträubt vergebens
> Sich gegen die Schranken
> Des ehernen Fadens.
> Den die bittre Schere
> Nur einmal löst.

So wie die Römer im Zeitalter des Hellenismus griechisches Denken sogar gegen den Widerstand konservativer Kräfte in zunehmendem Maße aufgenommen hatten und sich anverwandelten, so drang es unausweichlich auch in die Vorstellungswelt von Mythos und Religion ein. Die antike Volkssprache der Römer machte später aus dem unpersönlichen Fatum derart einen männlichen Fatus wie im Schelmenroman des Petronius oder eine weibliche Fata, aus der schließlich unsere „Fee“ entstand. Was wir als Fatalismus bezeichnen, war die undogmatische Auffassung, daß die Götter die

„Mächtigen“ sind und deshalb mit den Menschen verfahren können, wie es ihnen beliebt, während die Menschen niemals wissen können, was bei ihrem geplanten Handeln schließlich herauskommt. Nach der Ausbreitung des Christentums sah man in dem heidnischen Kultus nicht allein einen nichtigen Irrglauben, sondern hielt die Tempel der heidnischen Götter, die sich in Dämonen verwandelten, für die Burgen dieser Dämonen. So starb der große Pan Plutarch zufolge als eine Art Vegetationsgott, bocksbeinig und geschwänzt wie der Höllenfürst des Christentums, ein verteufelter Gott und der vergötterte Waldteufel des Goetheschen Satyros. Allerdings konnte man die heiteren und schönen Gestalten der griechischen Mythologie generell nicht so leicht verteufeln wie die germanischen Göttergestalten, die sich durch das Christentum in schauerliche dämonische Satanslarven verwandelten. Die Christen aber wurden ermahnt, keine Dämonen anzubeten.

Die spekulative Überzeugung allerdings, daß alles Geschehen und Handeln vorherbestimmt ist, entweder aufgrund des Kausalnexus oder durch das Vorauswissen der Götter, verflüchtigte sich später in die aus dem Orient eindringende astrologische Bestimmung durch die Gestirne. Als Goethe am 28. August 1740 „mittags mit dem Schlage zwölf“ auf die Welt kam, herrschte eine besonders günstige Konstellation. So vergißt er in seiner Autobiographie später nicht, dazu anzumerken: „Die Konstellation war glücklich; die Sonne stand im Zeichen der Jungfrau und kulminierte für den Tag; Jupiter und Venus blickten sie freundlich an, Merkur nicht widerwärtig; Saturn und Mars verhielten sich gleichgültig; nur der Mond der eben voll ward, übte die Kraft seines Gegenscheins um so mehr, als zugleich seine Planetenstunde eingetreten war. Er widersetzte sich daher meiner Geburt, die nicht eher erfolgen konnte, als bis diese Stunde vorübergegangen.“ Die Astrologen hätten ihm daher auf Grund dieser Konstellation günstige Auspizien gestellt. Gleichgültig, ob wir dies als Aberglauben auffassen oder nicht, so gehört nicht nur nach Goethes Überzeugung der Aberglaube zum Wesen des Menschen und flüchtet sich, wenn man ihn ganz und gar zu verdrängen gedenkt, in die wunderlichsten Ecken und Winkel, von wo er auf einmal, wenn er einigermaßen sicher zu sein glaubt, unvermutet wieder hervordrängt.

In der Antike tritt in der hellenistischen Periode allerdings dann bald die personifizierte Tyche auf, die ohne Zutun des handelnden Menschen als Eutychia das Glück gewährt, das Erstrebte zu erringen, oder als Atychia das Unglück bereitet, das geplante Handeln zu durchkreuzen oder gar unverdient Unheil zu bereiten weiß. Schon damals führte das Gefühl menschlicher Ohnmacht dazu, daß es nur darauf ankomme, im Leben Glück zu haben, pflegen die Menschen doch stets dem Glücksrad, das hierhin oder dorthin rollt, zu folgen. Aber auch unbegreifliche Ereignisse, die man nicht dem planenden Willen der Götter zuschreiben konnte, wurden der Tyche zugeschoben, während das Rad der Zeit den Wandel des Jahres durchlief. Schließlich sprach man von Tyche überall dort, wo der alte Götterglaube zur Erklärung nicht mehr ausreichte, um die Macht hinter den von Menschen ungeplanten Ereignissen zu erklären. Der Ausgang des Altertums, die Zeit des Ringens von Antike und Christentum, scheint hinsichtlich ihrer Geistesverfassung der Reformationszeit verwandt gewesen zu sein. Auch damals traten Heilige und Gaukler, Sektierer aller möglichen Observanz und religiöse Hochstapler, Betrüger und Selbstbetrüger zuhauf auf. Einer von ihnen, wie die Apostelgeschichte berichtet, ein gewisser Simon, bot Petrus sogar Geld an, um sich von ihm die Gabe des Heiligen Geistes zu kaufen. Aber dessen ungeachtet blieben die Vorstellungen von Schicksal und Zufall lebendig. Seneca mahnte bereits, wir sollten unseren Besitz nur als vom Schicksal geliehen betrachten. Am einprägsamsten hat Horaz, der viel geschätzte römische Dichter, den antiken Schicksalsglauben zusammengefaßt in dem Satz (epist. 107,11), daß das Schicksal den Willigen leitet, während es den Widerstrebenden mit sich schleift:

Ducunt volentem fata, nolentem trahunt.

Der Anfang merkwürdiger Ereignisse erscheint oft als ein seltsamer Zufall, der durch die dadurch ausgelöste Geschehniskette zum Schicksal wird. „Wo man am wenigsten Tinte und Feder sparen soll, das ist beim Aufzeichnen einzelner Umstände merkwürdiger Begebenheiten“, mahnte deshalb der reife Goethe. Zum Beispiel fällt oft, wenn wir über das Unglück sprechen, die Bemerkung: „Das Unglück ... fällt über Gute und Böse. Es ist eine wirksame Arznei, welche die guten Säfte mit den üblen angreift.“ Das geschehe nur um zu zeigen, „daß Torheit oft nichts weiter sei als Vernunft unter einem andern Äußeren“, heißt es später in Goethes Roman „Wilhelm Meisters Wanderjahre“. Oft begegnen uns derart auch Zeichen, Äußerungen oder Geschehnisse, die wir, manchmal erst nachträglich als Warnungen vor einem Schicksal auffassen, das uns treffen soll. Hier haben die antiken Orakel ihre psychologische Wurzel. Gar mancher glaubt künftige Ereignisse sich ankündigen zu fühlen, wie eine Saite, die sich selbst nicht hört, jedoch infolge ihrer Vibration mitklingende fremde Saiten vernimmt. Jedenfalls begriff Goethe das antike Erbe als eine fortwirkende Kraft in uns und war andererseits noch in reifen Jahren der Auffassung, „daß im Leben das Zufällige jeder Art, und so auch in Verbindungen das Allerbeste bewirken könnte“.

Aber auch wir lassen uns heutzutage noch durch kleine Mißwidrigkeiten, bedeutsame oder nicht, davon abhalten, einen bestimmten Plan weiter zu verfolgen, wobei oft genug ein grober „Rippenstoß“, als Zufall aufgefaßt, uns zur Folgsamkeit ruft, wenn wir nicht gleich hören wollen. Der Vorzug des Dichters ist es, solche Sinnzusammenhänge deutlich zu machen, ja uns eindringliche Hinweise für unser eigenes Erleben, für unser Schicksal zu geben. Das Drama lebt geradezu davon, ein Zuviel an solchen bedeutsamen „Zufällen“ allerdings verdirbt es. Vor allem die antike griechische Tragödie galt Goethe als Versinnbildlichung menschlichen Schicksals wie insbesondere in der Tragödie des schuldlos-schuldigen

„Ödipus“ sichtbar wird. „Alles Tragische“, so erläuterte er einmal, „beruht auf einem unausgleichbaren Gegensatz. Sowie Ausgleichung eintritt oder möglich ist, schwindet das Tragische.“ Dann tritt die tiefere Wahrheit der scheinbar durch die Menschen geschaffenen Verhältnisse zutage. „Die Wahrheit der Verhältnisse bestätigt sich, wenn das Scheinbare unaufhaltsam verfliegt.“ Das Schicksal tritt hervor, wenn der Zufall, der es zustande brachte, sich verflüchtigt hat.

Gar mancher wird hierdurch zu der Annahme verleitet, daß eine geheime und unerklärliche Macht, so wie der Dichter sein Drama über alle Wendungen und Windungen des Lebenslaufes seiner Charaktere hinweg gestaltet, zwar häufig entgegen unserer eigenen Absicht und unserem subjektivem Ziel, jedoch so wie es der inneren Zielrichtung und objektiven Zweckmäßigkeit unserer Existenz entspricht und mithin unserem eigenen Besten dienlich ist, zu leiten vermag. Wenn wir Muster dafür suchten, so Goethes Überzeugung, müßten wir immer zu den alten Griechen zurückkehren, zu deren Tendenz auf das Einfache, Typische, Regelhafte und Ideale - wir würden es heute wohl das Idealtypische nennen. Das Kunstwerk gewinnt dadurch eine innerliche Tendenz zur Abbreviatur des Universums. Indes galt ihm dieses Vorbild nicht allein für die griechische Tragödie, den Mythos und die antike Philosophie, sondern zweifellos auch für den griechischen Schicksalsgedanken, der gerade in der griechischen Tragödie so beispielhaft seinen Ausdruck findet.

Lehre jeden du selbst, Schicksal, wie er’s bedarf.

Ob das Schicksal uns hart oder weich hämmern kann, hängt von dem Material ab. Seine Wege jedenfalls sind veränderlich, führen über Höhen und Tiefen, heute stürzt es den Menschen, morgen erhöht es ihn. Kein Mensch darf sicher sein, was das Schicksal in ihm schlummern läßt, wenn der Zufall nicht will, daß es ihm über den Kopf wächst. Es war daher nicht nur das Resümee seines gereiften „Wilhelm Meister“, wenn Goethe ihn sagen läßt: „Ich überlasse mich ganz meinen Freunden und ihrer Führung. Es ist vergebens in dieser Welt nach eigenem Willen zu streben. Was ich festzuhalten wünschte, muß ich fahren lassen, und eine unverdiente Wohltat drängt sich auf.“ Geraten wir ins Unglück, so vermag der Verstand oft nichts, die Vernunft wenig, die Zeit viel, „entschlossene Tätigkeit hingegen alles“. Dann neigt der selbstbewußte Mensch dazu, sich wie Prometheus gegen das Schicksal aufzulehnen und der unerkannten Macht über sich zuzurufen:

> Hat nicht mich zum Manne geschmiedet
> Die allmächtige Zeit
> Und das ewige Schicksal,
> Meine Herrn und deine?

Die in der griechischen Mythologie immer mehr hervortretende Heimarmene, die sich später in die christliche Vorsehung verwandelte, ist das Schicksal als jene Macht, die den Ausgleich im Weltenall herbeiführt, anknüpfend an die frühgriechische Erkenntnis einer Gesetzmäßigkeit im Kosmos. Sie wurde zu einem Zentralbegriff der Philosophenschule der Stoa. Es handelt sich um die Vorstellung von der Schicksalsnotwendigkeit, dem Gesetz, nach dem alles Geschehen durch einen Kausalnexus bestimmt wird, die Erkenntnis eines Ordnungsprinzips im Kosmos, eines Logos, und zugleich die Form göttlicher Kraft. Mag das Schicksal durch vielfache Wunderzeichen, vielleicht personifiziert durch dämonische Geister, mit den Weltläuften spielen, so setzt sich doch die schicksalhafte Notwendigkeit, der sogar die Götter unterworfen sind, am Ende durch. Nicht zufällig tritt der Logos bereits in den ersten Zeilen des in der hellenistischen Epoche niedergeschriebenen Johannes-Evangeliums auf.

Goethe läßt ebenfalls Faust gleich in der ersten Szene seiner berühmten Tragödie mit der Übersetzung des „Wortes“ Logos ringen. Aber das Wort will Fleisch, der Gedanke will

Tat werden. So war am Anfang denn die Tat und die Welt wurde die Signatur des Wortes. Dennoch blieb es durch alles Sinnieren, alles Schwanken hindurch jenseits von Spekulation unverändert Goethes Überzeugung: „Die Angelegenheiten unseres Lebens haben einen geheimnisvollen Gang, der sich nicht berechnen läßt." Besonders die Jahre 1805 bis 1807 brachten Goethe wieder in engere Fühlung mit einschlägigen neuplatonisch-gnostischen Spekulationen, in denen er als junger Mann in Frankfurt und Straßburg seine Geistesheimat besaß, wovon vor allem die „Ephemeriden" aus den Jahren 1769 bis 1770 Zeugnis ablegen.

> Glücklich, daß das Schicksal, das uns quälet,
> Uns doch nicht verändern mag!

So wurde das Problem von Schicksal und Zufall und wie der Wille des „Göttlichen", um einen von Goethe gern benutzten Ausdruck zu verwenden, und das menschliche Handeln zueinander stehen, bereits in der Antike viel diskutiert. Zwei Auffassungen standen hier offenbar nicht nebeneinander, sondern einander gegenüber, wobei ein Ausgleich von dadurch auftretenden Widersprüchen oder gar deren logische Klärung in der älteren Zeit jedenfalls nicht versucht wurde. Diesen Widerspruch zwischen dem freien Willen, mit dem sich der handelnde Mensch seinen Weg durch alle die jeweiligen möglichen Zufälligkeiten bahnt, und dem bestimmenden Willen des Allmächtigen, ohne den „kein Spatz vom Himmel fällt", scheint auch die Antike dem Christentum vererbt zu haben. Das Schicksal, dieser numinose Erklärungsgrund von Vorgängen, deren letzte Ursachen zumal in ihrer wirklichen oder vermeintlichen unerbittlichen Konsequenz sich unserer forschenden Erkenntnis zu entziehen wissen, scheint so auf ewig dem „blinden Zufall" unversöhnlich entgegenzustehen.

Alles steigt, wie Goethe es schließlich sah, aus dem Unerforschlichen, gerade auch das undurchdringlich Dämonische, und kehrt in diesen Urgrund zurück. Der antike Daimon, dessen innerer Stimme auch Sokrates bedingungslos folgte, das Dämonische, dem Goethe im Alter immer mehr Aufmerksamkeit zuwandte, ist jedoch ebenso vieldeutig wie unwiderstehlich. Es umgreift das Schicksal, das oft als sinnloser Zufall auftritt, und manchmal scheint es, als wolle es den Menschen verlocken und in Schuld verstricken, es kann ihm aber auch unverhofftes, ja unverdientes Glück bereiten. „Ich erkenne aber auch diese Gunst der Dämonen und respektiere die Winke dieser unerklärlichen Wesen“, meinte Goethe einmal. In seinem Weltbild beherrschen sie gleichsam ein Reich, angesiedelt zwischen dem „Göttlichen“ und der Menschenwelt, so daß man nicht umhin könne, ihre Macht anzuerkennen und gutzuheißen: „Dieses aber sowie manches andere sei den Dämonen empfohlen“, riet Goethe daher. Das Dämonische aber manifestiere sich sowohl im Menschen als auch in der Natur und setze sich zusammen aus dem, was durch Verstand und Vernunft allein nicht aufzulösen sei. Das Beste, was der Mensch tun könne, sei daher, vertrauend, scheiternd oder erfolgreich seinem Dämon zu folgen. Das „Unveränderliche des Individuums“, eben das Dämonische in Menschen wie Napoleon oder seinem Zeitgenossen, dem englischen Dichter Byron, gewinnt bereits bei ihrer Geburt Gestalt, so daß es in Goethes Gedicht „Urworte“ unter der Überschrift „Daimon“ heißt:

> Und keine Zeit und keine Macht zerstückelt
> Geprägte Form, die lebend sich entwickelt.

Das Unheimliche, Unkalkulierbare, Undurchschaubare läßt sich aus der Welt trotz noch so auftrumpfender Rationalität nicht hinausdrängen und nimmt zuweilen gar magische Dimensionen an. „Noch hab ich mich ins Freie nicht gekämpft“, ruft spät im Leben sogar Faust noch aus. Oft ähnelt jenes Unberechenbare, Unvorhergesehene dem Zufall, zumal wenn es keine unmittelbaren Folgen hervorruft, aber ebenso häufig ähnelt es dem Schicksal, denn es deutet auf einen folgerichtigen Zusammenhang. Aber der Allmächtige läßt das Absurde nur zu, als ob er es, menschlich gesprochen, zulassen müßte. Nemo contra Deum nisi Deus ipse. Diese rätselhafte Formel hat Goethe dann spät im Leben gebraucht. Sie gehört zu den feinen, fernsten Dingen, die nicht für jedes Ohr und auch nicht für jeden Mund taugen. Niemand könne gegen den Allmächtigen etwas ausrichten, es sei denn Gott selber. „Was die Menschen in ihren Unternehmungen nicht in Anschlag bringen und nicht bringen können, und was da, wo ihre Größe am herrlichsten erscheinen sollte, am auffallendsten waltet - der Zufall nachher von ihnen genannt - das ist eben Gott, der hier unmittelbar mit seiner Allmacht eintritt und sich durch das Geringfügigste verherrlicht", konstatierte Goethe rückblickend im November 1807. Theodor Fontane, diese ganz anders geartete und noch weniger „dämonische Natur" als Goethe, hat scheinbar eine treffendere Formel dafür gefunden: „Zufall ist der gebräuchlichste Deckname des Schicksals."

Goethe faßte jedenfalls das Metaphysische als eine tiefere Schicht in uns selbst auf und sah es sich in den Welträtseln offenbaren. Im Grunde jedoch, so meinte er später, spielt das „rätselhafte Wesen Mensch" vor dem großen „Schicksalsgemälde der Welt" mehr oder weniger nur die Rolle des Unkundigen. Goethe brachte es auch nicht über sich, den Allmächtigen selbst für alle Grausamkeiten haftbar zu machen, die als ein unverstandenes und unverständliches Geschick den Menschen in Not und Tod treiben. Die menschliche Handlungsfreiheit, die gerade das Christentum dem Menschen konzediert, ja ihm auferlegt, treibt in eine schwer auflösbare Antinomie. „Sobald wir dem Menschen die Freiheit zugestehn, ist es um die Allwissenheit Gottes getan; denn sobald die Gottheit weiß, was ich tun werde, bin ich gezwungen zu handeln, wie sie es weiß." Dies führe er nur an, fügte er diesem Ausspruch wenige Jahre vor seinem Tode hinzu, als ein Zeichen dessen, wie wenig wir wüßten, und daß an göttliche Geheimnisse nicht gut zu rühren sei. „Die Vernunft des Menschen und die Vernunft der Gottheit sind zwei sehr verschiedene Dinge" bekräftigte er, indem er ein Bibelzitat variierte, noch 1825 gegenüber Dr. Eckermann.

Infolgedessen trat seit 1805 immer deutlicher jene Konzeption des Dämonischen als ein Reich zwischen dem Menschen und dem Allmächtigen bei ihm hervor. Es täte uns nur gut, daß der Dämon uns täglich am Gängelband führe, meinte er im Alter, und uns in dunklen oder hellen Stunden sage und triebe, was immer zu tun sei. Aber des Menschen Verdüsterungen und Erleuchtungen machten sein Schicksal aus. Die Welt solle nicht immer so rasch zum Ziele schreiten wie wir dächten und wünschten, immer gäbe es retardierende Dämonen, die überall dazwischen und gegenüber träten. Fast gewinnt man den Eindruck, als wollte Goethe damit die Vorhänge vor dem Zwischenreich unseres Daseins fortziehen. Jedoch blieb es im Grunde seine Überzeugung, der Mensch sei nicht geboren, um die Probleme der Welt zu lösen, wohl aber zu suchen, wo das Problem angehe und sich sodann in den Grenzen des Begreiflichen zu halten.

> Ist's denn so großes Geheimnis, was Gott und der Mensch und die Welt sei?
> Nein! Doch keiner mag's gern hören, da bleibt es geheim.

Im mittleren Leben eines Menschen, meinte er, träte häufig eine Wendung ein, so daß alles, was ihn in seiner Jugend begünstigt hatte, sich plötzlich zum Mißlichen wende und ein Unfall und ein Mißgeschick sich auf das andere häufe. Hier führte er Raffael, Mozart, Byron und Napoleon an, die alle eine „Mission“ gehabt hätten. Er selbst zählte sich nicht zu den dämonischen Naturen, gerade auch weil er, als er, in der Mitte seines Lebens, aus Italien zurückkehrte, mit vielen Widrigkeiten zu kämpfen hatte. Aber selbst bei seiner Bekanntschaft mit Schiller, so meinte er, habe durchaus etwas Dämonisches gewaltet. Je höher ein Mensch stehe, desto mehr stehe er unter dem Einfluß von Dämonen, und er müsse aufpassen, daß sein leitender Wille nicht auf Abwege gerate. Das Kind erscheine als Realist, der Jüngling wandele sich zum Idealisten, habe der Mann alle Ursache, zum Skeptiker zu werden. „Der Greis jedoch wird sich immer zum Mystizismus bekennen. Er sieht, daß so vieles vom Zufall abzuhängen scheint: das Unvernünftige gelingt, das Vernünftige schlägt fehl, Glück und Unglück stellen sich unerwartet ins Gleiche; so ist es, so war es, und das hohe Alter beruhigt sich in dem, der da ist, der da war und der da sein wird."

> Dämonen, weiß ich, wird man schwerlich los,
> Das geistig-strenge Band ist nicht zu trennen.

Die Position Goethes zum Christentum ist bekanntlich nicht nur in diesem Zusammenhang öfter in Zweifel gezogen worden. „Über die Hoheit und sittliche Kultur des Christentums" urteilte er jedoch beispielsweise mit ebensoviel Sympathie wie offenkundiger Bundesgenossenschaft, „wie es in den Evangelien schimmert und leuchtet, wird der menschliche Geist nicht hinauskommen". Das „selbständige Gewissen" spielt hierbei eine nicht übersehbare Rolle, so belehrte er den Menschen, es „ist Sonne deinem Sittentag". Aber er ließ die Frage des Schicksals dabei offen. „Die himmlischen und die irdischen Dinge sind ein so weites Reich, daß die Organe aller Wesen zusammen es nur erfassen mögen", schrieb Goethe Anfang Januar 1813 seinem strenggläubigen katholischen Freund Friedrich H. Jacobi. Was den Zufall in diesem Zusammenhang anbelangt, so hat er sich später darüber unzweideutig geäußert. Aber er blieb dabei weit entfernt von der Auffassung des modernen Nihilismus, für den das subjektive Sein ebenso ein Produkt des Zufalls bildet wie der objektive Kosmos in seiner überwältigenden, unenträtselbaren Unendlichkeit. Deutlicher oder vielmehr eindeutig hat Goethe sich jedoch, indem er gleichsam Augustinus' berühmtes Diktum „Inquietum est cor nostrum, donec requiescat in Te" in die ihm eigene Diktion übersetzte, dazu mit dem Bekenntnis geäußert:

Wenn im Unendlichen dasselbe
Sich wiederholend ruhig fließt,
Das tausendfältige Gewölbe
Sich kräftig ineinanderschließt,
Strömt Lebenslust aus allen Dingen,
Dem kleinsten wie dem größten Stern,
Und alles Drängen, alles Ringen
Ist ewige Ruhe in Gott dem Herrn.

Allerdings hatte sein Christentum als natürlicher Bestandteil seiner Persönlichkeit, wie Thomas Mann unterstrichen hat, protestantische Färbung. Nietzsche hat später Goethes geistigen Ort als „zwischen Griechentum und Pietismus gelegen" zu bestimmen gesucht, zumal er in seiner Jugend, in Kontakt mit protestantischen Kreisen in Frankfurt, eine intensive Bibellektüre pflegte. Gegenüber dem frommen Schweizer Pfarrer Lavater, dem er zeitweilig freundschaftlich verbunden war, äußerte Goethe die Überzeugung, der Glaube gebe ein großes Gefühl der Wahrheit für die Gegenwart und Zukunft. Diese Sicherheit entspringe aus dem Zutrauen auf ein übergroßes, übermächtiges und unerforschliches Wesen. Vor allem aber ist es das Erbarmen des Allmächtigen, die Gnade, die für Goethe den gläubigen Christen auszeichnet. Der Glaube daran geht ergreifend aus seinem Abschiedswort hervor, nicht lange vor seinem Tode an den Schloßgärtner in Dernburg gesprochen: „Dort oben finden wir uns wieder." Von hier aus muß seine oft zitierte Selbstcharakteristik als die eines dezidierten „Nichtchristen" relativiert werden, stellte er doch sogar das Kostbarste, was er besaß, sein dichterisches Wort - „Worte sind der Seele Bild" - unter das Urteil des Allmächtigen, wovon hier seine Verse zeugen mögen:

Am jüngsten Tag, wenn die Posaunen schallen,
Und alles aus ist mit dem Erdenleben,
Sind wir verpflichtet, Rechenschaft zu geben.

Nicht erst im Alter hat man bei Goethe sogar eine sympathisierende Annäherung an den Katholizismus feststellen wollen. So hatte er schon früher die Ohrenbeichte sehr gelobt und betont, man hätte sie nie abschaffen sollen. Im Jahr 1812 konstatierte daher sein alter Freund Friedrich Graf Stolberg, dem er sich zeitweise sehr entfremdet hatte, weder ihm noch seiner Frau gegenüber sei von Goethe je ein irreligiöses Wort gefallen, ja er habe unter anderem „ganz vortrefflich" von Friedrich Jacobis katholischer Schrift „Von den göttlichen Dingen und ihrer Offenbarung" gesprochen. Ja, mehr noch, gerade damals erregte Goethes öffentliches, vielfach als „anstößig" empfundenes Lob der Sakramente im Siebten Buch seiner Erinnerungen „Dichtung und Wahrheit", beträchtliches Aufsehen. Obwohl alle poetischen Werke Goethes den Anspruch bergen, Bekenntnisse, wenn auch oft in verborgener Gestalt, auszusprechen, so sind sie doch nur herausgehobene Momente „einer großen Konfession". So dürfen wir, alles in allem zusammengefaßt und erwogen, es auch nicht unterschätzen, wenn er bekennt:

Der Gott-Mensch schließt der Höllen Pforten,
Er schwingt sich aus den dunklen Orten
In seine Herrlichkeit zurück.
Er sitzet an des Vaters Seiten,
Er will noch immer für uns streiten,
Er will's! O, Freunde, welches Glück!
Der Engel feierliche Chöre,
Die jauchzen vor dem großen Gott,
Daß es die ganze Schöpfung höre:
Groß ist der Herr Zebaoth!

Aber mehr noch als das Evangelium ist das Alte Testament mit seiner Gnadenwahl des auserwählten jüdischen Volkes womöglich vom Schicksalsglauben erfüllt. In diesem Zusammenhang ist es bedeutsam, daß der jugendliche Goethe nicht allein jede Gelegenheit wahrnahm, das Leben der noch verfemten Frankfurter Juden in ihrem Ghetto kennenzulernen, sondern sich auch die Kenntnis des zeitgenössischen Judendeutsch anzueignen, was ihm die Gastfreundschaft jüdischer Familien ermöglichte. Dadurch aber wurde in ihm auch der Eifer geweckt, Hebräisch zu lernen. „Denn die Juden fordern Zeichen und die Griechen fragen nach Weisheit“ (1. Kor., 1, 22). Als Ergebnis dieser hebräischen Sprachstudien ergab sich weniger philologische Kenntnis als das Eindringen in die Geschichte und die Glaubensvorstellungen jenes alttestamentarischen Lebens, das für Goethe sowohl in seiner antiken als auch in seiner israelitischen Gestalt einen Gewinn für die Folgezeit bedeutete. Unerschütterlich verwahrte er sich dabei stets prinzipiell gegen alle Negation „der freundlichen Gewohnheit des Daseins“ in allen seinen Formen. Diese Überzeugung verließ ihn auch in den Phasen der Verzweiflung nicht, schien ihm doch Selbstverwirklichung oder subjektive Vollendung ohne den Glauben, daß nur alle Menschen zusammen die Menschheit ausmachten, nicht möglich.

So war er auf die - sei es schicksalhafte oder zufällige - Begegnung mit Herder bereits in seiner Frankfurter Zeit und durch ihn mit den Liedern und der Sagenwelt der Völker vorbereitet. „Wie kann sich der Mensch gegen das Unendliche stellen“, so fragte sich Goethe noch in dem Werk seiner späteren Reifezeit, nämlich in „Wilhelm Meisters Wanderjahre“, als wenn er alle geistigen Kräfte, die nach allen Seiten hingezogen werden, in seinem Innersten, Tiefsten versammelte. „Darfst du dich in der Mitte dieser ewig lebendigen Ordnung auch nur denken, sobald sich nicht gleichfalls in dir ein beharrlich Bewegtes, um einen reinen Mittelpunkt kreisend hervortut? Und selbst wenn es dir schwer würde, diesen Mittelpunkt in deinem Busen aufzufinden, so würdest du ihn daran erkennen, daß eine wohlwollende, wohltätige Wirkung von ihm ausgeht und von ihm Zeugnis gibt. Wer soll, wer kann auf sein vergangenes Leben zurückblicken, ohne gewissermaßen irre zu werden, da er meistens finden wird, daß sein Wollen richtig, sein Tun aber falsch, sein Begehren tadelhaft und sein Erlangen dennoch erwünscht gewesen?“ Als Resultat blieb aus seiner Sicht nur die Aufforderung zur Weltfrömmigkeit, eins der vielen Worte und mancher Vorstellungen, die wir ihm verdanken.

Was machst du an der Welt, sie ist schon gemacht.
Der Herr der Schöpfung hat alles bedacht.
Dein Los ist gefallen, verfolge die Weise,
Der Weg ist begonnen, vollende die Reise;
Denn Sorgen und Kummer verändern es nicht,
Sie schleudern dich ewig aus gleichem Gewicht.

Gewiß war es Goethe daher um die längste Zeit seines Lebens nicht um die Verbesserung der Welt, sondern darum zu tun, „die Pyramide seines Daseins so hoch wie möglich hinaufzuspitzen". Hierher gehört auch sein Ausspruch: „Wer keinen Namen sich erwarb, noch Edles will, gehört den Elementen an - so fahret hin!" Thomas Mann hat dies kommentiert, es gäbe kein aristokratischeres Wort: „Es bezeugt den Glauben an Gnadenwahl, und wenn diese eine christliche Konzeption ist, so kehrt jedenfalls damit das Christentum seine aristokratische Seite hervor." Goethe, der von der Unsterblichkeit des Geistes noch angesichts des Todes überzeugt war, hat gegenüber Eckermann konstatiert, es komme auf die historische Echtheit der Evangelien in jeder Einzelheit nicht an. „Es ist in ihnen der Abglanz einer Hoheit wirksam, der von der Person Christi ausging und die so göttlicher Art wie nur je auf Erden das Göttliche erschienen ist." Eine Zeit lang hat Goethe gemeint, er könne aus der Begrenzung der Individualität hinaus ein Gleichgewicht finden zwischen der Liebe zur Antike und zur Religion, der Selbstbegrenzung und dem Verlangen nach dem Unendlichen, denn das Leben sei „so wunderbar gemischt". Man solle Gott danken, wenn er uns „preßt" und ihm danken, wenn er uns wieder „entläßt".

Mögen die Naturwissenschaften, so meinte Goethe später, selbst leidenschaftlich dem naturwissenschaftlichen Studium ergeben, nur immer in die Breite und Tiefe fortwachsen, so werde der menschliche Geist über die erhabene und sittliche Botschaft des Christentums nicht hinausgelangen. Geht man aber von dem dogmatisch-christlichen Dualismus von Natur und Geist aus, dann war Goethe allerdings „Heide" wie Spinoza, der jüdische Philosoph, der als „Ketzer" des Pantheismus geziehen von der jüdischen Gemeinschaft ausgestoßen wurde. Goethe hatte allerdings in jungen Jahren Lavater gegenüber geäußert, keiner hätte sich über die Gottheit, den Heiland, so ähnlich ausgedrückt wie Spinoza. Von tiefer christlicher Empathie ist jedenfalls auch Goethes Ausspruch geprägt: „Alles Leiden hat etwas Göttliches." Dessen ungeachtet hat er nie gezögert, sich stets vor der „sittlichen Kultur" des Christentums zu verneigen, das heißt vor seiner tiefen Humanität, seiner antibarbarischen versittlichenden Kraft. Allerdings dürfen wir dabei auch die Mehrdeutigkeit seiner Äußerungen, zumal in seinen verschiedenen Lebensaltern, nicht übersehen. Sein Mephistopheles in der Tragödie „Faust" erbte ganz seine eigene Fähigkeit, Handlungen, Tatsachen und Geschehnisse mehrdeutig zu kommentieren - und nicht zuletzt seine subtile Ironie. Wir alle mögen gelegentlich auch dazu neigen, unsere Zustände bald dem Allmächtigen, bald dem Teufel zuzuschreiben und irren uns nach Goethes Meinung beidemal, denn „in uns selbst liegt das Rätsel, die wir Ausgeburt zweier Welten sind", also Kinder von dieser und „von jener Welt". Indes blieb es seine Überzeugung:

> Auch so geben die Götter vergängliche Gaben und locken
> Mit erneutem Geschenk immer die Sterblichen an.

Bei menschlichen Begegnungen, zumal wenn sie uns zum Schicksal werden, glauben wir leicht an ein Geheimnis, denn das Geheimnis besitzt „sehr große Vorteile: denn wenn man dem Menschen gleich und immer sagt, worauf alles ankommt, so denkt er, es sei nichts dahinter". Die „Verdinglichung" der Beziehung zwischen Personen von Karl Marx findet daher ihr

Gegenstück in dem „Personenwerden von Sachen“, wie dies der Dichter Wilhelm von Scholz, der sein Leben lang mit dem Problem des Zufalls rang und ihn als die „Anziehungskraft des Bezüglichen“ charakterisierte, genannt hat. Die ursprüngliche, natürliche Religiosität des Menschen in grauer Vorzeit, die Goethe die „ethnische“ nannte, läßt uns fortwirkend ja leicht, zumal bei zufälligen menschlichen Begegnungen, an einen schicksalhaften Eingriff glauben. „Der Gehalt derselben findet sich in der Weltgeschichte, so wie die übliche Hülle derselben in den Begebenheiten. An der Wiederkehr der Schicksale ganzer Völker wird sie eigentlich begriffen“, heißt es dann in seinem Alterswerk „Wilhelm Meisters Wanderjahre“. Zur Rede gestellt, ob diese oder jene menschliche Begegnung, besonders wenn sie bedeutsame Folgerungen nach sich zog, tatsächlich nur ein dummer Zufall war, wird auch der rationale postmoderne Zeitgenosse bei beharrlichem Nachfragen nur allzu gern gestehen, daß sei eigentlich doch Schicksal gewesen.

Auf allen Pfaden des Lebens
Führen die Horen dich streng,
Wie es das Schicksal gebeut.

Daher beschäftigte Goethe bereits in der Jugend die Frage, „sollten uns nicht da bereits wie im Schlafe die Bilder zukünftiger Schicksale umschweben und unserm unbefangenen Auge ahnungsvoll sichtbar werden? Sollten die Keime davon, was uns später begegnen wird, nicht von der Hand des Schicksals ausgestreut, sollte nicht ein Vorgenuß der Früchte, die wir einst zu brechen und zu genießen hoffen, möglich sein?“ Jedenfalls hat er bereits als Jugendlicher daran geglaubt, sein Schicksal sei es, zum Dichter bestimmt zu sein. “Ich habe von meinem zehnten Jahre angefangen, Verse zu schreiben, und habe geglaubt, sie seien gut, jetzo in meinem 17ten sehe ich, daß sie schlecht sind, aber ich bin doch sieben Jahre älter, und mache sie um 7 Jahre besser.“ Der Siebzehnjährige hatte auch eine „Begegnung“ seines Lebens tief als schicksalhaft empfunden und seiner Mutter die Verse gewidmet:

> … So wenig als der Fels,
> Der tief im Fluß vor ew'gen Anker liegt,
> Aus seiner Stätte weicht …
> So wenig weicht die Zärtlichkeit für dich
> Aus meiner Brust, obgleich des Lebens Strom,
> Vom Schmerz gepeitscht, bald stürmend drüber fließt,
> Und, von der Freude bald gestreichelt, still
> Sie deckt, und sie verhindert, daß sie nicht
> Ihr Haupt der Sonne zeigt und ringsumher
> Zurückgeworfne Strahlen trägt und Dir
> Bei jedem Blicke zeigt, wie Dich Dein Sohn verehrt.

Diese Liebe und jenes Selbstvertrauen, durch kein modernes „Versuch und Irrtum“ getrübt, hat ihn nie verlassen. Spät im Leben war auch er dann der Auffassung: „Der Mensch wird in seinen verschiedenen Lebensstufen wohl ein anderer, aber er kann nicht sagen, daß er ein besserer werde, und er kann in gewissen Dingen so gut in seinem zwanzigsten Jahre recht haben als in seinem sechzigsten.“ Die Welt nähme sich eben anders aus auf der Höhe oder vom Vorgebirge oder in der Ebene. Anders wohl auch, so dürfen wir sinngemäß hinzufügen, vom Gipfel menschlichen Schicksals oder aus der Froschperspektive des Zufalls. Und so wie Goethe ein Leben lang liebevoll an seiner Mutter hing, so blieb es viele Jahrzehnte lang seine Überzeugung, wie er 1781 dann Frau von Stein schrieb: „Ich bin und bleibe nun einmal der Frauenliebling.“

Als Kind mußte ihm seine Mutter abends Geschichten erzählen, und wenn er damit nicht zufrieden war, mußte sie nach seiner Angabe die „Schicksalsfäden“ der Erzählung am nächsten Abend wieder zurechtrücken. Am Ende müsse überhaupt, sagte er, alles viel einfacher sein als die Prediger meinen, Gott werde wohl wissen, daß der unsterblichen Seele durch bloßes Schicksal kein Schaden zugefügt werden könne.

Auch er hatte, wie so viele Menschen, schon die Sterne über sein künftiges Schicksal befragt und hatte bald heraus, daß Jupiter und Venus die Regenten und Beschützer seines Lebens sein würden. Sorgenvoll blickte er die Mutter dabei an und meinte, die Sterne würden ihn doch nicht vergessen und halten, was sie ihm an der Wiege versprochen hätten. Man fragt sich, ob er an diesem Glauben, dem er noch zu Beginn seiner autobiographischen Darstellung „Dichtung und Wahrheit" ausführlich Raum gab, sein Leben lang festgehalten hat oder ihn dort nur ironisch wiedergab. Immerhin sind die Astrologen der Auffassung, daß sein ganzes Leben Zeugnis davon ablegt, daß Venus und Jupiter tatsächlich die Regenten seines Schicksals gewesen sind.

> Wie an dem Tag, der dich der Welt verliehen,
> Die Sonne stand zum Gruße der Planeten,
> Bist alsobald und fort und fort gediehen.
> Nach dem Gesetz, nach dem du angetreten.
> So mußt du sein, dir kannst du nicht entfliehen,
> So sagten schon Sybillen und Propheten;
> Und keine Zeit und keine Macht zerstückelt
> Geprägte Form, die lebend sich entwickelt.

Ein anderer, tiefwirkender Einfluß reichte gleichfalls bis in seine Frankfurter Zeit zurück. Zum 14. Oktober 1771 hatte der Zweiundzwanzigjährige einen Kreis von Freunden in sein Elternhaus zum Namenstag von William Shakespeare eingeladen und die Gelegenheit genutzt, seine Verehrung des großen Dichters in einer Ansprache zum Ausdruck zu bringen, zu der Zeit als er selbst intensiv mit der Niederschrift des „Götz von Berlichingen" beschäftigt war. Dort sprach er aus: „Von Verdiensten, die wir zu schätzen wissen, haben wir den Keim in uns", und teilte den Versammelten, damit sie wüßten, mit wem sie es zu tun hätten, nahezu im selben Atemzug mit: „Ich! Der ich mir alles bin ..." Das Wichtigste aber war ihm zunächst die Würdigung des Werkes: „Shakespeares Theater ist ein schöner Raritätenkasten, in dem die Geschichte der

Welt vor unsern Augen an den unsichtbaren Fäden der Zeit vorbeiwallt. Seine Pläne sind, nach dem gemeinen Stil zu reden, keine Pläne, aber seine Stücke drehen sich alle um den geheimen Punkt (den noch kein Philosoph gesehen und bestimmt hat), in dem das Eigentümliche unseres Ichs, die prätendierte Freiheit unseres Wollens, mit dem notwendigen Gang des Ganzen zusammenstößt ..."

Vor allem aber bekannte er: „Mir kommt vor, es sei die edelste von unsern Empfindungen die Hoffnung auch dann zu bleiben, wenn das Schicksal uns zur allgemeinen Nonexistenz zurückgeführt zu haben scheint." Wie Shakespeare die erschütternde Klage über den Jammer der Welt einem Narren in den Mund legte, so hat Goethe später seine bewegende Darlegung der Nichtigkeit der Welt in den Knittelversen eines Puppenspiels ausgesprochen. Noch im Alter erklärte er: „Die Welt ist voll Torheit, Dumpfheit, Inkonsequenz und Ungerechtigkeit: es gehört viel Mut dazu, diesen nicht das Feld zu räumen und sich beiseite zu drücken." Gut und Böse, so führte er weiterhin aus, gehörten zusammen, das Übel und das Erwünschte, eine Grundauffassung, der Goethe auf die Dauer treu blieb. „Das Schicksal ist ein vornehmer, aber teurer Hofmeister." Die Polarität der menschlichen Existenz, in der Zufall und Schicksal auf unlösliche und meist unkenntliche Art und Weise verknüpft sind, diese Polarität erschien ihm von Jugend auf nicht nur als der Schlüssel zum Verständnis von Shakespeares Dramen, sondern auch zum Verständnis der menschlichen, also auch der eigenen Existenz schlechthin. Wieland, den Goethe 1770 als seinen Lehrer bezeichnet hatte und später in Weimar gewissermaßen als Kollegen gewann, und der in seiner Achtung hoch stand, gab bald der Überzeugung Ausdruck, Goethe habe bewiesen, er könne ein zweiter Shakespeare werden.

Seinen „Götz von Berlichingen mit der eisernen Hand", den Goethe 1773 herausbrachte, und der in der Urfassung nicht weniger als fünfzig Szenen umfaßte, hatte er jedenfalls ganz nach Shakespeares Vorbild geschrieben, wobei ihm zweifellos beispielhaft die Rolle, die Schicksal und Zufall in dessen Stücken spielen, nicht entgangen war. Götz lehnt sich in einer Zeit, die ihm verderbt und durch Betrug charakterisiert schien, als einzelner eines überlebten Standes auf gegen das Unrecht, von dem er sich verfolgt fühlt. Diesen Handlungsfaden umspannte Goethe, der zweifellos Shakespeare als Vorbild vor Augen hatte, mit dem Spiel von Zufall und Schicksal. Nachdem Lessing mit seiner „Hamburgischen Dramaturgie" vorangegangen war, gab Goethe ebenso wie später Schiller das Vorbild der französischen klassischen Tragödie für die Darstellung schicksalhafter politischer Vorgänge auf und wandte sich endgültig Shakespeare zu. Herder allerdings, dessen lebenslange Freundschaft Goethe dann in Straßburg gewonnen hatte, und dem er die Urfassung der „Geschichte Gottfriedens von Berlichingen" zugesandt hatte, schickte ihm das Manuskript, nachdem er es gelesen hatte, mit der Bemerkung zurück: „Shakespeare hat Euch alle (d.h. die jungen Dichter des „Sturm und Drang") verdorben." Er urteilte damals über Goethe, er sei wirklich ein guter Mensch, „nur viel zu leicht und spatzenmäßig".

Goethe hatte sich Herders Kritik zu Herzen genommen und nicht nur einige Grellheiten und Kraftausdrücke ausgemerzt, sondern auch den Schluß des Stückes verändert. Im Juni 1773 veröffentlichte er dann, nunmehr anonym, die zweite, nur noch „Götz von Berlichingen" betitelte Fassung. 1774 war Goethe dem Schicksal, das er übermütig das „liebe unsichtbare Ding" nannte, zu folgen vertrauensvoll entschlossen. Dabei ist noch zu bemerken, daß die dritte, als Bühnenfassung gedachte Ausgabe des „Götz von Berlichingen" von 1804 sich nie recht durchzusetzen vermochte. Die Verse, die er einem Brief an Lavater vom 3. August 1776 beifügte, hätten gut auch zu Herder gepaßt:

> Ist auf deinem Psalter,
> Vater der Liebe, ein Ton
> Seinem Ohre vernehmlich,
> So erquicke sein Herz!

Öffne den umwölkten Blick
Über die tausend Quellen,
Neben dem Durstenden
In der Wüste.

Zunächst jedenfalls schloß der junge Student der Rechte, der 1768 krank und zerrüttet aus Leipzig nach Frankfurt zurückgekehrt war, seine juristischen Studien in Straßburg trotz des vorangegangenen Mißerfolges in Leipzig erfolgreich mit dem Licentiat ab, obschon seine Dissertation „De legislatoribus“ wegen ihres allzu kritischen Standpunktes gegenüber den herrschenden Lehrmeinungen zurückgewiesen worden war. In seiner Straßburger Zeit hatte er auch das Erlebnis seiner ersten großen leidenschaftlichen Liebe mit der Pfarrerstochter Friederike Brion. „Ein Strahl der Dichtersonne fiel auf sie, so reich, daß er Unsterblichkeit verlieh“, steht auf ihrem Grabstein in Meißenheim bei Lahr. „Sie hat mich geliebt, schöner als ich es verdiente“, gestand Goethe zehn Jahre später Frau von Stein. Seiner Liebe und ihrem Leid verdanken wir jedenfalls eines der beiden ergreifendsten seiner Liebesgedichte:

Es schlug mein Herz, geschwind zu Pferde,
Und fort! wild, wie ein Held zur Schlacht!
Der Abend wiegte schon die Erde,
Und an den Bergen hing die Nacht …

Diese Sprache, ebenso wie jene des „Werther“, der bald nach 1775 in Freundeskreisen bekannt wurde, erregte ungeheures Aufsehen. Nur die Marienbader Elegie, mit der er spät in den Jahren Abschied von der Liebe und damit fast vom Leben nehmen wird, kann dem gleichkommen. Vorerst ging Goethe jedoch erst einmal zur Vertiefung seiner Ausbildung nach Wetzlar an das Reichskammergericht. Hier erfolgte die Begegnung mit Charlotte Buff, der Lotte seines erfolgreichsten und folgenreichsten Werkes, und ihrem Verlobten Johann Kestner. Aber während sich „Werther“ aus Verzweiflung am

Leben und unerfüllter Liebe erschießt, sandte Goethe den beiden befreundeten Verlobten später sogar noch die Ringe zur Vermählung. In diesem Briefroman, mit dem Goethe das, was wir heute seinen „Durchbruch“ nennen würden, bereits in jungen Jahren erzielt hatte, hielt er fest, „daß das Leben des Menschen nur ein Traum sei, ist manchem schon so vorgekommen, und auch mit mir zieht dieses Gefühl immer herum“. In seiner Jugend blieb es trotz allem sein unerschütterlicher Leitspruch: „Wenn mir das gute Geschick frohen Mut erhält, so kann ich viel und vielerlei tun.“

Es kommt darauf an, zu wagen
Nur halte deinen Willen fest,
Und gehst du auch zugrund zuletzt,
So hat's nicht viel zu sagen.

Aber das im „Werther“ zum Ausdruck gekommene Gefühl des „Das Leben ein Traum“ wie es der von ihm später so bewunderte spanische Dramatiker Calderon auf die Bühne gebracht hatte, mit seinem philosophischen Solipsismus konnte keineswegs das letzte Wort sein. „Die zweifelhafte Sorge, unsere Vorstellungsart möchte uns nur allein angehören, die uns so oft überfällt, wenn andere gerade das Gegenteil von unserer Überzeugung aussprechen, wird erst gemildert, ja aufgehoben, wenn wir uns in anderen wiederfinden.“ Keineswegs war ja die hübsche, lebenstüchtige Charlotte Buff an „Werthers“ Untergang schuld. Vielmehr war die innere Überzeugung, daß Tod und Leben schicksalhaft zusammengehören, und der einzelne für nichts gerechnet wird, bei Goethe bereits vorhanden, bevor noch äußere Umstände ihm den Stoff für seinen Roman lieferten. Während sein kleines Werk sogleich zu einem europäischen Bestseller wurde, in viele Sprachen übersetzt, sogar ins Russische und ins Chinesische, - selbst Napoleon hatte ihn sogar drei Mal gelesen und kam bei der berühmten Unterredung mit Goethe in Erfurt darauf zu sprechen - stellte sich indes für den Verfasser ein finanzieller Erfolg dabei nicht heraus, was auch auf die zahlreichen Raubdrucke zurückzuführen war.

So kam Goethe wie aus Leipzig und Straßburg auch aus Wetzlar ohne wirklich finanziell gesicherte berufliche Fundierung für sein eigentliches Wirken zurück, wenn er auch vorerst in Frankfurt als Anwalt tätig zu sein suchte. Kaum aber war er drei Monate wieder daheim, schrieb er einem Freund: „Frankfurt bleibt das Nest, spelunca, ein leidig Loch." Aber er, der eigenem Geständnis zufolge selbst oft wie sein Werther mit dem Gedanken an Selbstmord gespielt hatte, lag innerlich auf der Lauer, wie es mit seinem Schicksal weitergehen sollte, ohne dafür eine feste Aussicht zu erblicken. Unter den Besuchern allerdings, die im Frankfurter elterlichen Haus vorsprachen, war auch Carl Ludwig von Knebel, der am 23. Dezember 1774 Friedrich Bertuch, dem Geheimsekretär und Schatzmeister des Weimarer Herzogs, berichtete: „Von Wieland werden Sie erfahren können, daß ich Goethes Bekanntschaft gemacht habe, und daß ich etwas enthusiastisch von ihm denke. Ich kann mir nicht helfen, aber ich schwöre es, Ihr alle, die Ihr Kopf und Herz habt, Ihr würdet so von ihm denken, wenn Ihr ihn kennen solltet. Dies bleibt mir immer eine der außerordentlichsten Erscheinungen meines Lebens ..." Dies sollte sich bewahrheiten, nicht allein, weil sich eine der schicksalhaften Beziehungen, ja eine lebenslange Freundschaft mit dieser Bekanntschaft für Goethe angeknüpft hatte. Zu bemerken ist nur noch, daß Bertuch, der auch als Schriftsteller dilettierte, eine einflußreiche Weimarer Persönlichkeit war, die sich später auch als Unternehmer betätigte. Christiane Vulpius, die Goethes Lebensgefährtin wurde, arbeitete damals in seiner Blumenfabrik.

Bald nach Erscheinen seines kleinen Romans schrieb Goethe indes unbefangen an seinen Freund Kestner am 23. September 1774: „Habt ihr das Buch schon? Die Messe tobt und kreischt, meine Freunde sind hier, und Vergangenheit und Zukunft schweben wunderbar ineinander. Was wird aus mir werden? - O ihr gemachten Leute, wieviel besser seid ihr dran ...“ Er machte sich wenig Gedanken über die Verlegenheiten, in die er die beiden Verlobten gebracht hatte, er hatte Werther erschossen und war selbst am Leben geblieben. Fieberhaft breiteten sich indes infolge seines Romans weit über die deutschen Grenzen Werthermode, Wertherbegeisterung und Werthernachäffung aus. Auflage jagte Auflage, doch die zahlreichen Raubdrucke brachten Dichter und Verleger um allen finanziellen Gewinn. Aber Goethe ließ sich nicht blenden, er hatte das Empfinden, daß er „Talent und Tage vergeudete“. Anschaulich hat er den Zustand, in dem er sich nach der Veröffentlichung des „Werther“ befand, beschrieben: „Ich fühlte mich wie nach einer Generalbeichte wieder froh und frei und zu einem neuen Leben berechtigt.“ Dennoch war rückblickend 1775 „ein garstiger Frühling in Deutschland“.

Im Jahr 1824 hat Goethe, spät im Leben, über den Werther offenbart, er habe das Buch seit seinem Erscheinen nur einmal - und das war bereits 1816 - wieder gelesen und sich gehütet, es abermals zu tun. „Es sind lauter Brandraketen! Es wird mir unheimlich dabei, und ich fürchte den pathologischen Zustand wieder durchzuempfinden, aus dem es hervorging.“ Im Jahr 1816 hatte der damals Siebenundsechzigjährige auch ein Wiedersehen mit der schicksalhaft Geliebten seines Romans, der nunmehrigen Charlotte Kestner, geb. Buff, Werthers „Lotte“, anläßlich ihres Besuchs, den sie, die nur vier Jahre Jüngere als Goethe, einer ihrer in Weimar verheirateten Schwestern abstattete. Inzwischen war sie eher stolz darauf, gewissermaßen in jenem Jugendwerk verewigt worden zu sein. Auch erregte ihr Besuch in Weimar entsprechendes Aufsehen. Seine Exzellenz lud sie selbstverständlich zum Mittagessen ein, die rückblickend das Wiedersehen nach vierundvierzig Jahren folgendermaßen schilderte: „Ich habe die Bekanntschaft eines alten Mannes gemacht, welcher, wenn ich nicht wüßte, daß es Goethe wäre, und auch dennoch, keinen angenehmen Eindruck auf mich gemacht hat.“

Damals in jungen Jahren jedenfalls wollte er erst einmal fort aus Frankfurt und eine Stellung finden, wo sein bisheriges „zweck- und planloses Leben und Handeln“ eine Aufgabe und mithin eine gesicherte Position fände. Da trat der Daimon seines Lebens, den er später noch oft berief, wie er uns im 13. Buch seiner Lebenserinnerungen „Dichtung und Wahrheit“ erzählt hat, als „ein wohlgebildeter schlanker Mann bei mir ein. An seinem freien anständigen Betragen war eine gewisse militärische Haltung nicht zu verkennen. Er nannte mir seinen Namen von Knebel, und zu meinem Vergnügen erfuhr ich, daß er in Weimar angestellt und zwar dem Prinzen Konstantin zum Begleiter bestimmt sei. Von den dortigen Verhältnissen hatte ich schon manches Günstige vernommen und wie ich mich nun, gleichsam als ein alter Bekannter, nach Personen und Gegenständen erkundigte und den Wunsch äußerte, mit den dortigen Verhältnissen näher bekannt zu sein, so versetzte der Ankömmling, es sei nichts leichter als dieses, denn soeben lange der Weimarische Erbprinz mit seinem Bruder Konstantin in Frankfurt an, welche mich zu kennen und zu sprechen wünschten. Ich zeigte sogleich die größte Bereitwilligkeit, ihnen aufzuwarten, und der neue Freund versetzte, daß ich damit nicht säumen sollte, weil der Aufenthalt der Prinzen in Frankfurt nicht lange dauern werde.“

Nachdem Goethe Knebel noch mit seinen Eltern bekannt gemacht hatte, beeilte er sich die beiden jungen Weimarer Prinzen aufzusuchen, mit denen sich über das erste persönliche Kennenlernen hinaus leicht ein Gespräch anbahnte. Dabei wurde rasch deutlich, daß der Erbprinz „den besten Willen und den festen Vorsatz hatte, an seiner Stelle entschieden Gutes zu wirken“. Die Gespräche wurden bald bei Tisch fortgesetzt, bei denen „es nun wie bei den Märchen der ‚Tausendundeinen Nacht‘ zuging“, weil die Themen sich allmählich ausbreiteten und vertieften. Schließlich wurde Goethe das Versprechen abgenommen, den beiden Prinzen bald nach Mainz zu folgen und dort einige Tage mit ihnen zu verbringen, die offenkundig einem weiteren gegenseitigen Kennenlernen dienen sollten. Alles schien sich leicht für Goethe in der von ihm erstrebten Richtung regeln zu lassen.

Mit dieser sehr erfreulichen Nachricht eilte Goethe nach Hause, um sie seinen Eltern mitzuteilen. Insbesondere seinem Vater, der ganz andere Pläne mit ihm hatte, wollte sie jedoch nicht gefallen. Johann Kaspar Goethe verfügte über ein beträchtliches väterliches Erbgut, als er 1748 die Tochter des angesehenen Stadtschultheiß Textor, die wesentlich jüngere Katharina Elisabeth heiratete. Er hatte sich zum Juristen ausgebildet und war sodann Advokat und später Beamter bei angesehenen Reichsbehörden, so beim Reichstag in Regensburg und dem Reichshofrat in Wien gewesen. Er durfte, als er 1741 dann nach Frankfurt zurückgekehrt war, sich berechtigte Hoffnungen machen, ein seinem Ehrgeiz entsprechendes Amt in der Reichsstadt Frankfurt zu erhalten. Gekränkt entschloß er sich, als man ihm unerwartete Schwierigkeiten machte, auf alle Bewerbungen zu verzichten und sich zurückzuziehen. Er nahm den Titel eines Kaiserlichen Hofrates an und schloß jene Ehe wohl auch aus dem Grund, weil ihm nun als Schwiegersohn des Stadtschultheiß grundsätzlich der Eintritt in den kommunalen Dienst verwehrt war. Er richtete sich mit seiner Rente aus seinem persönlichen Vermögen, den Erinnerungen an seine Italienreise und seine Laufbahn ein und widmete sich hinfort vor allem der Erziehung seines Sohnes, auf den er seinen ganzen Ehrgeiz für eine große juristische Laufbahn setzte.

Sein Sohn, der allen Ruhm, den er sich je als Jurist hätte erwerben können, bei weitem auf einem Feld übertreffen sollte, für das ihn das Schicksal vorausbestimmt hatte, auf das ihm sein Vater jedoch nicht recht zu folgen vermochte, hat die väterliche Enttäuschung und dessen Widerspruch in seinen Erinnerungen mit den „reichsbürgerlichen Gesinnungen" des Vaters umschrieben. Sie hätten ihn gehindert, den Wünschen seines Sohnes sogleich und womöglich mit Freude zuzustimmen. Der Vater, durch und durch erfüllt mit bürgerlichem Selbstbewußtsein, habe sich „jederzeit von den Großen entfernt gehalten“ und obgleich er Kontakte zu den umliegenden Fürsten und Herrschaften unterhielt, sei er keineswegs in „persönliche Verhältnisse zu ihnen“ getreten, und die fürstlichen Höfe hätten zu jenen gehört, über die sein Vater zu „scherzen“ gepflegt habe, weil für ihn fürstliche Herrschaften zu denen zählten, mit denen nicht gut Kirschen zu essen sei.

Doch Goethe ließ sich nicht beirren. Weder der spektakuläre Erfolg seines „Werther“ noch der fast ebenso große seines ersten Schauspiels „Götz von Berlichingen mit der eisernen Hand“, das ihm gleichfalls keinerlei finanziellen Gewinn erbracht hatte, konnte ihn umstimmen, da er sich überzeugt hatte, daß er unter den gegebenen Umständen nicht hoffen durfte, sich eine selbständige schriftstellerische Existenz zu schaffen. Trotz des väterlichen Widerstandes suchte er daher den Weimarer Erbprinzen in Mainz auf, wobei die beiden Seiten bekannten „Patriotischen Phantasien“ von Justus Möser mit ihren behaglichen Schilderungen kleinstaatlicher Sitten, Gesetze und Regierungsformen, mit ihrer wohlmeinenden Vergangenheitsinterpretation und mit ihrem politisch-sozialen Wunschbild einen Gesprächsgegenstand lieferten, der über das vertiefte Sichkennenlernen hinaus gegenseitiges Vertrauen und Sympathie schuf. Möser hatte bereits Untersuchungen darüber angestellt, mit welchen Mitteln Landwirtschaft und Gewerbe zu helfen und wie der Überschuldung und dem Armenwesen abzuhelfen seien, ob fremde Konkurrenz zu dulden oder sogar Handelsfreiheit vorteilhaft einzuräumen sei. Vor allem aber hatte er sich bemüht zu zeigen, wie der richtige Mittelweg zwischen völliger Verfügungsfreiheit des einzelnen über seine Person und sein Eigentum und völliger Gebundenheit zu finden sei und manches mehr. Wonach es Goethe jedoch verlangte, daran erinnerte er sich später nur allzu gut:

> Oft erklärtet ihr euch als Freunde des Dichters, ihr Götter!
> Gebt ihm auch, was er bedarf! Mäßiges braucht er doch viel:

> Erstlich freundliche Wohnung, dann leidlich zu essen, zu trinken
> Gut; der Deutsche versteht sich auf den Nektar, wie ihr.
> Dann geziemende Kleidung und Freunde, vertraulich zu schwatzen;
> Sodann ein Liebchen des Nachts, das ihn von Herzen begehrt,
> Diese fünf natürlichen Dinge verlang ich vor allem.

Indes reisten die beiden prinzlichen Brüder bald in Richtung Paris auf ihrer standesgemäßen Kavaliers- und Bildungsreise davon, ohne sich in irgend einer Weise gegen Goethe verbindlich geäußert zu haben. Es blieb ihm daher vorerst nichts anderes übrig, als über Knebel, der bald einer seiner wichtigsten und treuesten Freunde werden sollte, die Verbindung zu halten, indem er sich brieflich bei ihm erkundigte: „Wo sind Sie? Bin ich in gutem Angedenken unter Ihnen?“ Er forderte ihn auf, ihm zu schreiben, vor allem „vom teuern Herzog, erinnern Sie ihn meiner Liebe“. Dies hatte zur Folge, daß Carl August, aus Paris zurückgekehrt, sich freute, Goethe im Mai 1775 in Karlsruhe zu treffen, ihn sodann im September, auf der Reise zu seiner Vermählung mit Louise von Hessen kurz zu sehen, um ihn schließlich, wiederum in Frankfurt mit seiner jungen Frau, förmlich nach Weimar einzuladen. Goethe schrieb am 4. Oktober an den Grafen Friedrich Leopold zu Stolberg, dessen Bekanntschaft er ebenso wie die seines Bruders Christian über den poetischen Göttinger Hainbund gemacht hatte: „Wenn ich nach Weimar kann, so tu ichs wohl.“ Begeistert hatte er Mösers Tochter, die den hinterlassenen Aufzeichnungen ihres Vaters den Titel „Patriotische Phantasien“ gegeben hatte, schon am 24. Dezember 1774 über sie mitgeteilt: „Ich trage sie mit mir herum; denn wo ich sie aufschlage, wird mir's ganz wohl und hundertlei Wünsche, Hoffnungen, Entwürfe entfalten sich in meiner Seele.“

Jedenfalls hatte man hinterlassen, daß der Kammerherr August von Kalb, der in Straßburg auf einen Wagen für die Weimarer Hofhaltung wartete, Anweisung habe, Goethe in den nächsten Tagen gelegentlich der Vorbeifahrt in Frankfurt nach Weimar abzuholen, eine Nachricht, die abermals das väterliche Mißtrauen wachrief. Goethe indes packte und verabschiedete sich. Jedoch der Kammerherr von Kalb ließ nichts von sich hören, so daß der väterliche Verdacht, die hohen Herrschaften wollten seinem nun schon berühmten Sohn übel mitspielen, nur neuerlich anwuchs. Zum Trost wollte er ihm Geld und Kreditbriefe geben und ihn mitsamt den nun einmal gepackten Koffern auf seinen eigenen Spuren auf die längst für ihn geplante Reise nach Italien schicken. Er machte nur zur Bedingung, sein Sohn müsse auch unverzüglich aufbrechen. Hin- und hergerissen ging Goethe schließlich scheinbar auf den väterlichen Vorschlag ein und brach fluchtartig auf.

Noch aus dem Bett heraus warnte ihn sein Vater, seine Flucht möge nie im Winter, noch am Sabbath geschehen. „Diesmal", denn Goethe war zuvor bereits einmal aus der Frankfurter Bedrängnis auf eine Reise in die Schweiz geflüchtet, „rief ich aus", so notierte er es sich in sein Tagebuch der Abreise, „ist nun ohne mein Bitten Montag morgens sechse, und was das Übrige betrifft, so fragt das liebe unsichtbare Ding, das mich leitet und schult, nicht ob und wann ich mag. Ich packte für Norden und ziehe nach Süden, ich sagte zu und komme nicht, ich sagte ab und komme!" Zugleich war es auch ein Lebewohl an seine große Liebe Lili Schönemann, von deren Zauber er sich zuvor bereits einmal durch eine Reise zu befreien gesucht hatte. Damals in den „Lili Wirren" brach es aus ihm heraus: „Unseliges Schicksal, das mir keinen Mittelzustand erlauben will. Entweder auf einen Punkt fassend, festklammernd, oder sich werfend gegen alle vier Winde!"

> Nicht ganz umsonst reck ich so meine Glieder:
> Ich fühl's! Ich schwör's! Noch hab ich Kraft.

Denn diesmal war er endgültig zum Abschied, besser gesagt, wiederum zur Flucht entschlossen. „Lili, Adieu Lili zum zweitenmal! Das erstemal schied ich noch hoffnungsvoll, unsere Schicksale zu verbinden! Es hat sich entschieden - wir müssen einzeln unsere Rollen ausspielen ... Das weitere stehe bei dem lieben Ding, das den Plan zu meiner Reise gemacht hat." Der Zustand, in den er in Frankfurt und mit der schönen und gescheiten Lili Schönemann geraten war, erschien ihm unerträglich, überhaupt „Zustand ist ein albernes Wort, weil nichts steht und alles beweglich ist". Auch seine Schwester Cornelia hatte Goethe von der Vermählung mit Lili abgeraten. Nun brach er endgültig aus „Lilis Park" aus, hinaus dorthin, wohin ihm die Verhältnisse die Entfaltung dessen, was ihm das Teuerste und Unersetzliche war, nämlich seines Dichtertums, gestatten würden. Hinsichtlich der Liebe war er unbesorgt. „Das Schicksal sorgt für die Liebe, um so gewisser, da die Liebe genügsam ist."

Zunächst machte er jedoch in Heidelberg Station, da er hoffte, den Kammerherrn von Kalb, der dort mit dem von den Weimarer Herrschaften bestellten Wagen durchkommen mußte, doch noch zu treffen. Hier wurde er bei Mademoiselle Delph gastlich aufgenommen, einer Vertrauten aus der Zeit seiner glücklich-unglücklichen Liebe zu Lili (eigentlich Anna Elisabeth) Schönemann, die er zu Beginn des Jahres 1775 kennengelernt und mit der er sich im selben Jahr sogar verlobt hatte. Nach der Sesenheimer Pastorentochter Friederike Brion, die niemals geheiratet hat und deren Gestalt noch durch mehrere spätere Werke Goethes, insbesondere den „Clavigo" und vermutlich auch den „Faust" irren wird, war Lili diejenige, an der Goethes Herz schmerzlich-glücklich in schier unlösbarer Weise hing, um sich sodann doch von ihr loszureißen. Unter den zahlreichen Versen, die Goethe Friederike, von ihr wohlverwahrt, nach seinem Abschied hinterlassen hatte, befand sich auch die Zeile, die ebenfalls auf Lili gepaßt hätte:

Du gabst mir, Schicksal, diese Freude!

Tat stehe mit Reue, Handeln mit Sorge in immerwährendem Bezug, notierte er sich später. Doch am 25. März 1775 hatte er bereits seinem Freund Herder geschrieben: „Es sieht aus, als wenn die Zwirnsfäden, an denen mein Schicksal hängt, und die ich schon so lange in rotierender Oszillation auf- und zutrille, sich endlich knüpfen wollten." Mademoiselle Delph, eine energische Geschäftsdame, die seit Jahren mit der Bankiersfamilie Schönemann befreundet war, hatte einst, in der Überzeugung, daß die ebenso schöne wie gefühlvolle und vermögende Tochter aus bestem Hause, die später den Straßburger Bankier Bernhard Friedrich von Türckheim heiraten sollte, und der Frankfurter Patriziersohn ein hervorragendes Paar abgeben würden, die Verlobung geknüpft. Aber eine dauerhafte Verbindung war nicht zustande gekommen. Denn Goethe, obwohl er sich unzweifelhaft stark zu Lili hingezogen fühlte und ein Leben lang ihrer gedachte, paßte nicht in diese gutbürgerlich-saturierte Gesellschaft. Er bezog dabei die Stärke, sich von der Geliebten loszureißen, gewissermaßen aus der Ausschaltung seines subjektiven Wollens, aus der tiefen inneren Überzeugung, daß sein Schicksal es so wolle und nicht sein eigenverantwortliches Handeln.

Schon frühzeitig hatte er einer anderen Vertrauten, Auguste Gräfin zu Stolberg, der Schwester der beiden poetischen gräflichen Brüder Christian und Friedrich Leopold, Goethes „Gustgen", mit der er sogar während der Verlobungszeit mit Lili leidenschaftliche Liebesbriefe gewechselt hatte, am 13. Februar 1775 geschrieben, sie möge sich einen Goethe vorstellen, „der im galonierten Rock, sonst von Kopf zu Fuße auch in leidlich konsistenter Galanterie, umleuchtet vom unbedeutenden Prachtglanze der Wandleuchter und Kronenleuchter, mitten unter allerlei Leuten, von ein Paar schönen Augen am Spieltische gehalten wird, der in abwechselnder Zerstreuung aus der Gesellschaft ins Konzert, und von da auf den Ball getrieben wird und mit allem Interesse des Leichtsinns einer niedlichen Blondine den Hof macht; so haben Sie den gegenwärtigen Fasnachtsgoethe". Im gleichen Atemzuge versicherte er ihr noch, daß Gustgen selber ihm „nicht aus dem Sinne“ komme. Es hatte sich dasselbe Spiel wie mit Friederike wiederholt. „Ich wäre ein Tor“, hatte er bereits wenige Wochen vor seiner Verlobung unter der Maske des Ferdinando in seinem Bühnenwerk „Stella“ ausgerufen, „mich fesseln zu lassen. Dieser Zustand erstickt alle meine Kräfte, dieser Zustand raubt mir allen Mut der Seele, er engt mich ein. Ich muß fort in die freie Welt.“

Vorerst indes saß er in Heidelberg bei Mademoiselle Delph und wartete. Mit ihr, die bereits wieder von mancherlei Plänen für ihn erfüllt war, schwatzte er bis tief in die Nacht hinein. „Wir trennten uns erst gegen eins“, berichtete Goethe in seiner Autobiographie „Dichtung und Wahrheit“ später. „Ich hatte aber nicht lange geschlafen, als das Horn eines Postillons mich weckte, der reitend vor dem Hause hielt. Bald darauf erschien Demoiselle Delph mit einem Licht und Brief in den Händen und trat vor mein Lager. ‚Da haben wir's!' rief sie aus. ‚Lesen Sie, sagen Sie mir, was es ist. Gewiß kommt es von den Weimarischen. Ist es eine Einladung, so folgen Sie ihr nicht. Erinnern Sie sich an unsre Gespräche.' - Ich bat sie um das Licht und eine Viertelstunde Einsamkeit. Sie verließ mich ungern. Ohne den Brief zu eröffnen, sah ich eine Weile vor mich hin. Die Stafette kam von Frankfurt. Ich kannte Siegel und Hand, der Freund war also dort angekommen, er lud mich ein, und der Unglaube und Ungewißheit hatten uns übereilt.“ Fast schämte er sich seiner Zweifel, alles war ganz natürlich zugegangen. Der Weimarer Kammerjunker und Kammerrat von Kalb hatte auftragsgemäß auf den von dem jungen Herzog bestellten neuen Wagen in Straßburg warten müssen und war sodann mit Verspätung nach Frankfurt gefahren, um zu seinem Schreck Goethe nicht mehr anzutreffen. Durch eine Stafette hatte er sogleich den bewußten Brief Goethe nach Heidelberg nachgesandt in der Erwartung, daß Goethe sofort nach Frankfurt zurückkehren und von Kalb nicht der Beschämung aussetzen würde, ohne ihn nach Weimar heimzukehren.

Bald trat seine aufgeregte Wirtin wieder zu Goethe ins Zimmer, um ihm eindringlich von seinem Vorhaben, über Frankfurt nach Weimar zu gehen und die ergangene Einladung anzunehmen, mit allen Mitteln abzuraten. Schon stand der bestellte Postwagen vor der Tür, das Gepäck war bereits aufgepackt, ohne daß Mademoiselle Delph abließ. „Vergebens bat ich meine Wirtin, sich zu beruhigen. Sie wollte von nichts wissen und beunruhigte den schon Bewegten noch immer mehr ..., so daß ich endlich", berichtet Goethe, „leidenschaftlich und begeistert die Worte ‚Egmonts' ausrief: ‚Kind, Kind! Nicht weiter! Wie von unsichtbaren Geistern gepeitscht gehen die Sonnenpferde der Zeit mit unsers Schicksal leichtem Wagen durch, und uns bleibt nichts als, mutig gefaßt, die Zügel festzuhalten und bald rechts, bald links, vom Steine hier, vom Sturze da, die Räder abzulenken. Wohin es geht, wer weiß es? Erinnert er sich doch kaum, woher er kam.'" So kam es doch noch zum Aufbruch nach Weimar, wohin ihn „das liebe kleine innere Ding" zu gehen gerufen hatte. Übrigens hatte er 1775 bereits an seinem Schauspiel „Egmont" zu arbeiten begonnen, so daß das Selbstzitat in seiner Autobiographie durchaus keine spätere Zutat zu sein braucht.

War es nun tatsächlich „ein reiner Zufall" (Th. Mann) oder vielmehr eine Kette von Zufällen oder „das liebe innere Ding", sein Dämon oder das Schicksal, wie auch immer, jedenfalls kam Goethe noch vor Tagesgrauen am 7. November 1775, einzig begleitet von seinem treuen Diener Philipp Seidel, in der kleinen thüringischen Residenz mit ihren sechstausend Einwohnern an, die Herder, nachdem ihn Goethe dort untergebracht hatte, ein „Mittelding zwischen Dorf und Hofstadt" nannte. Goethe war von Anfang an entschlossen, gab er späterhin doch sogar sein Frankfurter Bürgerrecht auf, seine Übersiedlung nach Weimar endgültig zu machen. Dabei verliehen weder Handel noch Gewerbe oder gar Industrie der kleinen Residenzstadt Wohlstand und Leben. Außer den Brosamen, die von der herrschaftlichen Tafel fielen, lieferte die Landwirtschaft die einzige Nahrungsgrundlage. Morgens rief der Stadthirt mit seinem Horn das städtische Vieh zusammen, und abends trieb er es durch die schmutzigen Straßen. Man ging zu Fuß, fuhr oder ritt, denn die kleine von einer Mauer mit vier Toren umschlossene Stadt lag abseits der Poststraße, die von Frankfurt nach Leipzig führte. Unter den paar hundert kleinen Häusern ragten nur die Kirche, das Rathaus sowie einige fürstliche Gebäude hervor. Als eine „Einschränkung" hat Goethe später gewissermaßen umschrieben, was ihn damals bewegt haben muß:

Wie seltsam mich das Schicksal leitet;
Und ach, ich fühle, nah und fern
Ist mir noch manches zubereitet.

Das ansehnlichste unter den Weimarer Baulichkeiten war das Schloß, das jedoch seit anderthalb Jahren vor Goethes Ankunft in Asche lag, wodurch der kümmerliche Gesamteindruck vermehrt wurde. Ein bescheidenes Flüßchen, die Ilm, schlängelte sich durch ein Wiesental, das dem Dichter bald vertraut und lieb werden sollte, umrahmt von breitbuckligen, mit Feldern und Laubwald bedeckten Hügeln. Welch ein Gegensatz zu der reichen und lebhaften Reichsstadt, aus der Goethe herkam, an einem breiten und schiffahrtsreichen Strom gelegen, umgeben von einem Kranz von Wein- und Obstgärten, mit ihren stolzen Patriziern und ihrem alten Judenviertel! Und trotzdem hatte er das Empfinden, das Tyche ihm einen Glücksfall zugespielt hatte, wie das Leben einem jeden nur einige wenige, manchem nur eine einzige Chance gewährt, die zu ergreifen oder zu verspielen das Lebensglück ausmacht. Schon damals hätte er als Motto seines Bemühens, in Weimar Fuß zu fassen, formulieren können: „Wie glücklich ist der, der, um sich mit dem Schicksal in Einigkeit zu setzen, nicht sein ganzes vorhergehendes Leben wegzuwerfen braucht!" Es stellte sich nun heraus, daß auch sein widerwillig ergriffenes juristisches Studium und die dadurch erworbenen Kenntnisse ihm sehr dienlich wurden.

Ja, wie oft haben wir selbst bei ähnlichen Ereignissen und Wendungen des Lebens nicht auch das Empfinden gehabt, es werde um unser ganzes Schicksal das Los geworfen. Alle jedenfalls, die nicht von vornherein auf ihre Füße gestellt sind oder sich auf ihre Füße stellen können, die nicht ihr Schicksal ergreifen wollten oder konnten, werden mit ihrem „Ach, hätte ich doch!“ anders als Goethe nur mit Mystifikationen oder anderem Hokuspokus teils aufgehalten, teils beiseite geschoben. „Du glaubst zu schieben, und du wirst geschoben.“ Um so mehr will dies demjenigen so erscheinen, der immer vorwärts schreitend, das unendlich verästelte Fadengewirr des Lebens, indem er einen der verschlungenen Fäden mutig ergreift, durch sein Handeln zu entwirren versucht. Unser inneres, kaum geahntes Ziel, auch wenn wir es nur unbewußt in uns tragen mögen, läßt Spuren in uns zurück, über die wir uns nachträglich Rechenschaft abzulegen mühen mögen, so daß wir, am Ziel angelangt, entweder hochmütig oder niedergeschlagen, stolz oder kleinmütig zurückbleiben. Abgesehen davon, war es Goethes Überzeugung, daß nichts Unvernünftiges geschähe, was nicht Verstand oder Zufall wieder in die Richtung bringen, nichts Vernünftiges aber auch, das Unverstand und Zufall nicht mißleiten könnten.

Schauen kann der Mensch und wählen!
Doch was hilft ihm oft die Wahl:
Kluge schwanken, Weise fehlen,
Doppelt ist dann ihre Qual.
Recht zu handeln,
Grad zu wandeln,
Sei des edlen Mannes Wahl.
Soll er leiden,
Nicht entscheiden,
Spreche Zufall auch einmal.

Was auch immer nun Goethe nach Weimar geführt haben mag, so war er jedenfalls entschlossen, die Chance, die sich ihm bot, mit beiden Händen zu ergreifen. Kaum war er in Weimar angekommen, so berichtete er: „Ich bin nun eingeschifft auf die Woge der Welt - voll entschlossen: zu entdekken, gewinnen, streiten, scheitern oder mich mit aller Ladung in die Luft zu sprengen." Am 22. November 1775 schreibt er bereits an Johanna Fahlmer, Stiefschwester der Gebrüder Jacobi, seiner Düsseldorfer Freunde, die Goethe sein Täntgen - oder Täntchen - nannte und die jahrelang seine Vertraute war: „Lieb Täntgen! Wie eine Schlittenfahrt geht mein Leben, rasch weg und klingelnd und promenierend auf und ab. Diese gibt meinem Leben neuen Schwung, und es wird alles gut werden. Ich kann nichts von meiner Wirtschaft sagen, sie ist zu verwickelt, aber alles geht erwünscht." Im März desselben Jahres hatte er ihr noch geschrieben: „Ich bin müde, über das Schicksal unseres Geschlechts von Menschen zu klagen, aber ich will sie darstellen, sie sollen sich erkennen, wo möglich, wie ich sie erkannt habe, und sollen wo nicht beruhigter, doch stärker in ihrer Unruhe sein." Dies war gewissermaßen die vertrauliche Proklamation seines eigentlichen Weimarer Arbeitsprogramms.

Die Adressatin heiratete übrigens nach dem frühen Tod von Goethes geliebter jüngerer Schwester Cornelia, die ihn vielleicht von allen Frauen am tiefsten verstanden hatte, seinen verwitweten Schwager Johann Georg Schlosser, was zur Entfremdung zu dem nunmehr verschwägerten Täntgen und auch zu Schlosser führte. Aber bereits am 10. November 1775 hatte Wieland, der selbst als Prinzenerzieher nach Weimar gelangt war, jedoch mehr der antiken Poesie als der gegenwärtigen, mehr der antiken Kultur als der seines Zeitalters ergeben, den Goethe zuvor noch in seiner Posse „Götter, Helden und Wieland" verspottet hatte, an Lavater geschrieben: „Dienstags, den 7. d.M., morgens um fünf Uhr, ist Goethe in Weimar angelangt. O bester Bruder, was soll ich Dir sagen? Wie ganz der Mensch nach meinem Herzen war! Wie verliebt ich in ihn wurde, da ich am nämlichen Tage an der Seite des herrlichen Jünglings saß!" Diese vornehme Natur, die über eines der eigenen Werke einmal geäußert hatte, er fühle sich auch dann belohnt, wenn niemand es lesen würde, denn die Musen wären ja Zeugen seiner Mühe gewesen, Wieland also, gleichsam als Hofpoet, dessen Eifersucht und Gegnerschaft zu fürchten gewesen wäre, hatte Goethe, fasziniert von seiner Persönlichkeit, mit offenen Armen aufgenommen.

Die wichtigste Person am Hofe allerdings war zweifellos die Mutter des Herzogs, die Goethe später einmal „vollkommene Fürstin mit vollkommen menschlichem Sinn" genannt hat. Als Goethe sie kennenlernte, war diese Nichte Friedrichs des Großen, mit dem sie mehr als eine äußerliche Ähnlichkeit gemein hatte, eine braunschweigische Prinzessin, erst sechsunddreißig Jahre alt. Kaum siebzehnjährig war sie, nach einer freudlosen Jugend, von den Ihrigen nicht geliebt, mit dem kränklichen, achtzehnjährigen Herzog Konstantin von Sachsen-Weimar „wie man gewöhnlich Fürstinnen vermählt" verheiratet worden. Unter den schwierigsten Umständen mußte sie nach zwei Jahren, in denen sie noch zwei Knaben zur Welt gebracht hatte, Witwe geworden, die Regentschaft des kleinen Landes, das ebenso unter dem Siebenjährigen Krieg wie unter einer nachlässigen Verwaltung gelitten hatte, völlig unvorbereitet übernehmen.

Diese Aufgabe hatte sie nicht nur als Treuhänderin ihrer Söhne mit gutem Erfolg bewältigt, sondern darüber hinaus, indem sie, an einem steifen Hof aufgewachsen, eine natürliche Menschlichkeit entwickelte, auch jene höfische Kultur angebahnt hatte, für die Weimar berühmt werden sollte. Sie hatte die Jenaer Universität durch Berufungen und Vermehrung ihrer Einkünfte gefördert, die fürstliche Bibliothek, der sie Unterkunft im sogenannten Grünen Schloß verschaffte, allgemeiner Benutzung geöffnet und das Musikleben gepflegt. Vor allem aber war sie für das Theater eingetreten, da sie, wie Wieland 1773 schrieb, überzeugt war, „daß ein wohlgeordnetes Theater nicht wenig beitrage, die Begriffe, die Gesinnungen, den Geschmack und die Sitten eines Volkes unvermerkt zu verbessern und zu verschönern". Leider war, bevor Goethe in Weimar eintraf, mit dem Schloßbrand auch die Stätte verschwunden, auf der das Theater aufgeschlagen war. Die Liebhaberaufführungen, die er bald wieder aufnahm, hatten daher jedoch eine Tradition in den unter der Ägide der Herzogin zuvor durchgeführten Veranstaltungen.

Mit Knebel war Goethe, bald angefreundet, bereits bekannt geworden. Der ehemalige Leutnant der preußischen Garde mit einem unsoldatischen Hang zum Pessimismus, hatte schon damals Horaz und Vergil übersetzt, deutsche, zuweilen auch lateinische Oden, Hymnen und Elegien verfaßt und mit seinen dichtenden Freunden in Berlin, Halberstadt und Göttingen korrespondiert. Im Oktober 1774 wurde er Erzieher des Prinzen Konstantin, der eine militärische Laufbahn einschlagen wollte. Der Mangel an Ehrgeiz und Eitelkeit machte Knebel mitsamt seinen vielfältigen Fähigkeiten für Goethe zu einem zuverlässigen Verbündeten bei der Bewältigung der anstehenden Aufgaben, um so mehr als Wieland, der erst im September 1772 nach Weimar übergesiedelt war, als Prinzenerzieher die Herzoginmutter nicht zufrieden stellte. Über Goethe urteilte Knebel bereits 1780: „Er ist weitsehend, vielleicht zu weitsehend zu seinem Stand - und dann oft wieder zu nah. Dies verwirrt den Blick der andern. Er sieht Dinge in Jahren kommen, die man gegenwärtiger glaubt und holt andre aus der Ferne herbei."

Allerdings blieb auch Goethe nicht die Erfahrung erspart, daß überzeugende Pläne im Alltag zerrinnen und wohlmeinende Reformabsichten an der menschlichen Natur scheitern können. Indes war in ihm früh die für seine neue praktische Tätigkeit wertvolle Erkenntnis gereift, daß der Mensch unterscheiden kann zwischen vitaler Zweckmäßigkeit und Wahrheit. Früh hatte er sich davon überzeugt, daß es vielmehr, indem er Nietzsche vorwegnahm, dem seinerseits dann Max Scheler folgte, nicht nur lebens-, sondern erkenntnisfördernde Lebenslügen gibt, auf die das Prädikat Realerkenntnis im emphatischen Sinn zutrifft. „Der Irrtum verhält sich gegen das Wahre wie der Schlaf gegen das Wachen. Ich habe bemerkt, daß man aus dem Irren sich wie erquickt zu dem Wahren hinwende." Sinngemäß heißt es dann später in seinem „Faust":

> Grau, teurer Freund, ist alle Theorie,
> Und grün des Lebens goldner Baum.

Als dritter Prinzenerzieher spielte zur Zeit, als Goethe eintraf, Graf Görtz, dessen Position bei den Prinzen weit älter und höher als die Wielands und Knebels war, eine Rolle. Auf den Universitäten Leyden und Straßburg ausgebildet, war er bereits mit fünfundzwanzig Jahren von der Herzogin zum „Gouverneur" ihrer beiden Söhne bestellt worden. Über seine Talente und ausgebreiteten Kenntnisse herrschte Einstimmigkeit, über seinen Charakter, dessen diplomatische Gewandtheit und dessen Hang zum Intrigieren sich nicht verbergen ließ, gingen die Meinungen auseinander. Die Herzogin, unglücklich darüber, daß die junge Frau ihres Sohnes Carl August Görtz zu ihrem Oberhofmeister gemacht hatte, und Wieland, die ihn anfangs beide sehr geschätzt hatten, verachteten ihn später. Er schied Ende des Jahres 1777 aus dem Weimarer Dienst, hat aber späterhin auf hervorragendem Posten als Preußischer Gesandter Ausgezeichnetes geleistet.

Staatsminister und Präsident des Geheimen Conseils war Jacob Friedrich von Fritsch, mit dem Goethe sehr bald in engste amtliche Beziehung geraten sollte. Er war von ganz anderem Schlag. Der Sohn eines kursächsischen Ministers war für den Verwaltungsdienst gut vorbereitet, sogar mit Winckelmann, der zunächst Goethes Bild von Italien und der Antike geprägt hat, näher bekannt. Fritsch war der Herzogin früh aufgefallen und wurde allmählich, solange sie als Witwe selbst das Staatsruder führen mußte, in den schweren Jahren ihrer Regentschaft ihr ergebenster und zuverlässigster Diener. Auch war er, wie er später sogar in einem Brief an den Herzog Carl August bekannte, durchaus keine bequeme Persönlichkeit mit der Rauheit seiner Sitten und seinem mürrischen Ernst und galt wegen seiner geringen Biegsamkeit allgemein als schwierig. Über sein Bildungsinteresse hinaus bescheinigten ihm auch Widersacher seinen Pflichteifer, seine Wahrheitsliebe und seine zuweilen pedantisch anmutende Erledigung der ihm übertragenen Arbeiten. Erst allmählich vermochte er sich mit Goethe und Goethe sich mit ihm zu arrangieren.

Dies war das Feld, auf dem sich Goethe nach dem Wunsch von Carl August, der anfangs selbst noch in der Werther-Kostümierung herumlief, zunächst als Berater, sehr bald aber als enger Mitarbeiter bewähren sollte. Bald konnte er seinem Freund, dem Darmstädter Kriegsrat und Schriftsteller Johann Heinrich Merck, der seit ihrer ersten Begegnung 1771 großen Einfluß auf ihn gewonnen und bei dem er 1772 sogar zeitweise gewohnt hatte, berichten: „Wirst hoffentlich bald vernehmen, daß ich auch auf dem theatro mundi was zu tragieren weiß und mich in allen tragikomischen Farcen wohl zu tragieren weiß." Und bald konnte er dieser Mitteilung vom 6. Januar 1776 am 22. Januar die Nachricht folgen lassen: „Ich bin nun ganz in alle Hof- und politische Händel verwickelt und werde fast nicht wieder wegkönnen. Meine Lage ist vorteilhaft genug, und die Herzogtümer Weimar und Eisenach immer ein Schauplatz, um zu versuchen, wie einem die Weltrolle zu Gesicht stünde. Ich übereile mich drum nicht, und Freiheit und Genüge werden die Hauptkonditionen der neuen Einrichtung sein, ob ich gleich mehr als jemals am Platz bin, das durchaus Scheißige dieser zeitlichen Herrlichkeit zu erkennen." Man sieht, daß er durchaus noch im Jargon seiner Genossen aus der „Sturm und Drang"-Periode zu denken und parlieren wußte, ohne das Selbstgefühl des Frankfurter Patriziersohnes zu verleugnen. Einen Vorzug allerdings hatte die neue Umgebung, die noch längst nicht sein Wirkungskreis geworden war, für Goethe: sie stand im Zeichen der Jugend und der Frauen.

Geh! gehorche meinen Winken,
Nutze deine jungen Tage,
Lerne zeitig, klüger sein:
Auf des Glückes großer Waage

Steht die Zunge selten ein;
Du mußt steigen oder sinken,
Du mußt herrschen und gewinnen,
Oder dienen und verlieren,
Leiden oder triumphieren,
Amboß oder Hammer sein.

Doch bevor der sehnlichst erwartete Gast noch als herzoglicher Berater oder gar geheimrätlicher Minister, Hofdichter oder gar Theaterdirektor sich für das kleine Herzogtum nützlich machen konnte, hatte er sich erst einmal als guter Kamerad bei der prinzlichen Nacherziehung des jungen Ehemannes zu bewähren und vor allem aufzupassen, daß der nicht allzu sehr über die Stränge schlug, so daß der Gast, für den vorerst weder eine besoldete Position noch ein Honorar in Aussicht stand, sich bald nach einem Kredit bei seinen Freunden umsehen mußte, da er nach Verbrauch des elterlichen Zehrgeldes sich von dort keine weiteren Zahlungen erhoffen durfte. Carl Augusts vitale Natur, die bisher durch Geheimräte und allerlei Erzieher, unter welcher Maske auch immer, derart eingeschränkt gewesen war, verlangte, mündig und Landesherr geworden, ungestüm danach, die verloren geglaubte oder ausgelassene Jugend nachzuholen. So standen zunächst einmal Karten- und Würfelspiel, Parforceritte, Schlittenfahrten, Theateraufführungen, Trinkgelage und Tanzvergnügungen in Schlössern und Gastwirtschaften auf der Tagesordnung, nicht zu vergessen nächtliches Peitschenknallen um die Wette auf dem Marktplatz, zumal wenn man sich den Spaß machen konnte, die nächtliche Ruhe eines jungen Ehepaares zu stören. Ilmenau wurde ein bevorzugter Schauplatz solch derber gemeinsamer Vergnügungen.

Vor allem aber durfte bei den wilden nächtlichen Ritten über Land „mieseln“ bis in die Schuppen und Heuschober hinein, auch als Abschluß der unerkannten Teilnahme an einem Dorffest, nicht vergessen werden. Die „Miesels“ aber, das waren in der Weimarer Geniesprache nicht etwa nur die Damen bei Hofe. Andererseits darf nicht verkannt werden, daß Goethe bei alledem die ernsten Regierungsaufgaben des Herzogs, dem er gewiß schon manchen Rat geben konnte, nicht aus den Augen verlor. Hier bewahrheitete sich frühzeitig seine Erkenntnis: „Das Talent entwickelt im Praktischen alles und braucht von den theoretischen Einzelheiten nicht Notiz zu nehmen." Bereits im Februar 1776 konnte er an sein „Tantgen" schreiben: „Jetzt bin ich dran das Land nur kennen zu lernen, das macht mir schon viel Spaß. Und der Herzog kriegt auch dadurch Liebe zur Arbeit." Allmählich kam Goethe mit allen Ressorts der Verwaltung des kleinen Herzogtums in Berührung und gewann nicht nur Erfahrung in der praktischen Arbeit, sondern gewann auch Einblick in die größeren politischen Verhältnisse. Nicht nur für seine amtliche Tätigkeit gewann er in den vielen Rollen, die er in den weitverzweigten Beziehungen des Zeitalters zu spielen hatte, die Fähigkeit, sein Selbst hinter den Masken transparent zu machen. Charlotte von Schiller, die sich 1813 wieder einmal den „Reinecke Fuchs" von Goethe, gewissermaßen sein politisches Testament, vorgenommen hatte, erinnerte sich: „Die Beichte Reineckes liest er einzig vor!"

Dennoch war die Kunde von dem ganzen Treiben selbstverständlich schon nach draußen gedrungen, so daß sich Klopstock, der Dichter des „Messias", dessen Existenz selbst auf einer königlich-dänischen Pension beruhte, gewissermaßen als selbsternannter Fürsten- und Tugendwart veranlaßt sah, Goethe einen „Freundschaftsbrief" zu senden, indem er ihm vorhielt, der Herzog werde, wenn er sich ferner bis zum Krankwerden betrinke, nicht lange leben. „Die Deutschen haben sich bisher mit Recht über ihre Fürsten beschwert, daß diese mit ihren Gelehrten nichts zu schaffen haben wollten ... Aber was werden andere Fürsten, wenn Sie in dem alten Tone fortfahren, nicht zu ihrer Rechtfertigung anzuführen haben?" Die Herzoginmutter sei zu bedauern, schrieb er, und legte Goethe nahe, dem Herzog seinen Brief zu zeigen. An anderen Briefen ähnlicher Tonart war Goethe lachend oder achselzukkend vorbeigegangen, auf diesen erwiderte er: "Verschonen

Sie uns künftig mit solchen Briefen, lieber Klopstock! Sie helfen uns nichts und machen uns immer ein paar böse Stunden. Sie fühlen selbst, daß ich darauf nichts zu antworten habe. Entweder ich müßt als ein Schulknabe ein Pater peccavi anstimmen oder mich sophistisch entschuldigen oder als ein ehrlicher Kerl verteidigen, und käme vielleicht in der Wahrheit ein Gemisch von allen dreien heraus, und wozu? Also kein Wort mehr zwischen uns über die Sache. Glauben Sie mir, daß mir kein Augenblick meiner Existenz überbliebe, wenn ich auf alle solche Anmahnungen antworten sollte. Dem Herzog tat's einen Augenblick weh, daß es ein Klopstock wäre." Klopstock schrieb daraufhin eine grobe Antwort, die den Beziehungen zwischen den beiden Dichtern ein für alle Male ein Ende setzte.

Trotzdem bereiteten diese und andere Anklagen Goethe manchen Kummer. Er war gegenüber den alten Freunden aus Straßburger Tagen stets selbstlos und großzügig gewesen, sogar wenn es sich um sein geistiges Eigentum handelte. An Lenz, der in Straßburg seinen Unterhalt als Hofmeister verdient hatte und ein Jahr nach Goethes Abschied ebenfalls in Sesenheim aufgetaucht war und Goethes Glück, wohl sogar gleichfalls Friederike andichtend, nachzuleben gesucht hatte, schrieb ihr gemeinsamer Freund Klinger derart beispielsweise im Dezember 1774: „Nun wollte ich auf Akademien gehn, hatte keine 100 fl. Ich ward mit Goethe bekannt. Das war die erste frohe Stunde meiner Jugend. Er bot mir seine Hilfe an. Ich sagte nichts und ging so, weil ich lieber sterben wollte als unverdient was annehmen. Die 100 fl. waren bald alle. Der große Goethe drang in mich, machte mir Vorwürfe, und nun leb ich schon ein ganzes Jahr von seiner Güte." Eine womöglich größere Belastung in Weimar kam für den Augenblick daher, daß seine alten poetischen Kameraden aus seiner „Sturm und Drang"-Periode, die Gelegenheit beim Schopf zu ergreifen suchten, um sich, auf die Nachricht von Goethes „Glück", seinem Beispiel folgend, ebenfalls am Weimarer „Musenhof" einzuquartieren.

Zunächst tauchte zerlumpt und abgerissen Jakob Michael Reinhold Lenz auf, mit Goethe aus Straßburger Tagen befreundet und durch seine Komödie „Der Hofmeister“ bekannt, der sich durch seine Taktlosigkeiten bald selbst unmöglich machte. Ebenso klein von Gestalt wie groß in der Vorstellung von seiner Person, ebenso unglücklich wie unbeugsam, war er kleinen Intrigen nicht abgeneigt, worunter auch Goethe zu leiden hatte, dem seine Zuneigung und Bewunderung, Neid und Haß in seltsamer Mischung galten. Nachdem der Herzog kategorisch seine Entfernung aus Weimar gefordert hatte, wurde er später ins Elternhaus nach Riga zurückgebracht. Im Mai 1792 wurde er schließlich in Moskau auf der Straße tot aufgefunden.

Auch Maximilian Klinger kam, der aus bescheidenen Verhältnissen stammend, nach Goethe wohl die stärkste Begabung von allen, bereits 1772 in dessen Freundeskreis eingetreten war und mit seinem Schauspiel „Sturm und Drang“ der ganzen Generation den Namen gegeben hatte. Seine Erwartungen ließen sich gleichfalls in Weimar nicht erfüllen. Nie hat Goethe indes je ein Wort über die materielle Hilfe verloren, die er allen den Freunden und Bedürftigen anbot. Klinger, dem Goethe darüber hinaus einst nach Gießen sogar Manuskripte als Geschenk gesandt hatte, um sie zu verwerten, hat übrigens ebenfalls einen „Faust“ verfaßt. Er trat später als Offizier in russische Dienste, wurde Generalleutnant und sogar zeitweiliger Berater des Zaren Alexander I. Aber in Weimar vermochte er sich mit seinem ausgeprägten plebejischen Selbstbewußtsein und seiner rauhbeinig-genialischen Manier nicht zu halten.

Goethe berichtete darüber seinem Freund Merck, der später durch Selbstmord endete: „Lenz ward endlich gar lieb und gut in unserm Wesen, sitzt jetzt in Wäldern und Bergen allein, so glücklich als er sein kann. Klinger kann nicht mit mir wandeln, er drückt mich, ich hab's ihm gesagt, darüber er außer sich war und's nicht verstund, und ich's nicht erklären konnte, noch mochte.“ Und am 16. September 1776 notierte er in seinem Tagebuch: „Er ist wie ein Splitter im Fleisch, er schwürt, und, wird sich herausschwüren, leider!“ Auch der ehemalige juristische Kommilitone Heinrich Leopold Wagner, späterhin Dichter der „Kindesmörderin“, der ebenfalls zur kraftgenialischen „Sturm und Drang“-Generation gehörte und sich als Anwalt in Frankfurt niedergelassen hatte, mußte ebenso abgewimmelt werden wie der von Lavater heftig protegierte Wunderdoktor und Weltverbesserer Christoph Kaufmann. Andere Menschen, andere Begabungen, andere Dichter, andere Schicksale, die Goethes Weg gekreuzt hatten. Hatte mehr oder minder ein Zufall sie zusammengeführt, so wiesen die Wege ihres Schicksals trotz vorübergehender Anziehungskraft doch in ganz andere Richtungen. Jedenfalls war damit ein Lebensabschnitt für Goethe abgeschlossen. Nachdem noch einmal die Phase der überschäumenden Jugend, stürmischer als seine eigene, durchgenommen war, trat er unversehens ins Mannesalter.

Die beste lebende Kennerin von Goethes Leben und Wirken hat mit Recht auf jenen Bericht hingewiesen, den Christoph Hufeland, Goethes Arzt von 1783 bis 1793 und Leibarzt Carl Augusts, der 1792 eine Professur an der Universität Jena übernahm, 1798 dann zum Ersten Arzt der Berliner Charité und 1809 zum Professor an der dortigen Universität berufen wurde, in seiner Selbstbiographie von diesem Lebensabschnitt Goethes geliefert hat: „Zu allen Gaben, die Goethe besaß, kam noch die Gunst des jungen Fürsten, der eben die Regierung angetreten hatte und den er plötzlich aus seiner pedantischen, beschränkten, verzärtelnden Hofexistenz ins freie Leben hinausriß und damit anfing, daß er ihn im Winter eiskalte Bäder nehmen ließ, ihn beständig in freier Luft erhielt und mit ihm in seinem Lande herumreiste, wobei dann überall brav gezecht wurde, wodurch man aber auch genaue Kenntnis des Landes und der Persönlichkeiten erwarb. Die erste natürliche Folge dieser heroischen Kur war freilich eine tödliche Krankheit des Herzogs, aber er überstand sie glücklich, und der Erfolg war ein abgehärteter

Körper für das ganze folgende Leben, so daß er ungeheure Strapazen hat aushalten können."

In der Tat waren der Herzog und Goethe sich inzwischen nicht allein menschlich, sondern sogar freundschaftlich nahegekommen, ohne daß bisher von einer festen Bindung Goethes an den Weimarer Hof die Rede gewesen wäre. Aber bevor er noch, wenn auch vergeblich, als guter Freund versucht hatte, die alten Dichterkollegen am Weimarer Hof unterzubringen, nahm er, kaum daß er diese Chance erspäht hatte, die Gelegenheit wahr, seinem alten Freund Herder, der ihm in Straßburg Homer, Ossian, Shakespeare und die Bibel als dichterisches Werk und vor allem das Volkslied näher als je zuvor gebracht hatte, die ersehnte sichere Existenzgrundlage zu verschaffen. Herder schien damals durch Einsicht, Kenntnisse, Unterscheidungsvermögen und kritisches Urteil und nicht zuletzt durch seinen Ruf als Aufklärungsphilosoph, sozusagen als eine deutsch-protestantische Spielart jener berühmt-berüchtigten französischen Salonabbés, dazu berufen, den poetisch-revolutionären Sehnsüchten die Wege zur Verwirklichung in Deutschland zu weisen.

Als Goethe sich bereits am 12. Dezember 1775 hinsetzte, um an Herder zu schreiben, ahnte er wohl nicht, daß er sich mit ihm und seiner Frau Caroline mit der Zeit die stärksten Kritiker, von Widersachern oft nicht zu unterscheiden, nach Weimar zog. Goethe war der nur ein Jahr jüngeren Caroline Flachsland, aus Reichenweier im Elsaß gebürtig, bereits im Darmstädter Kreis der „Empfindsamen" seines Freundes Merck begegnet. Sie war 1768 zu ihrer Schwester nach Darmstadt gezogen, wo sie im August 1770 Herder, den sie 1773 heiratete, kennenlernte. Dort, wohin Goethe öfter von Frankfurt aus hinüberkam, hatte ihre schwärmerische Natur einen angemessenen Rahmen und die freundschaftliche Zuwendung Goethes gefunden. Kaum in Weimar angelangt, schrieb Goethe nunmehr seinem Freund Herder: „Lieber Bruder, der Herzog bedarf eines General Superintendenten, hättest Du die Zeit", so fuhr er fort, so „wäre hier in Weimar wohl was zu tun. Schreib ein Wort." Und indem er ihn am 31.12. desselben Jahres ermahnte: „Glaub und harre noch wenige Tage der Prüfung", konnte er ihm, was er zwei Tage zuvor noch nicht vermochte, bereits Hoffnung geben. Da aber Zweifel an der Rechtgläubigkeit und auch der politischen Zuverlässigkeit Herders aufgetaucht waren, versicherte er Herder, der bei seinen theologischen Kollegen als „Aufklärer" verschrien war, im gleichen Atemzug: „Ich habe für Deine politische Klugheit in geistlichen Dingen gut gesagt, denn der Herzog will absolut keine Pfaffen-Trakasserien über Orthodoxie und den Teufel." Allerdings mußte Goethe bereits fünf Tage später brieflich ebenso dringlich wie eindringlich bitten: „Lieber Bruder, nenne mir nur einen einzigen Theologen, der einen rechtgläubigen Namen hat und der, wenn man ihn fragte, Guts von Dir sagte."

Und in den alten gemeinsamen „Sturm und Drang"-Jargon zurückfallend, fügte Goethe beruhigend hinzu: „Lieber Bruder, wir haben's von jeher mit den Scheißkerlen verdorben, und die Scheißkerle sitzen überall auf dem Fasse. Der Herzog will und wünscht Dich, aber alles ist hier gegen Dich. Indes ist die Rede von Einrichtung auf ein gut Leben und 2000 Talern Einkünfte. Ich lass nit los, wenns nit gar dumm geht." Noch ehe er selbst hätte seine materielle Position in Weimar fest verankern können, ja manchmal im Zweifel war, ob ihm das überhaupt gelingen würde, war er fest entschlossen, dies für Herder zu tun. „Ich muß das stiften, ehe ich scheide", hatte er bereits am 2. Januar 1776 an Herder geschrieben. Kurz, es gelang der Hartnäckigkeit Goethes, der sich auch noch hinter Mutter und Ehefrau des Herzogs gesteckt hatte, allen Widerständen zum Trotz die Berufung Herders zum Generalsuperintendenten, dem das gesamte Kirchen- und dringend reformbedürftige Schulwesen des kleinen Herzogtums unterstand, nach Weimar durchzusetzen.

Herder seinerseits hatte den Ruf an die Universität Göttingen abgelehnt. Dafür wurden ihm später in Weimar zusätzlich seine Schulden getilgt, ihm auch seine Amtspflichten zugunsten seiner philosophischen und literarischen Arbeiten erleichtert und die Versorgung und Ausbildung seiner Söhne zugesagt. Dennoch jammerte Caroline Herder, deren Bekanntschaft Goethe ja schon als Braut, nicht ohne gegenseitige Sympathie, gemacht hatte, nicht erst 1794, es liege ihr schon seit Jahr und Tag, ohne daß jemand Sinn dafür habe, auf dem Herzen: „Ach, wie ist meines Mannes Existenz verdorben, verschoben, verbittert worden. Seine besten Kräfte und Neigungen muß er gegen unbedeutende Arbeiten in diesem Amt unterdrücken ..." Dabei war sie es, die plötzlich zusätzlich Summen, die vorher nicht vereinbart worden waren, für die Erziehung ihrer Söhne in einem Ton forderte, den sich Goethe strikt verbat. Durch ihre eigene Verbitterung trug sie jedenfalls viel zu dem Zerwürfnis des Ehepaares mit Goethe bei, der seinerseits alles tat, zunächst um es abzuwenden, sodann um es zu heilen.

Für Schiller war Herder, der es nicht wagte, seinen Widerspruch gegen Kant recht heraus zu lassen, indes nur ein „Wadenbeißer". Selbst Jean Paul, dessen Werken Goethe so gar nichts abgewinnen konnte, der öfter in Weimar hereinsah und im Herderschen Kreis verkehrte, mußte im August 1800 konstatieren: „Über Herders Parteilichkeit steigt nichts! Steht in irgend einem Journal etwas gegen Goethe oder Schiller, so wird's gepriesen und eifrig herumgereicht ..." Allerdings nahm es sich Herder sogar heraus, Goethe die kränkendsten und taktlosesten Dinge ins Gesicht zu sagen. Goethe vermochte hingegen, bevor er den Becher dieser Erfahrungen bis zur Neige hatte trinken müssen, ohne je zu verleugnen, was er von anderen, vor allem auch von Herder an Erkenntnis Gutes hatte beziehen können, bereits 1789 auf jene Weise, wenn andere im Schmerz verstummen mußten, zu sagen, was er zu leiden gehabt hatte:

> Immer glaubt ich gutmütig, von anderen etwas zu lernen;
> Vierzig Jahr war ich alt, da mich der Irrtum verließ.

Töricht war ich immer, daß andre zu lehren ich glaubte;
Lehre jeden, Schicksal, wie er's bedarf.

So endete denn auch ihre lebenslange Freundschaft mit einem beispiellos taktlosen Mißklang in der Herder eigenen Tonart. Goethe selbst hat nach Herders Tod 1803 davon berichtet: „Herder verließ uns, nachdem er lange gesiecht hatte. Schon drei Jahre hatte ich mich von ihm zurückgezogen, denn mit seiner Krankheit vermehrte sich sein mißwollender Widerspruchsgeist und überdüsterte seine unschätzbare Liebesfähigkeit und Liebenswürdigkeit. Man kam nicht zu ihm, ohne sich seiner Milde zu erfreuen, man ging nicht von ihm, ohne verletzt zu sein. Sonderbar genug sollte ich kurz vor seinem Ende ein Resümee unserer vieljährigen Freuden und Leiden, unserer Übereinstimmung sowie des störenden Mißverhältnisses erleben. Er hatte sich nach der Vorstellung der 'Natürlichen Tochter', wie ich von andern hörte, auf das günstigste ausgesprochen, und es ergab sich die Gelegenheit bei einem gemeinsamen kurzen Aufenthalt im Schloß zu Jena, daß er mir nun das auch persönlich, in Worten: prägnant, genau und höchst erfreulich, mit Ruhe und Reinheit Beste von gedachtem Stück sagte. Indem er als Kenner entwickelte, nahm er als Wohlwollender innigen Teil, und wie uns oft im Spiegel ein Gemälde reizender vorkommt als beim unmittelbaren Anschaun, so schien ich nun erst diese Produktion recht zu kennen und einsichtig selbst zu genießen. Diese innerlichste schöne Freude jedoch sollte mir nicht lange gegönnt sein, denn er endigte mit einem zwar heiter ausgesprochenen aber höchst widerwärtigem Trumpf (d.h. „Deine natürliche Tochter ist mir lieber als Dein natürlicher Sohn"), wodurch das Ganze, wenigstens für den Augenblick, vor dem Verstand vernichtet ward. Der Einsichtige wird die Möglichkeit begreifen, aber auch das schreckliche Gefühl nachempfinden, das mich ergriff; ich sah ihn an, erwiderte nichts und die vielen Jahre unseres Zusammenseins erschreckten mich in diesem Symbol auf das fürchterlichste. So schieden wir, und ich habe ihn nicht wieder gesehen." Sicher wird kein Einsichtiger es jedoch als Zufall empfinden, daß die Bahn, durch die diese beiden Männer zusammengeführt wurden, um maßgeblich die klassische Epoche der deutschen Geistes- und Literaturgeschichte heraufzuführen, symbolisch derart endete. Im Alter hat es Goethe gegenüber Kanzler Müller im Juni 1821 noch unverblümter formuliert, indem er ihm offen sagte, je mehr man Herdern geliebt, desto mehr habe man sich von ihm entfernt halten müssen, um ihn nicht totzuschlagen.

Indes war Goethe selbst zu Anfang 1776, ein Mittelding zwischen Hofmeister und Maître de plaisir, noch immer unsicher und ungefestigt in bezug auf seine künftige Rolle in Weimar. Allerdings hatte sich in der Stille im Zusammenhang mit einer zweiten wichtigen Angelegenheit, nämlich einer seit Dezember des vorangegangenen Jahres schwelenden Ministerkrise, das Schicksal bereits zu seinen Gunsten gewendet. Dadurch war es zwischen dem jungen Herzog und dem Minister von Fritsch zu einem Dissens gekommen, der in Rücktrittserklärungen auszuarten drohte. In dieser Zeit muß bereits in Carl August der Entschluß gereift sein, Goethe möglichst für immer an den Weimarer Hof zu binden. Jedenfalls kam er erst Mitte Februar auf die Eingabe des Ministers von Fritsch zurück und ersuchte ihn „in überaus gnädiger Art" seine bisherige Stellung beizubehalten, eröffnete ihm jedoch gleichzeitig, er beabsichtige verschiedene Personalveränderungen, vor allem aber wolle er den „Dr." Goethe zum Mitglied des Conseils ernennen. Hiergegen legte von Fritsch auf der Stelle sehr dezidiert Verwahrung ein und drohte mit seinem Ausscheiden. Sofort bildeten sich Parteien. Knebel und der Kammerherr Hildebrand von Einsiedel, ein unentbehrliches Mitglied der Weimarer Geselligkeit, der es später sogar noch zum Präsidenten des Oberappellationsgerichtes brachte und nach vielseitiger literarischer Tätigkeit erst in hohem Alter starb, waren entschieden für Goethe, die Mehrheit des Adels allerdings, die sich hinter von Fritsch stellte, gegen die Beschlüsse des Herzogs.

Auf eine sich im Ton vergreifende neuerliche Eingabe des Ministers von Fritsch entgegnete ihm der Herzog auf die Forderung, ihn zu entlassen, weil er nicht länger in einem Collegium, wovon der Dr. Goethe ein Mitglied sei, sitzen wolle, mit den Worten: „Nicht alleine ich, sondern einsichtsvolle Männer wünschen mir Glück, diesen Mann zu besitzen. Sein Kopf und Genie ist bekannt." Auch kenne er die Vorurteile, die gegen Goethe bestünden, so „daß ich den Dr. Goethe in mein wichtigstes Collegium setze, ohne daß er zuvor weder Amtmann, Professor, Kammer- oder Regierungsrat war, dieses verändert gar nichts; die Welt urteilt nach Vorurteilen, ich aber und jeder, der seine Pflicht tun will, arbeitet nicht um Ruhm zu erlangen, sondern um sich vor Gott und seinem eigenen Gewissen rechtfertigen zu können, und suchet auch ohne den Beifall der Welt zu handeln". Doch von Fritsch beharrte auf seinem Entlassungswunsch. Es bedurfte der brieflich-diplomatischen Intervention der Mutter des Herzogs, um den Minister umzustimmen. So wurde Goethe, der bisher als Bürgerlicher seine Mahlzeiten noch am Bedientisch hatte einnehmen müssen, durch Dekret vom 11. Juni 1776 zum Geheimen Legationsrat mit Sitz und Stimme im Conseil und einem Gehalt von jährlich eintausendundzweihundert Talern bestellt.

Auf diese Weise begann eine lebenslange, bis zum Tode kaum getrübte vertrauensvolle Freundschaft und segensreiche Zusammenarbeit, die aus Weimar ein kulturelles und politisches Markenzeichen machen sollte. Bereits am 9. Juli desselben Jahres schrieb Goethe seinen alten Freunden, den Kestners, nach Wetzlar: „So viel nur: ich bleibe hier, und kann da wo ich und wie ich bin meines Lebens genießen, und einem der edelsten Menschen in mancherlei Zuständen förderlich und dienstlich sein. Der Herzog mit dem ich nun schon an die neun Monate in der wahrsten und innigsten Seelenverbindung stehe, hat mich endlich auch an seine Geschäfte gebunden; aus unserer Liebschaft ist eine Ehe entstanden, die Gott segne." Und er fügte noch hinzu: „Viel gute liebe Menschen gibts noch hier mit deren allgemeiner Zufriedenheit ich da bleibe, ob ich gleich manchem nicht so recht anstehe." Für den Charakter und das Feingefühl des Herzogs, was hier nicht unerwähnt bleiben sollte, war es bezeichnend, daß er durch den Kammerherrn von Kalb, der Goethe auf seinem Weg nach Weimar begleitet hatte, an seine Eltern, deren Widerstreben gegen das ganze Unternehmen ihm bekannt war, einen Brief richten ließ, in dem er ihnen mitteilte, daß er nie darauf verfallen sein würde, ihrem Sohn einen anderen Charakter als den eines Freundes anzutragen, weil er nur zu gut wisse, daß alle anderen unter dessen Wert seien. Zugleich eröffnete er ihnen, daß ihr Sohn die übertragene Stelle unter Beibehaltung seiner völligen Freiheit erhalten habe. Er bat Goethes Eltern abschließend ausdrücklich um ihre Zustimmung, was ihnen um so leichter fallen sollte, weil durch dieses Opfer Tausende ihre Glückseligkeit erhalten würden.

Aber Goethe, wovon hier ausführlicher zu reden nicht der Ort ist, verdiente sich sein Gehalt. Bereits am 8. Januar 1777 notierte er sich in sein Tagebuch: „Herzog wird mir immer näher und näher u. Regen und rauher Wind rückt die Schafe zusammen." Anfangs war er zwar ohne eigenes Ressort im Conseil, mehr persönlicher Referent des Herzogs als ein Verwaltungsbeamter. Unermüdlich ist er beim Aktenstudium, flei ßig sitzt er im Conseil, obwohl ihn „oft die Müdigkeit überkommt". So heißt es bereits am 9. November 1788 in Goethes Tagebuch: „Conseil. Leidig Gefühl der Adiaphorie so vieler wichtig sein sollender Sachen." Unermüdlich aber ist er auch über Land unterwegs zur Inspektion und um nach dem Rechten zu sehen. Nicht allein als Beauftragter für den Wege- und Straßenbau leistet er Außerordentliches, den im Erliegen begriffenen Bergbau in Ilmenau, bringt er, zum Direktor des Unternehmens ernannt, wieder zum Blühen. Bald muß er nicht nur Wollmanufakturen kontrollieren oder den Holzhandel organisieren, eine bessere Brandschutzordnung einführen und die geologischen Verhältnisse des Landes untersuchen, wohl der erste Anstoß zu seiner Gesteinssammlung, die er im Alter stolz vorzuführen pflegte. Geographie, zu der auch Topographie zählt, vermag manchen, so auch Goethe, bereits in jungen Jahren, mit ihren Plänen, Karten und Städtebildern anzuziehen und zu beschäftigen.

Wenige aber mögen sich dabei des Wunders bewußt werden, das erforderlich war, „um die Welt erst bewohnbar zu machen, dann zu bevölkern und endlich zu übervölkern", wie Goethe später in den „Wanderjahren" festhielt. Nur jener allerdings, der Sinn dafür hat, mag an der Topographie einer Landschaft, eines Landstrichs, eines Erdteils, ihrer Gestalt und Gestaltung innerlich hangen „wie am Uferfelsen ein Schiffbrüchiger". Als Goethe 1778 gar zum Kriegskommissar ernannt wurde, mußte er sich um die Aushebung und Ausrüstung der Rekruten kümmern; eine schwierige Aufgabe, da die nur wenige Mann starke Armee des Herzogtums, die Goethe bald verkleinern ließ, obwohl sie eine besondere Marotte Carl Augusts bildete, der schließlich sogar noch als Generalleutnant in Preußische Dienste trat, zu viele Kosten verursachte. Später erläuterte er rückblickend 1829 Eckermann, worauf es bei der Leitung von Staatsgeschäften ankäme: „Es ist nicht genug, daß man Talent habe, es gehört mehr dazu, um gescheit zu werden; man muß auch in großen Verhältnissen leben und Gelegenheit haben, den spielenden Figuren der Zeit in die Karten zu sehen und selber zu Gewinn und Verlust mitzuspielen."

Als Goethe 1782 auf Betreiben seines Freundes geadelt wurde, um ihm mancherlei bisherige bürgerliche Peinlichkeiten zu ersparen, wurde er auch noch zum Kammerpräsidenten, also Finanzminister ernannt, und überwachte, zumal er nun bereits eine gehörige Portion dienstlicher Erfahrungen gesammelt hatte, die Ausgaben des Herzogs und seiner Familie ebenso unnachsichtig und gewissenhaft wie den Etat seiner Kollegen. Er trug sich damals mit dem Plan großer sozialpolitischer Reformen wie sie in Dänemark, Portugal und sogar in Österreich teils eingeleitet, teils sogar durchgeführt worden waren, nicht zuletzt auch mit Plänen zur Entlastung der Bauern. Obschon Goethe sich redlich abmühte, um dem kleinen Land Gedeihen und Besserung zu verschaffen, wollte doch nie innere Befriedigung darüber in ihm aufkommen. Schon am 25. Juli 1779 vertraute er seinem Tagebuch an: „Das Elend wird mir nach und nach so prosaisch wie ein Kaminfeuer." Ja, in seiner Autobiographie kam er später zu der Erkenntnis, daß man sich durch Feinde, von denen man umzingelt werde, allenfalls durchschlagen könne, die Netze der Staatsklugheit seien jedoch schwerer zu durchbrechen.

In diesem Sinne schrieb er am 22. Juni 1781 an seinen Freund Lavater: „Die Verdammnis, daß wir des Landes Mark verzehren, läßt keinen Segen der Behaglichkeit grünen!!! Unsere moralische und politische Welt ist mit unterirdischen Gängen, Kellern und Kloaken miniert ..., an deren Zusammenhang und ihrer Bewohner Verhältnisse wohl niemand denkt und sinnt; nur wird es dem, der davon einige Kundschaft hat, viel begreiflicher, wenn da einmal der Erdboden einstürzt." Hier sollte nicht unerwähnt bleiben, daß Goethe später, wie dessen Leibarzt seiner letzten Lebensjahre, Staatsrat Vogel, berichtet hat, auf seine eigene Bitte hin in der Stille viel Gutes für unverschuldet in Not und Armut Geratene getan hat, sich aber ausbat, daß niemand erfahre, wer der Geber sei. Nach Vogels Aussage, der als Vermittler auftrat, habe er nie eine Fehlbitte um Hilfe bei Goethe getan. Hinter der facettenreichen Maske des angeblichen Olympiers gab es im Antlitz von Goethe also noch einen weiteren, der Öffentlichkeit verborgenen Zug.

Der Pfarrer Johann Jakob Lavater in Zürich, acht Jahre älter als Goethe, der ihn 1774 in Frankfurt kennengelernt hatte, nachdem beide bereits seit 1773 miteinander korrespondierten, war berühmt geworden durch seine Ideen über die Physiognomik. Er war zunächst hingerissen vom „Genialischtollen" Goethes. Lavater war durchaus kein Kopfhänger, sondern bei aller Religiosität fröhlich, witzig und dem Leben zugewandt. Goethe hatte ihm, der als einer der ersten damals die herausragende Bedeutung Goethes erkannte und sich als

Schriftsteller vorwiegend mit Physiognomik beschäftigte, eine Lehre mit der er die menschlichen Physiognomien als Sinnbilder der Charaktere zu deuten suchte, seine Beiträge zu den „Physiognomischen Fragmenten zur Beförderung der Menschenkenntnis und Menschenliebe“ in der Zeit zwischen 1775 bis 1778 geliefert. Auch mit ihm kam es jedoch wegen der religiösen Intoleranz Lavaters schließlich zum Bruch, dem Goethe vorhielt: „In unseres Vaters Apotheke sind viele Rezepte“, indem er wiederum ein Bibelzitat, das sich späterhin auch Gerhart Hauptmann gegenüber Thomas Mann zu eigen machte, variierte. Goethe suchte ihn indes anläßlich seiner Schweizer Reise 1797 nicht mehr in Zürich auf.

Alle die erwähnten und andere Weimarer Aufgaben jedenfalls lernte Goethe nach und nach mit einem Geschick und einer Kompetenz zu bewältigen, die ihm wohl wenige zugetraut hätten. Daneben aber blieb er doch auch weiterhin eine Art von Maître de plaisier und Hofpoet, Verfasser von Gereimtem zu allen möglichen Gelegenheiten oder - wie er es selbst bezeichnete - „von schönen Festivitäten, Hofopern, Ballets, Redouten“. Auch hielt er abends häufig, wie ihn ein bekanntes Bild zeigt, am Hofe im Kreise der Damen und Wielands, Lesegesellschaften ab. Aber er brachte auch, wie er es im Alter charakterisierte, „ein so nacktes und herkömmliches Stück wie ‚Clavigo‘“ mit seiner Reue über die verlassene und getäuschte Geliebte und der schlecht verhehlten Buße hervor oder „Stella“, diese Herzensergießung einer idealisierten Ménage à trois, an deren Schluß sich Ehefrau und Geliebte dem angebeteten Mann an den Hals werfen und ihm versichern: „Wir sind dein!“ Andere Versionen, die den Schluß und mithin das Stück erfolgreicher auf die Bühne zu bringen suchten, haben allerdings bis auf den heutigen Tag wenig Erfolg gehabt.

Solche Neigungen mußten den Damen des Hofes, außer dem „Werther“, noch einige zusätzliche Verständnisschwierigkeiten bereiten. Zudem war neben der noch jugendlichen Herzoginmutter, der Goethe Singspiele und Gelegenheitsgedichte widmete, vor allem die blutjunge Herzogin Louise Auguste selbst, eine in sich gekehrte, sensible Frau, zwischen der und dem Herzog Goethe stets, ohne je gegenüber der einen oder anderen Seite illoyal zu werden, lavieren mußte. Sie errang vollends seine Hochschätzung, als sie mutig und ohne auch nur einen Augenblick zu zaudern nach dem Debakel von 1806 den Franzosen mannhaft entgegentrat und in Abwesenheit ihres Mannes den herzoglichen Besitz und das kleine Herzogtum zu verteidigen wußte. Napoleon, der sich nicht leicht durch eine Frau beeindrucken ließ, äußerte in jenen Tagen über sie: „Das ist eine Frau, die auch unsere Kanonen nicht haben in Furcht setzen können."

Zu ihrem Hofstaat gehörte die schöne Gräfin Jeannette Luise von Werthern, eine Schwester des preußischen Reformators von Stein, ebenso vornehm wie „höchst liebenswürdig". Goethe hat sie in der „Gräfin" seines Romans „Wilhelm Meister" verewigt. „Was in jeder Kunst das Genie ist, hat sie in der Kunst des Lebens", hat er über sie geurteilt. Von ihr lernte er, wie man sich bei der Aufführung der „Weltrolle" verhält und benimmt. Ferner war dort die Baronin Emilie von Werthern-Beichlingen, Tochter eines hannoverschen Ministers und verheiratet mit einem beträchtlich älteren Kammerherrn. Sinnlich und feurig, fehlte es ihr weder an Liebhabern noch am Willen, ihnen zu widerstreben, so daß der Weimarer Hof wohl ganz so sittenstreng nicht gewesen sein kann. Jedenfalls ging sie, nachdem sie vorher noch ein Scheinbegräbnis inszeniert hatte, 1784 mit einem ihrer Liebhaber nach Afrika durch. Als „neckisch" wurde auch eine, freilich ganz anders geartete Hofdame bezeichnet, nämlich die „Gnomide" Luise Ernestine von Göchhausen. Klein, verwachsen, intelligent und gutmütig, war sie bald voller Verehrung für Goethe, der sie schätzte und der sie gelegentlich als vertrauensvolle Übermittlerin von Briefschaften, so auch an Schiller, gebrauchte. Sie war es, die uns mit ihrer geheimen Abschrift seine jugendliche Gedichtsammlung „Annette" und den „Urfaust", der erst 1887 wiederaufgefunden wurde, bewahrt hat. Ferner gab es „die kleine Schardt“, eine geborene Gräfin Bernstorff. Nach ihrer Vermählung im Mai 1776 mit dem Geheimen Regierungsrat von Schardt folgte ihr bald ihre Pflegemutter. Diese neigte als Verehrerin Klopstocks von vornherein weniger zu Goethes poetisch-idealisierendem Realismus als zu dem empfindungsreichen Prophetentum Herders, der mit der kleinen, sentimentalen und etwas gefallsüchtigen Frau eine feurige Seelenfreundschaft kultivierte.

Vor allem aber zog Goethe, kaum ein Jahr in Weimar, selbst die ihm noch von seinen Leipziger Studentenjahren her bekannte Sängerin und Schauspielerin Corona Schröter nach Weimar, die er durch den Herzog berufen ließ. Eine herrliche Erscheinung von griechisch-antiker Schönheit, gewann sie bald die Zuneigung vieler Männer und die Eifersucht nicht weniger Frauen. Sie besaß nicht allein eine gute Stimme und ein ausgezeichnetes schauspielerisches Talent, sondern sie musizierte und komponierte auch und malte virtuos wie ihr Selbstbildnis als Goethes „Iphigenie“ beweist. Sein Entzükken, sogar auf der Bühne neben ihr zu stehen, können wir leicht nachempfinden. „Es gönnten ihr die Musen jede Gunst.“ Nicht nur im Herzen Goethes nahm sie als „Krone“ - „und selbst dein Name ziert, Corona, dich“ - einen bevorzugten Platz ein, sondern im Herzen vieler Verehrer. Später hatte der Kammerherr von Einsiedel ein langjähriges leidenschaftliches Verhältnis mit ihr, das wohl, wie man sich zuraunte, nur wegen seiner zerrütteten Vermögensverhältnisse, nicht zur Ehe führte. Jedenfalls muß es zunächst überraschen, weshalb nicht eine von diesen oder den hier ungenannten Frauen, von denen manche alle Voraussetzungen dafür besaßen, sondern die der Herzogin Anna Amalia am nächsten stehende Hofdame Charlotte Ernestine von Stein Goethes Herz und Liebe für lange Jahre besitzen konnte.

Sie war eine geborene von Schardt, sieben Jahre älter als Goethe und seit 1764 mit dem älteren Oberstallmeister Ernst Josias von Stein, Herr auf Kochberg, verheiratet. Von angenehmem, allerdings nicht schönem Äußeren war die Mutter von sieben Kindern, von denen vier bereits gestorben waren, früh verblüht. Gewiß war sie eine elegante Hofdame, sensibel, literarisch interessiert, von humanistischen Neigungen, allerdings kühl temperiert und mit ihrem bisherigen Schicksal uneins, ja verbittert. Doch müßte man es ein Rätsel nennen, daß Goethe, dem gewiß das Glück im Großen gelächelt hatte und den im Kleinen überdies scheinbar bedeutungslose Zufälle begünstigt hatten, für ein Jahrzwölft gerade dieser Frau und keiner anderen dort in Weimar in schwärmerischer Verehrung, ja leidenschaftlicher Liebe anheimfiel, wenn man nicht vorzöge, es sein Schicksal zu nennen. Auf dem Höhepunkt ihrer Beziehung hat Goethe sie gewissermaßen gerechtfertigt, indem er einem vertrauten Freund schrieb: „Auch tut der Talisman jener schönen Liebe, womit die Stein mein Leben würzt, sehr viel. Sie hat meine Mutter, Schwester und Geliebten nach und nach geerbt, und es hat sich ein Band geflochten, wie die Bande der Natur sind."

Gewiß, ich wäre schon so ferne, ferne,
So weit die Welt nur offen liegt, gegangen,
Bezwängen mich nicht übermächtige Sterne,
Die mein Geschick an deines angehangen,
Daß ich in dir nun erst mich kennenlerne.
Mein Dichten, Trachten, Hoffen und Verlangen
Allein nach dir und deinem Wesen drängt,
Mein Leben nur an deinem Leben hängt.

Die Hunderte von Briefen, die im Laufe der Jahre zwischen den beiden hin und hergingen - ihre eigenen hat Frau von Stein übrigens nach dem Bruch von 1788, der später nur mühsam von Goethe gesellschaftlich überbrückt wurde, zurückverlangt und verbrannt - zeugen nicht allein von dem Einfluß auf seine Dichtung, den Frau von Stein trotz ihrer Gefühls- und Verstandeskälte gewann, sondern vor allem auch auf sein Wesen. Ja, man hat diese Faszination, die sie auf ihn ausübte, auch durch ihre Fähigkeit, in seiner sich im Tiefsten mehr verhüllenden als offenbarenden Seele zu lesen, erklärt.

Aber das vermochten andere Frauen wie die unvergessene Lili auch, die überdies bereit war, die größten Opfer für ihn und ihre Liebe zu bringen, oder auch seine letzte große Liebe, die sogar fähig war, gleichsam um die Wette mit ihm in seiner Tonart und Tiefe zu dichten. Andere wiederum behaupteten, Frau von Stein habe es verstanden, ihn in einer Art Schwebezustand zwischen Hoffen und Bangen zu halten, bis der Siebenunddreißigjährige, naiv und unerfahren in Liebesdingen, scheinbar abrupt, nach Italien aufgebrochen sei.

Für Goethe selbst war indes zunächst die Anziehungskraft, die Frau von Stein auf ihn ausübte, geradezu unbegreiflich. Im April 1776 schrieb er in diesem Sinne noch an Wieland, indem er gar die Vorstellung der Seelenwanderung dafür zu Hilfe rief. „Ich kann mir die Bedeutsamkeit, die Macht, die diese Frau über mich hat, nicht anders erklären als durch Seelenwanderung. - Ja, wir waren einst Mann und Weib!" Im gleichen Monat sandte er Frau von Stein, verborgen zwischen den Briefen und von ihm zu Lebzeiten nie veröffentlicht, so daß es erst 1848 im Zusammenhang mit der Publikation seiner Briefe an sie veröffentlicht werden konnte, ein Gedicht, das seiner Intention zufolge, wohl diese Faszination aufschlüsseln sollte, während eine innere „Sperre" ihn offenbar daran hinderte, sie mit dem richtigen Namen zu apostrophieren:

> Warum gabst du uns die tiefen Blicke,
> Unsere Zukunft ahndungsvoll zu schaun,
> Unsrer Liebe, unserm Lebensglücke
> Wähnend selig nimmer hinzutrauen?
> Warum gabst uns, Schicksal, die Gefühle,
> Uns einander in das Herz zu sehn,
> Um durch all die seltenen Gewühle
> Unser wahr Verhältnis auszuspähn?

Ihre Briefe an ihren Lieblingssohn Friedrich, genannt Fritz, jedenfalls zeugen, zumindest was Goethe und „die Vulpia", seine spätere Frau, anbelangt, nach der endgültigen Beendigung ihres Liebesverhältnisses mit Goethe weder von

Seelengröße noch der Haltung einer großen Dame oder etwa nur von Takt. Es war vielmehr Hermann Grimm, Sohn und Neffe der berühmten Gebrüder Grimm, der Goethe noch aus Kindertagen selbst kannte, der in seinen Erinnerungen an die „Goethezeit“ Frau von Stein für immer einen Ehrenplatz an der Seite Goethes gesichert hat. Anfang Januar 1776 versicherte Goethe Frau von Stein noch brieflich: „Und wie ich Ihnen meine Liebe nie sagen kann, kann ich Ihnen auch meine Freude nicht sagen“, aber am 30. Januar, nachdem er sie in einem vorangegangenen Brief vom selben Tage noch gesiezt hatte, heißt es bereits: „Liebe Frau, ich werde wieder weggerissen und hab Dir so viel zu sagen“, und eine Zeile weiter: „Adieu Engel, ich werde eben nie klüger, und muß Gott danken dafür.“ Am 23. Februar hat sich die ganze Tonart noch mehr gesteigert, und nun heißt es: „Wie ruhig und leicht ich geschlafen habe, wie glücklich ich aufgestanden bin und die schönste Sonne gegrüßt habe das erstemal seit vierzehn Tagen mit freiem Herzen, und wie voll Danks gegen Dich, Engel des Himmels, dem ich das schuldig bin. Ich muß Dir's sagen, Du einzige unter den Weibern, die mir eine Liebe ins Herz gab, die mich glücklich macht.“

Das ist eigentlich nicht die Tonart eines platonischen Liebhabers. In dieser Weise geht es, selbstverständlich immer vermengt mit sachlichen Bitten, Klagen und Mitteilungen des Tages, - womöglich gesteigert - noch zwölf Jahre weiter, abgesehen davon, daß eine verheiratete erfahrene Dame weiß, wie sie unerwünschte Schwangerschaften von ihrem Liebhaber zu vermeiden hat. Die Schwermut, die sie umgab, als Goethe sie kennenlernte, wurde nun durch die sich anbahnende Beziehung sehr gemildert, so daß ihr Gatte, der Oberstallmeister, dem sie eine unbequeme Erscheinung gewesen sein mochte, wenn sie zuvor bei Gesellschaften am Hof oder sonst bedrückt und unlustig dabeigesessen hatte, die beginnende Affäre gar nicht ungern sah. Schließlich war der Verehrer seiner Frau der erklärte Freund des Herzogs. Jedenfalls war er, als galanter Gatte des 18. Jahrhunderts, nicht nur duldsam, wenn Goethe kam und sie aufheiterte und beschäftigte, sondern unterstützte die Beziehung seiner Frau sogar, indem er gelegentlich Grüße und Briefschaften überbrachte.

Dessen ungeachtet, konnte es nicht ausbleiben, daß die Heißblütigkeit, mit der Goethe seine Zuneigung zu Frau von Stein bekundete, die Besuche, die er ihr, auch in Abwesenheit ihres Gatten, der sich allerdings wenig darum kümmerte, immer öfter machte, auch an einem kleinen nicht ungalanten Hof des 18. Jahrhunderts, der einiges dieser Art nicht nur gewöhnt war, sondern über den Verkehr zwischen Herren und Damen, mochten sie nun verheiratet oder ledig sein, großzügig dachte, trug dies doch zur allgemeinen Unterhaltung bei, Aufsehen, ja Anstoß erregten. Sicher wagte es niemand, dem Favoriten des Herzogs, der leicht durch ein, möglicherweise vertrauliches, Machtwort dem Treiben der Hofdame seiner Mutter hätte Einhalt gebieten können, in die Quere zu kommen, zumal der offensichtlich nachsichtige Gatte wenig Neigung dazu zeigte. Andererseits waren die beiden wohlerzogen genug, um sich öffentlich wenigstens dasjenige Maß an Zurückhaltung aufzuerlegen, das nötig war, um einen Skandal zu vermeiden. Dennoch mochten andere wie etwa die einem frommen schottischen Geschlecht entstammende Mutter der Frau von Stein strenger darüber denken. Aber dies konnte, wenn es auch Schwankungen unterlag, das Verhältnis zwischen den beiden, das auf seiner Seite zweifellos unterschwellig ödipale Züge trug, zunächst weder trüben, noch etwa beenden. Er selbst hat es unübertrefflich charakterisiert:

> Sag, wie band das Schicksal uns so rein genau?
> Ach, du warst in abgelebten Zeiten
> Meine Schwester oder meine Frau!

Mochten spätere Autoren auch von einer „Seelenehe" sprechen, so konnte sich Frau von Stein, angesichts der inneren und äußeren Veränderung, die mit ihr vorging, doch über die Natur ihrer Gefühle nicht im unklaren sein. Seinerseits schrieb ihr Goethe z.B. noch am 20./21. März 1782: „Du Einzige, in die ich nichts zu legen brauche, um alles in Dir zu finden." Die Geliebte wurde in jenem Maße zur Personifikation nicht allein seiner Gefühle, sondern auch seiner Poesie wie er es in seinem Gedicht „Die Geheimnisse" ausdrückte, das er samt seiner Einleitung mit den schönen Stanzen als „Zueignung" später an die Spitze seiner Werke stellte. „Du hast nun", teilte Goethe am 11. August 1784 der Geliebten mit, „ich hoffe, den Anfang des Gedichtes. Du wirst dir daraus nehmen, was für Dich ist. Es war mir gar angenehm, Dir auf diese Weise zu sagen, wie lieb ich Dich habe." Zwölf Tage später fügte er hinzu: „Ich liebe das Gedicht deshalb so sehr, weil ich unter tausend Formen darin von Dir, von meiner Liebe zu Dir, sprechen kann, ohne daß jemand außer Dir versteht." Sicher kann man, in der „Iphigenie", der Schwester des Orest, und auch in der Leonore seines „Tasso" Züge von ihr erkennen, mehr noch vielleicht in seinem kleinen Drama „Die Geschwister". Jedenfalls trat allmählich, teils durch innere Entwicklungen, teils durch äußere Umstände eine wachsende Entfremdung zwischen ihnen ein. In der Mitte der achtziger Jahre war von Goethe bereits in der Stille die nicht länger aufzuschiebende Trennung vorbereitet worden, ohne daß sich Frau von Stein dessen bewußt geworden wäre.

Harre noch wenige Tage auf deiner Bahn,
Auf allen Pfaden des Lebens
Führen die Horen dich streng,
Wie es das Schicksal gebeut.

Unvergängliche Gedichte auch, neben seinen vielen Gelegenheitswerken zur Unterhaltung der Hofgesellschaft in Tiefurt, Ettersburg oder anderswo waren in jener Zeit entstanden, der Anfang vom „Egmont" und manches andere neben der immer mehr belastenden Tagesarbeit, die dennoch der Preis war, der unvermeidliche, den er zahlen mußte, zu zahlen bereit war, um die Muße für sein eigentliches Wirken zu finden.

So wie alte Freunde und Bekannte dahingingen, so kamen neue. Am 20. Februar 1781 erhielt er die Nachricht, daß fünf Tage zuvor Lessing gestorben war, den er, unerläßlich auch für ihn, zeit seines Lebens bewundert, aber nie persönlich kennengelernt hatte. Im Mai 1782 starb sein schwachsinnig gewordener Vater, dem er so viel zu verdanken hatte. Im November desselben Jahres schrieb er an den befreundeten Knebel: „Ich sehe fast niemand, außer wer mich in Geschäften zu sprechen hat, ich habe mein politisches und geschäftliches Leben ganz von meinem moralischen und poetischen getrennt (äußerlich versteht sich), und so befinde ich mich am besten ..." 1783 trat dann Christian Voigt, der seit 1775 bereits in weimarischen Diensten stand und sich mit Goethe bestens verstand, auf dessen Wunsch in die Bergwerkskommission ein. Goethe war mit ihm, der später zum Präsidenten des Staatsministeriums aufstieg, lebenslang freundschaftlich verbunden. Doch vorerst blieb Goethe für das kleine Herzogtum in seinem politischen Wirken „das Weimarische Faktotum", wie Herder ihn ironisch 1782, ja sogar „das Rückgrat der Dinge", wie sein Freund Knebel ihn anerkennend 1784 bezeichnte.

Immer wieder aber, charakteristisch für die innere Unruhe Goethes, ging es auf Reisen. So war er 1779/80 wiederum, diesmal mit dem Herzog, in der Schweiz und hatte auf dem Wege dorthin den damaligen Weltreisenden und späteren ersten deutschen „Berufsrevolutionär" Georg Forster kennengelernt. Aber eigentlich war es bereits eine Reise in die Vergangenheit, denn er suchte bei dieser Gelegenheit sogar Friederike in Sesenheim, die beherrscht ihr Leid und ihre Liebe vor ihm verbarg und Lili, die unglücklich verehelichte Baronin von Türckheim auf, und bildete sich ein, beide seien zufrieden und glücklich mit ihrem Los. In Emmendingen, wo Goethe einst zum letzten Mal seine Schwester, die „wie ein Magnet auf ihn gewirkt", gesehen hatte, „dieses geliebte, unbegreifliche Wesen", übrigens ebenfalls eine kühle, nicht sinnliche Natur, besuchte er seinen Schwager. Johann Georg Schlosser hatte bald, nachdem er seine Frau nach ihrem frühen Tod im Kindbett am 8. Juni 1777 bestattet hatte, Goethes langjähriges „Täntgen", Johanna Fahlmer, mit der er bis dahin freundschaftlich verbunden war, geheiratet. Wehmütig stand Goethe am Grabe der Schwester, mit deren Hinscheiden nun auch das innige Band aus Kindertagen zerrissen war und sinnierte: „Hier bin ich nun am Grabe meiner Schwester, ihr Haushalt ist mir wie eine Tafel, worauf eine geliebte Gestalt stand, die nun weggelöscht ist."

Auch Auguste Louise Gräfin zu Stolberg, die sich brieflich im Januar 1775 an ihn gewandt hatte, entgegnete Goethe, er wolle ihr keinen Namen geben, „denn was sind die Namen Freundin, Schwester, Geliebte, Braut, Gattin oder ein Wort, das einen Komplex von all diesen Namen umgriffe gegen das unmittelbare Gefühl" - er könne nicht weiter schreiben. Im November desselben Jahres 1777 nach der Beerdigung seiner Schwester wurde er seiner Mutter gegenüber deutlicher und schrieb ihr aus Weimar: „Mein Herz und Sinn ist zeither so gewohnt, daß das Schicksal Ball mit ihm spielt, daß es für's neue, sei es Glück oder Unglück fast gar kein Gefühl mehr hat ... Mit meiner Schwester ist mir eine so starke Wurzel, die mich an der Erde hielt, abgehauen worden, daß die Äste von oben, die davon Nahrung hatten, auch absterben müssen." In seiner Autobiographie „Dichtung und Wahrheit" kam er dann mehrfach auf die tiefe geschwisterliche Liebe zu sprechen, die ihn mit seiner Schwester verbunden habe. Indem er versuchte aus der Erinnerung gewissermaßen ein Porträt von Cornelia zu entwerfen, gestand er schließlich, ihm bleibe nichts übrig, „als den Schatten jenes seligen Geistes nur, wie durch Hilfe eines magischen Spiegels, auf einen Augenblick heranzurufen".

In Zürich traf er 1777 dann nochmals Lavater, während er, im Gefolge seines Freundes Carl August, an der Preisverleihung an Friedrich Schiller durch den Württembergischen Herzog Carl Eugen in dessen Karlsschule teilnahm. Es war die erste, fast unbemerkte schicksalhafte Begegnung mit Schiller.

Aber wiederum, noch war das Jahr nicht beendet, äußerlich gelassen, ja zuweilen heiter, ließ Goethe sich nicht beirren. Im Dezember dieses schweren Jahres teilte er Frau von Stein aus Altenau mit, er habe an keinem Orte Ruhe und sich tief ins Gebirge versenkt: „Ich denke des Tags hundertmal an den Herzog und wünsche ihm den Mitgenuß so eines Lebens, aber den rechten leckern Geschmack davon kann er noch nicht haben, er gefällt sich noch zu sehr, das Natürliche zu was Abenteuerlichem zu machen, statt daß es einem erst wohl tut, wenn das Abenteuerliche natürlich wird." Er empfand die Gefahr, in der er sich befand, nämlich zu versinken, sich zu verlieren in Tagesgeschäften und in einer Liebe, die zu keinem guten Ende führen kann, wenn man nicht die Kraft findet, ihr ein Ende zu setzen:

Im Gebüsch verliert sich sein Pfad,
Hinter ihm schlagen
Die Sträuche zusammen,
Das Gras steht wieder auf
Die Öde verschlingt ihn.

Deutlicher läßt sich kaum ausdrücken, in welch innere Vereinsamung er, „der sich Menschenhaß aus der Fülle der Liebe trank", immer mehr geraten war. Fern, unbegreiflich, ja fast unwirklich lagen hinter ihm die Tage des „Sturm und Drang" aus Leipziger, Straßburger, Wetzlarer und sogar Frankfurter Tagen. Und doch hatte er aus jener Zeit ein Werk hinübergerettet, dessen erste Fassung , zwar nur in den Hauptszenen und auch nur bis zum vierten Akt, jäh und fast gewaltsam hingeschrieben, bereits im Herbst 1775 vorlag. Aus diesem scheinbaren Sichtreibenlassen oder wirklichen Getriebenwerden oder besser gesagt aus diesem Schicksalsgefühl ist Goethes Schauspiel „Egmont" erwachsen, so daß es nicht beiseite gelegt wurde wie andere Entwürfe oder Bruchstücke. Während er sich in der Weimarer Atmosphäre, trotz mancher Ernüchterung und noch mehr Beschwernis innerlich trotz allem „auf die Höhen der Menschheit" emporgestiegen fühlte, feilte er zwischendurch immer wieder an dem Stück, das er inmitten des Freiheitskampfes der Niederländer, dem Ringen der Regentin mit dem finsteren Alba, als Idylle zwischen dem Grafen Egmont und Klärchen, dem Frauenliebling als Freiheitshelden und dem Mädchen aus dem Volke, gewissermaßen einem antizipierten Idealtypus der Christiane Vulpius, angesiedelt hatte.

Als die Mutter dem „Klärchen" Vorhaltungen im Hinblick auf den Tratsch der Leute macht, die sie für „verworfen" hielten, bleibt ihr Klärchen die Antwort nicht schuldig: „Verworfen? Welche Fürstin beneidete nicht das arme Klärchen um den Platz an seinem Herzen! - Das Volk, was das denkt, die Nachbarinnen, was die murmeln - diese Stube, dieses kleine Haus ist ein Himmel, seit Egmonts Liebe drin wohnt!" Als Goethe 1778 mit dem Herzog Berlin aufsuchte, da die Verwicklungen des heraufziehenden Bayerischen Erbfolgekrieges auch für das kleine Weimarische Herzogtum Probleme mit sich bringen konnten, vermochte er mehr als am Weimarer Hof, Einblick in das Treiben der großen Welt zu gewinnen. Sogleich teilte er Frau von Stein mit, er sei nun angelangt in der „Pracht der königlichen Städte im Lärm der Welt und der Kriegsrüstungen", und setzte hinzu, „ich scheine dem Ziele dramatischen Wesens immer näher zu kommen, da mich's nun immer näher angeht, wie die Großen mit den Menschen und die Götter mit den Großen spielen". Aber der Blick in das eigene Innere und das Treiben um ihn konnten nicht umhin, ihn zu belehren:

Seele des Menschen,
Wie gleichst du dem Wasser!
Schicksal des Menschen,
Wie gleichst du dem Wind!

Doch weder eine Schweizerreise mit ihren vielerlei Begegnungen und Eindrücken, die gewiß einen Einschnitt in Goethes Leben bedeutet haben mag, noch die Reise nach Berlin oder gar die tägliche Arbeit an der Seite des Herzogs oder die gestohlenen Stunden, in denen er an seinem eigentlichen Werk arbeitete, konnten die innere Unrast und Unruhe, ja Unzufriedenheit Goethes mildern oder gar ersticken. Goethe vermochte nie recht warm zu werden mit der preußischen Metropole, die sich immerhin eines regen Theaterlebens erfreute und auch am 14. April 1774 Schauplatz der Weltpremiere seines Schauspiels „Götz von Berlichingen“ wurde - allerdings mit der Zugabe eines Zigeunerballetts, das dem Geschmack des Publikums wohl etwas entgegenkommen sollte. Er sollte noch manchen Triumph auf der dortigen Bühne erfahren und zumindest dort zwei Freunde gewinnen, die ihm in den letzten vereinsamten Lebensjahren das Ausharren ermöglichten. Goethe hat später den Kontrast zwischen der preußischen Hauptstadt und seinem, Heimat gewordenen, Weimar resümiert:

> Deine Größe, Berlin, pflegt jeder Fremde zu rühmen;
> Führt der Weg ihn zu uns, stutzt er, so klein uns zu sehen.

In jener Zeit ab 1779 begann er jedoch intensiver an der ersten, der Prosafassung der „Iphigenie auf Tauris“ zu arbeiten. Als er am 2. März dieses Jahres Frau von Stein davon berichtete und ihr auftrug, Knebel zu sagen, „daß das Stück sich formt und Glieder kriegt“, schrieb er ihr gleichzeitig: „Jetzt leb ich mit den Menschen dieser Welt, und esse und trinke, spaße wohl auch mit ihnen, spüre sie aber kaum, denn mein inneres Leben geht unverrücklich seinen Gang.“ Am 14. Juni 1780 heißt es, wiederum in verdeckter Form, darüber: „Sie sehen, ich erzähle immer vom Ich. Vom andern weiß ich nichts, denn mir inwendig ist zu tun genug, von Dingen, die einzeln vorkommen, kann ich nichts sagen, nehmen Sie also hier und da ein Resultat aus dem Spiegel, den Sie kennen.“ An seinem Geburtstag 1782, „Aug. d. 28. früh“, schreibt er ihr: „Guten Morgen, meine Geliebte, ungern trete ich aus einem Jahre meines Lebens, das mir so viel Glück gegeben hat, und das mir durch die Versicherung Deiner Liebe unvergeßlich werden wird. Ich habe für das nächste wenig Wünsche, nur den sehr eifrig, daß Du mir bleiben und gleich bleiben mögest. Warum bist Du eben abwesend, daß ich den Segen nicht von Deinen Lippen erhalten kann." Aber am 17. September abends desselben Jahres offenbarte er ihr: „Ich bin recht zu einem Privatmenschen erschaffen und begreife nicht, wie mich das Schicksal in eine Staatsverwaltung und eine fürstliche Familie hat einflicken mögen."

An seinen Freund Friedrich Heinrich Jacobi, zuerst Kaufmann, dann Philosoph und Schriftsteller in Pempelfort bei Düsseldorf, den er 1774 kennengelernt hatte, sandte er am 17. November 1782 eine Abschrift des inzwischen weiter gediehenen Werkes mit der Erläuterung: „Ich kann Dir wenig sagen, darum schick ich Dir Iphigenien nicht als Werk, oder Erfüllung jener alten Hoffnungen wert, sondern daß sich mein Geist mit dem Deinigen unterhalte ... Möge das fremde Gewand und die ungewohnte Sprache Dir nicht zuwider sein und die Gestalt Dir anmutig werden." Sodann fügte er, offenbar im Irrtum über den anders grundierten Geist des Adressaten hinzu: „Von meiner Lage darf ich nichts melden. Auch hier bleibe ich meinem alten Schicksale geweiht und leide wo andere genießen, genieße wo sie leiden. Ich habe unsäglich ausgestanden ... Laß mich ein Gleichnis brauchen. Wenn Du eine glühende Masse Eisen auf dem Herde siehst, so denkst Du nicht, daß so viel Schlacken drin stecken als sich erst offenbaren, wenn es unter den großen Hammer kommt. Dann scheidet sich der Unrat, den das Feuer selbst nicht absonderte und fließt und stiebt in glühenden Tropfen und Funken davon und das gediegne Erz bleibt dem Arbeiter in der Zange."

Fügen wir noch hinzu, daß der Adressat dieses Schreibens, mit dem Goethe zunächst eine tiefe Freundschaft verband, die nach 1775 jedoch durch weltanschauliche Gegensätze getrübt wurde, von 1807 bis 1813 Präsident der Münchner Akademie der Wissenschaften wurde. Es kam zwar 1784 und dann anläßlich eines Besuches von Goethe in Pempelfort 1792, wo zufällig auch Wilhelm Heinse anwesend war, der Verfasser des Romans „Ardinghello“, den Goethe seit 1774 kannte, mit Jacobi zu erneuter Annäherung, die aber nicht lange andauern konnte. Die Geisteswelt Goethes mit ihren philosophischen Ingredienzen, ihrem Schicksalsgefühl und nicht zuletzt ihren naturwissenschaftlichen Vorstellungen lag zu weit entfernt von der des dortigen Freundeskreises und insbesondere der Jacobis, dessen empfindsamen Roman „Woldemar“ Goethe allerdings bereits 1779 parodiert hatte. „Wir liebten uns, ohne uns zu verstehen“, kommentierte Goethe Jahre später die Wegkreuzung dieser beiden Lebensläufe.

Die vollendete „Iphigenie“, die Goethe erst aus Italien mitbrachte, durchzieht ebenso wie den „Tasso“ oder „Die Geschwister“ eine tiefe Melancholie, die durch den Tod seiner Schwester noch verstärkt worden war, eine Sehnsucht, die deutlich in dem Verlangen der Iphigenie zum Ausdruck kommt, aus der Verbannung wieder in die Heimat zurückzukehren, und ebenso in den Gewissensqualen ihres Bruders Orest, der nach dem Sühnemord an der Mutter sich nach innerem Frieden sehnt. Die erste Fassung der „Iphigenie“ bewies bereits mit ihrem erneuten Aufwerfen der Schicksalsfrage einen gewissen prometheischen Titanismus in Goethes eigener Brust. Das endgültige Hinüberführen von einsichtsvollem Bewußtsein der schicksalhaften Bedingtheit äußerer Umstände gab der endgültigen Fassung jene Mäßigung und Humanität, die noch heute als ihr Kennzeichen aufgefaßt wird. Dabei lebte das beibehaltene Orestmotiv zweifellos in Goethes eigener Brust. Auch die Iphigenie Goethes, die durch Götterbeschluß, um dem Opfertod durch ihres Vaters Hand zu entgehen, auf Tauris als Priesterin Dianas lebt, trägt ihr Schicksal in tiefer Ergebenheit. Wenn die Iphigenie des Euripides erst am Schluß dem verhaßten Vater vergibt, so spricht die Iphigenie Goethes immer nur liebevoll von dem ihrigen, da sie begreift, daß er unter dem schicksalhaften Fluch handeln mußte, der über ihrem ganzen Geschlecht waltet. Jedoch ihr Bruder wird entdeckt bei dem Versuch, sie heimlich von Tauris zu entführen und zurück in die Heimat zu bringen, sie aber dazu verurteilt, an ihm das Todesurteil zu vollstrecken. Er selber offenbart sich ihr und ermutigt sie, das Unvermeidliche an ihm zu vollziehen:

> Weine nicht, du hast nicht schuld,
> Seit meinen ersten Jahren hab' ich nichts
> Geliebt, wie ich dich lieben könnte, Schwester.
> Ja, schwinge deinen Stahl, verschone nicht,
> Zerreiße diesen Busen, und eröffne
> Den Strömen, die hier sieden, einen Weg!

Doch dazu kommt es nicht. Ein letztlich milder, human gesinnter König Thoas, ein richtiger Carl August in antikem Gewand, läßt die Geschwister, nachdem ihm deren Geschichte erzählt worden ist, samt ihrem treuen Freund Pylades ziehen. In dem kleinen Schauspiel „Die Geschwister", das im ersten Jahr von Goethes Weimarer Aufenthalt entstand, hat „Wilhelm", wieder einmal die deutsche Fassung jenes großen „Will", allerdings Kaufmann, unter dessen Maske sich Goethe verbirgt, während seine Geliebte „Marianne" heißt, ähnliche Visionen wie Orest. Er wähnt sich von den Geistern der verlassenen und getäuschten Geliebten umgeben: „Warum stehst Du da? Just in dem Augenblicke. - Verzeih mir. Hab' ich nicht gelitten dafür? ... Du liegst schwer über mir vergeltendes Schicksal!" Es scheint, daß Goethe den einzigen Brief von den vielen, die ihm Frau von Stein schrieb und später zurückforderte, uns erhalten hat in jenem, den er offenbar im Herbst 1776 in „Die Geschwister" einflocht: „Die Welt wird mir wieder lieb, ich hatte mich so los von ihr gemacht, wieder lieb durch Sie. Mein Herz macht mir Vorwürfe; ich fühle, daß ich Ihnen und mir Qualen zubereite. Vor einem halben Jahr war ich bereit zu sterben und ich bin's nicht mehr." Damenhafter kann man jedenfalls einem jungen entflammten Herrn nicht zu verstehen geben, daß sein Drängen keineswegs aussichtslos ist - oder Goethe mußte, für seine Jahre und sein Herkommen ungewöhnlich, kein Verständnis für Seeleninhalt, Umgangsformen und Ausdrucksweise einer Dame besessen haben. Jedenfalls schrieb er im November 1776 an seinen verständnisvollen Freund Merck, er balge sich mit der Jahreszeit und der Witterung herum, und die „Welthändel um mich frischen mich immer wieder neu an, ich bin weder Geschäftsmann, noch Hofdame und komme in beiden fort".

Der nur scheinbar abrupte Aufbruch Goethes nach Italien, in Wahrheit längst vorbereitet und geplant, ist oft geschildert worden. Im September 1780 hatte er schon Lavater geschrieben, indem er zugleich klagte, daß seine Tagesarbeit ihm täglich leichter und zugleich schwerer werde: „Ich darf mich nicht säumen, ich bin schon weit in den Jahren vor, und vielleicht bricht mich das Schicksal in der Mitte und der babylonische Turm bleibt stumpf, unvollendet. Wenigstens soll man sagen, es war kühn entworfen, und wenn ich lebe, sollen, will's Gott, die Kräfte hinauf reichen." Merck, der ihn unbedingt von der Galeere des Weimarer Amtes loszueisen suchte und der zugleich von allen Freunden bis dahin am besten wußte, was für ein Schatz an ungehobenem dichterischem Werk in ihm ruhte, der um seiner wahren Aufgabe willen um jeden Preis aus ihm herausgefördert werden mußte, hatte sich hinter seine Mutter gesteckt und ihr geschrieben: „Auf alle Fälle sollten Sie suchen, ihn wieder her zu kriegen, das dortige infame Klima ist ihm gewiß nicht zuträglich. Die Hauptsache hat er zustande gebracht. Der Herzog ist nun, wie er sein soll, das andere Dreckwesen kann ein anderer tun, dazu ist er zu gut." Die Mutter, die ihrem Sohn davon berichtet hatte, versicherte ihm, daß sie, Witwe geworden, nunmehr in der Lage sei, ihn aufzunehmen und ihm die Möglichkeit zu bieten, sich ganz seiner eigentlichen Aufgabe zu widmen. Aber Goethe hatte keineswegs die Absicht, den Herzog und Weimar zu verlassen, sondern mit Hilfe des Herzogs und Weimars den großen Sprung zu wagen, den „Salto mortale", wie er ihn, in Rom angekommen, nannte.

Aber indem er sich in der Vielfalt der täglichen Aufgaben verzehrte, wurden die innere Unrast und das Ungenügen stets größer. So teilte er dem immer mehr zum Vertrauten gewordenen Knebel bereits am 21. November 1782 mit: „Der Herzog hat seine Existenz im Hetzen und Jagen. Der Schlendrian der Geschäfte geht ordentlich, er nimmt einen willigen und leidlichen Teil dran, und läßt sich hier und da ein Gutes angelegen sein, pflanzt und reißt aus pp. Die Herzogin ist stille, lebt das Hofleben, beide seh ich selten. Und so fange ich an, mir selber wieder zu leben und mich wieder zu erkennen. Der Wahn, die schönen Körner, die in meinem und meiner Freunde Dasein reifen, müßten auf diesem Boden gesät, und jene himmlischen Juwelen könnten in die irdischen Kronen dieser Fürsten gefaßt werden, hat mich ganz verlassen, und ich finde mein jugendliches Glück wiederhergestellt. Wie ich mir in meinem väterlichen Hause nicht einfallen ließ, die Erscheinungen der Geister und die juristische Praxis zu verbinden, ebenso getrennt laß ich jetzt den Geheimrath und mein andres Selbst, ohne daß ein Geh. R. sehr gut bestehen kann. Nur im Innersten meiner Pläne und Vorsätze bleib ich mir geheimnisvoll selbst getreu und knüpfe so wieder mein gesellschaftliches, politisches, moralisches und poetisches Leben in einen verborgenen Knoten zusammen. Sapienti sat."

Im „Tasso", dessen Niederschrift im Oktober 1780 begann, hat Goethe die Auseinandersetzung der, ach zwei Seelen in seiner Brust und zwei Rollen auf der „Weltenbühne", zwischen dem Staatsmann und dem Dichter, dessen Bekenntnis lautet: „Wenn ich nicht sinnen oder Dichten soll, so ist das Leben mir kein Leben mehr", auf die Bühne gebracht. Dabei wurden dem „Antonio", dem ebensoviel von Goethes eigener Welterfahrung und Vertrautheit mit den täglichen Geschäften verliehen wurde, darüber hinaus Züge des Grafen Goertz, des Erziehers von Carl August und späteren Diplomaten, und die „steife Klugheit des Ministers von Fritsch" beigegeben. Goethe, dieses „Haupt der verdammenswerten Schöngeisterei", war dem neun Jahre älteren Grafen und seiner Frau, deren ganzes Sinnen und Trachten nur um die Karriere ihres Gatten kreiste, schon vor seinem Auftauchen in Weimar ein Greuel. An diesen beiden Gestalten wird noch einmal deutlich, wie erbittert der Widerstand war, auf den Goethe bei seinem Eintritt in Weimar stieß. Er hat später Eckermann von jener Dichtung bekannt: „Sie ist Bein von meinem Bein und Fleisch von meinem Fleisch." Auch dieses Werk, teilweise unverhüllt ein Bekenntnis, wurde indes zunächst ebenfalls unfertig mit nach Italien genommen.

Es kam das „schwerste Jahr" 1785, wie er später bekannt hat, in dem er alles sorgfältig vorbereitet hatte, auch die falschen Papiere, die auf den angenommenen Namen lauteten, den er in Italien führen wollte. Nur andeutungsweise suchte er den Herzog vorzubereiten, indem er ihm zugleich die Sinnesart nicht vorenthielt, in der er sich befand. Am 26. Dezember des vorangegangenen Jahres schrieb er ihm deshalb: „Ich überdachte die neun Jahre Zeit, die ich hier zugebracht habe und die mancherlei Epochen meiner Denkungsart; ich suchte mir das Vergangene recht deutlich zu machen, um einen klaren Begriff vom Gegenwärtigen zu fassen und nach allerlei Betrachtungen nahm ich mir vor, mir einzubilden, als wenn ich erst jetzt an diesen Ort käme, erst jetzt in einen Dienst träte, wo mir Personen und Sachen zwar bekannt, die Kraft aber und der Wunsch zu wirken noch neu seien. Ich betrachtete nun alles aus diesem Gesichtspunkte, die Idee heiterte mich auf, unterhielt mich und war nicht ohne Nutzen, und ich konnte es um so eher, da ich von keinem widrigen Verhältnis etwas leide, und wirklich in eine reine Zukunft trete ..." Der Herzog, dennoch in völliger Unkenntnis von Goethes Vorhaben, dessen Freundschaft sich aber jetzt erst richtig bewähren sollte, verließ Karlsbad am 28. August, Goethes Geburtstag, zu dem er ihm noch gratulierte, und den Goethe dort noch in Gesellschaft feierte. Es sollte lange dauern, bis sie sich wiedersahen.

> Mußt nicht widerstehn
> dem Schicksal.
> Aber mußt es auch nicht fliehen!
> Wirst du ihm entgegen gehn,
> Wird's dich freundlich nach sich ziehen.

Zunächst einmal, als er 1786 wiederum auf die Badereise nach Karlsbad gegangen war, traf Goethe am 27. Juli dort nicht allein auf den Herzog, sondern auch Frau von Stein und das Ehepaar Herder, aber keiner von ihnen ahnte auch nur, daß er, den sein Vater, der übrigens ebenfalls eine „Italienische Reise" verfaßt hat, schon von Jugend auf hatte Italienisch lernen und mit Italiens Kultur bekannt machen lassen wollen, bereits seit langem seine „Flucht" dorthin, wie man es später nannte, geplant und vorbereitet hatte. Am 23. Juli hatte er zuvor seinem vertrauten Diener Seidel, den er zum Kammerkalkulator hatte befördern lassen und privat duzte, nun aber amtlich, damit er die Anweisung vorzeigen konnte, sorgfältig schriftliche „Aufträge" hinterlassen. Darin hieß es vor allem: „Er erbricht in meiner Abwesenheit alle unter meinem Namen ankommenden Briefe." Je nachdem, „was darinne etwas vorkommt", also die Kriegskommission, den Wegebau oder das Bergwerk usw., solle er sie an die benannten zuständigen Beamten weiterleiten, „in besonderen Fällen an Frau Oberstallmeister von Stein". Es folgen weitere Aufträge nebst der Anweisung: „Wenn er selbst Geld braucht, hat er sich an den Kammermeister Löschner zu wenden."

Noch in Karlsbad erteilt er seinem Verleger Göschen für die erste, achtbändige Ausgabe seiner Gesammelten Schriften, die endlich auch ein Honorar, zweitausend Taler in Gold, bringen sollen: „Da ich noch eine kleine Reise vorhabe und nicht bestimmt weiß, wann ich nach Hause zurückkehre, so habe ich den Kammerkalkulator Seidel in Weimar, der Ihnen auch diesen Brief übermachen wird, völlig unterrichtet und ihm deshalb die nötigen Aufträge gegeben." Seidel, der auch bevollmächtigt war, die erste Rate des Honorars in Empfang zu nehmen, hatte im Juni 1784 von Goethe „den Anfang des fünften Buchs Wilhelm Meister" erhalten. „Du wirst Dich des Papiers erinnern, worauf die ersten geschrieben sind, es kommt auch so viel nicht darauf an, nur das die Handschrift ungefähr eine Größe und Weite habe wegen der Stärke des

Buches. Was einzuschalten ist und auf einem Bogen beiliegt, wirst du an Ort und Stelle leicht nach den Zeichen einrücken."

Ebenfalls in Karlsbad hatte Goethe sodann Frau von Stein, ohne ihr auch nur eine Andeutung zu machen, noch am 14. August eine Strecke weit auf ihrer Rückreise begleitet. Am 23. August berichtete er ihr brieflich über eine gesellige Vorlesung der „Iphigenie", wobei dem Herzog „wunderlich dabei zumute" wurde. „Auf alle Fälle muß ich noch eine Woche bleiben, dann wird aber auch alles so sanfte endigen und die Früchte reif abfallen. Und dann werde ich in der freien Welt mit Dir leben und in glücklicher Einsamkeit, ohne Namen und Stand, der Erde näher kommen, aus der wir genommen sind ..." In Italien lebten, wie man zum besseren Verständnis wissen muß, damals viele ausländische, vor allem adlige Paare zusammen, die verheiratet waren, allerdings nicht miteinander. Auch Byron hat später in dieser Heimat der Musen und der Liebe vorübergehend Quartier bezogen. Dabei wollen wir dahingestellt sein lassen, ob Goethe etwa ernstlich daran gedacht haben mag, dort mit Frau von Stein eine „Seelenehe" fortzuführen.

> Wichtig ist wohl die Kunst und schwer, sich selbst zu bewahren,
> Aber schwieriger ist diese: sich selbst zu entfliehn.

Mit 36 Jahren brach Goethe dann in größter Eile in Verfolgung seines langgehegten Planes -„hier war nicht länger zu säumen" - am 3. September 1785 mit leichtem Gepäck, allerdings sorgfältig mit allem Notwendigen versehen, so auch zwei Reisehandbüchern, Vorläufer der heutigen „Reiseführer", allein auf. „Früh 3 Uhr stahl ich mich aus dem Karlsbad weg, man hätte mich sonst nicht fortgelassen." Am 1. September hatte er der nichtsahnenden Frau von Stein mitgeteilt: „Nun noch ein Lebewohl von Carlsbad aus ... Ich habe bisher im Stillen gar mancherlei getragen und nichts so sehnlich gewünscht, als daß unser Verhältnis sich so herstellen möge, daß keine Gewalt ihm was anhaben könne. Sonst mag ich nicht in Deiner Nähe wohnen und ich will lieber in der Einsamkeit der Welt bleiben, in die ich jetzt hinausgehe." An den Herzog schrieb er einen Tag später: „Verzeihen Sie, daß ich beim Abschiede von meinem Reisen und Außenbleiben nur unbestimmt sprach, selbst jetzt weiß ich noch nicht, was aus mir werden soll. Sie sind glücklich, Sie gehen einer gewünschten und gewählten Bestimmung entgegen, Ihre häuslichen Angelegenheiten sind in guter Ordnung, auf gutem Wege, und ich weiß, Sie erlauben mir auch, daß ich nun an mich denke, ja Sie haben mich selbst oft genug dazu aufgefordert. Im Allgemeinen bin ich in diesem Augenblicke gewiß entbehrlich, und was die besondern Geschäfte betrifft, die mir aufgetragen sind, diese hab ich so gestellt, daß sie eine zeitlang bequem ohne mich fortgehen können; ja ich dürfte sterben und es würde keinen Ruck tun. Noch viele Zusammenstimmungen dieser Konstellation übergehe ich und bitte Sie nur um einen unbestimmten Urlaub ... Dieses alles und noch viele zusammentreffende Umstände dringen und zwingen mich in Gegenden der Welt mich zu verlieren, wo ich ganz unbekannt bin, ich gehe ganz allein unter einem fremden Namen und hoffe von dieser etwas sonderbar scheinenden Unternehmung das Beste. Nur bitt ich, lassen Sie niemand nichts merken, daß ich außenbleibe." Der Herzog benahm sich abermals königlich und bewilligte diesen Urlaub, ja verlängerte ihn später sogar.

Es war durch Schicksal und Wahl die Expedition nach Italien, später verharmlosend „Italienische Reise" genannt, die ihm in manchem Vollendung, in vielem Umbruch, im Innern tiefste Erfüllung und im äußeren Neubeginn und in allem eine Wiedergeburt bescherte. Er bezeichnete sie später als seine Hegire - arabisch Hedschra, was Loslösung bedeutet - die Flucht Mohammeds von Mekka nach Medina im Jahre 622. Sie formte ihn zu dem Olympier als den ihn Tischbein, der seit 1783 wieder bei „seinen guten alten Hausleuten" in Rom wohnte, in seinem Porträt in der Campagna gestaltet hat, „wie er auf den Ruinen sitzet und über das Schicksal der menschlichen Werke nachdenket". Er wuchs in jene „übermenschliche" Größe hinein, „zu der emporzuwachsen" nach den Worten Thomas Manns, „das Schicksal des Bürgerknaben vom Frankfurter Hirschgraben gewesen ist". In größter Eile ging es über Regensburg, München und Innsbruck zum Brenner, von wo aus er schon früher einmal sehnsüchtig in das gelobte Land hinübergeschaut hatte, von dort weiter nach Bozen, Trient und Verona. Kaum hatte er italienischen Boden betreten, so tauchte er ein in das italienische Volksleben. „Es ist mir, als wenn ich hier geboren und erzogen wäre und nun von einer Grönlandfahrt, von einem Walfischfang zurückkäme", und er bediente sich glücklich der ihm von Jugend auf vertrauten italienischen Sprache.

In Verona angelangt, schrieb Goethe dem vertrauten Seidel: „Du erhältst Gegenwärtiges aus Verona ... Es ist mir alles nach Wunsch geglückt, und wenn die Reise durchaus so fortgeht, so erreiche ich meinen Zweck vollkommen. Vorbereitet wie ich zu allem bin, kann ich gar viel in kurzer Zeit sehn." Er werde ihm aus Venedig die inzwischen veränderte „Iphigenie" und auch eine Stelle aus der „Stella" zur Änderung senden. Er wolle nichts, es sei denn „höchst nötig" nachgesandt bekommen, denn er wolle „Rom ohne Erwartung nordischer Nachrichten betreten". Und schließlich: „Es ist mir eine gute Übung, allein zu sein, da ich für mich selbst sorgen, alles selbst tun muß, nachdem ich mich solange habe gängeln und bedienen lassen." So geht es eilig weiter über Vicenza und Padua, um Mitte Oktober in Venedig anzulangen, der ruhmreichen Serenissima, deren jahrhundertlange Selbständigkeit Napoleon wenige Jahre später mit brutaler Hand beseitigte. Goethe erinnerte sich der schönen Stiche seines Vaters von Venedig und an das kleine Modell einer Gondel, mit dem er manchmal hatte spielen dürfen. Aus Venedig brachte er selbst später nicht allein die Venezianischen Epigramme mit, sondern wohl schon beim ersten Anblick des Canale Grande auch die Erkenntnis südlicher Lebensart:

Zwischen der Wieg und dem Sarg wir schwanken und schweben
Auf dem großen Kanal sorglos durchs Leben hin.

Über Ferrara, Bologna, Florenz und Perugia war er Ende Oktober dann „in dieser Hauptstadt der alten Welt angelangt". Sein Verlangen nach Rom zu gelangen, war so groß, daß er sich in Florenz nur drei Stunden aufgehalten hatte. Er reiste unter dem Namen Johann Philipp Müller, wähnte sich unerkannt und aller lästigen Förmlichkeiten ledig. Wie weltfremd dies von dem Herrn Geheimrat war, bezeugen die Photokopien des päpstlichen Geheimdienstes im Goethehaus in der Via del Corso No. 20, die bezeugen, wie sorgfältig der Weimarer „Kriegskommissar" überwacht wurde, von dem man befürchtete, er könnte die päpstlichen Befestigungs- und Verteidigungswerke ausspionieren wollen. Vor allem aber war es die unmittelbare, von ihm so oft gerühmte Anschauung, die er nun in vollen Zügen genoß. „Alle Träume meiner Jugend", berichtete er nach Weimar, „seh ich nun lebendig, die ersten Kupferbilder, deren ich mich erinnre (mein Vater hatte die Prospekte von Rom auf einem Vorsaale aufgehängt) seh ich nun in Wahrheit, und alles, was ich in Gemälden und Zeichnungen, Kupfern und Holzschnitten, in Gips und Kork schon lange gekannt, steht nun beisammen vor mir, wohin ich gehe find ich eine Bekanntschaft in einer neuen Welt, es ist alles, wie ich mir's dachte und alles neu". An seine Mutter aber schrieb er: „Ich werde als ein neuer Mensch zurückkommen." Er, der nie Wien, Paris oder gar London kennenlernte und nur Berlin, damals doch nur eine bescheidene Residenzstadt, besucht hatte, genoß die Anschauung von Rom, der Hauptstadt des Vatikanstaates und für ihn der Welt, Neapels, damals die größte und volkreichste Stadt Italiens und Hauptstadt des Königreiches der beiden Sizilien, und nicht zuletzt Venedigs.

Zunächst aber stieg Goethe erst einmal im alten Albergo dell'Orso ab, wo noch heute stolz eine Erinnerungstafel davon zeugt, überhaupt ist das Goethe-Denkmal auf dem Pincio das einzige, das die Ewige Stadt einem Deutschen eingeräumt hat. Der kleine Gedenkstein für Byron, den einzigen Dichter seiner Zeit, den Goethe wirklich als für sich ebenbürtig ansah und überaus schätzte, unweit davon der einzige, den Rom einem weiteren ausländischen Dichter widmete. Dort im Albergo dell'Orso traf Goethe, wie längst zuvor verabredet, als ersten auch den Maler Tischbein, dem er, stets fürsorglich seinen Künstlerkollegen gegenüber, kurz zuvor eine Pension des Gothaer Herzogs verschafft hatte. Tischbein erinnerte sich dankbar: „Nie habe ich größere Freude empfunden als damals, wo ich Sie zum ersten Mal sah … Sie saßen in einem grünen Rock am Kamin, sagten: Ich bin Goethe!“ Gleich am nächsten Tag zog Goethe dann in das „deutsche Haus“ am Corso gegenüber dem Palazzo Rondanini, wo auch die Maler Georg Schütz und Fritz Bury sowie vor allem Angelica Kauffmann mit ihrem Mann wohnten. Tischbein war es auch, der Goethe unermüdlich zu allen Sehenswürdigkeiten herumführte. „Alle Tage ein neuer, merkwürdiger Gegenstand, täglich neue, große seltsame Bilder und ein Ganzes, das man sich lange denkt und träumt, nie mit der Einbildungskraft erreicht.“ Er schwamm in Rom mit seiner Überfülle an Monumenten, Werken und Erinnerungen wie ein Fisch im Meer, aber „wie man die See immer tiefer findet“, berichtete er nach Weimar, „je weiter man hineingeht, so geht es auch mir in Betrachtung dieser Stadt“. Aber es ist das antike Rom, das sich in seiner einzigartigen Größe noch in seinen Ruinen dokumentiert. Den tiefsten Eindruck machten auch ihm das erhaltene Pantheon, sodann der Apoll von Belvedere, die Kolossalbüsten des Jupiter von Otricoli und der Juno Ludovisi. Aber auch das Verlangen wurde geweckt, sich mehr denn je mit dem Leben, das einst unvergänglich Rom erfüllte, vertraut zu machen.

> Hier befolg ich den Rat, durchblättre die Werke der Alten
> Mit geschäftiger Hand, täglich mit neuem Genuß.

Das größte Vergnügen für Goethe aber war in den nächsten vier Monaten, mit seinen neugewonnenen Malerfreunden, außer der Angelica, „der zarten Seele", bei der Goethe sonntags und einmal wöchentlich zu Gast war, wohlversorgt mit allen Malutensilien und einem herzhaften Imbiß für alle, in die Campagna hinauszuziehen, um sich als Maler, wofür Goethe eine bislang unausgelebte weitere Berufung zu haben glaubte, ausbilden zu lassen. Es ist eine der rührendsten Einzelheiten seines reichen Lebens, wie diese einfachen Menschen, die nichts besaßen als ihr Talent, von dem sie leben mußten, mit unendlich feinfühligem Takt diesem großen, in ihren Augen ungemein reichen Herrn, der zudem ihnen gegenüber so spendabel war, nach und nach beibrachten, daß er für immer ein begabter Dilettant - „im goethischen Sinne" - bleiben müßte. Tischbein, der Goethe dort in der Campagna mit seinem Bild verewigt hat, schrieb bereits im Dezember 1786 einem Freund: „Goethe ist ein wirklicher Mann, wie ich in meinen ausschweifenden Gedanken ihn zu sehen mir wünschte. Ich habe sein Porträt angefangen und werde es in Lebensgröße machen, wie er auf denen Ruinen sitzet und über das Schicksal der menschlichen Werke nachdenket." Tischbein, diese wahrhaft künstlerisch mitfühlende Seele, hatte in der Tat Goethes Gedanken erraten oder aus ihren Gesprächen entnommen, schrieb Goethe doch zu dieser Zeit dem Ehepaar Herder in Bezug auf Rom: „Wenn man so eine Existenz ansieht, die zweitausend Jahr und drüber alt ist, durch die Wechsel der Zeiten so mannigfaltig und von Grund aus verändert, und doch noch derselbe Boden, derselbe Berg, ja oft dieselbe Säule und Mauer, und im Volke noch die Spuren des alten Charakters, so wird man ein Mitgenosse der großen Ratschlüsse des Schicksals."

Andererseits gab er nicht nur für Tischbein ein interessantes Sujet ab. „Angelica malt mich auch, daraus wird aber nichts. Es verdrießt sie sehr, daß es nicht gleichen und werden will. Es ist immer ein hübscher Bursche", meinte der fast Achtunddreißigjährige, „aber keine Spur von mir". Der bereits arrivierte Landschaftsmaler Philipp Hackert vollendete dann in Neapel diese römische Erziehungsarbeit in etwas rauherem Ton, was Goethe nicht hinderte, nach seinem Tode 1807 eine ehrenvolle biographische Skizze über ihn zu publizieren. Zu Goethes dortigem Freundeskreis gehörte zufällig neben weiteren Künstlern und Kunstforschern auch der Schweizer Maler Johann Heinrich Meyer, den Goethe 1792 als Professor und späteren Direktor der Zeichenschule nach Weimar berufen hat. Als „Kunschtmeyer" einer der späteren engsten Freunde, lebte er bis zu seiner Verheiratung 1802 in Goethes Haus und war in Goethes Abwesenheit der Beschützer von Christiane Vulpius, wurde unerläßlicher Berater und geradezu Mitarbeiter an Goethes eigenem Werk, Mitherausgeber der Zeitschrift „Propyläen" und Mitarbeiter an der Zeitschrift „Kunst und Altertum". Der Zufall, der das Leben der beiden Männer verflocht, wurde ihnen zum Schicksal, das Meyer im Todesjahr Goethes selbst auch aus dem Leben scheiden ließ. Ihm und seinem römischen Bekannten Moritz hat Goethe als einigen der ersten seine Auffassungen über die Metamorphose der Pflanzen vorgetragen.

Indem er Frau von Stein, zu deren Besänftigung er vor allem das Ehepaar Herder aufgeboten hatte, brieflich seiner ungeschmälerten Liebe versicherte, teilte er ihr mit, er habe „einen kolossalen Junokopf" gefunden und wunschgemäß in seinem Zimmer aufgestellt - er ist noch heute im Goethehaus in Weimar zu bewundern - und setzte fort: „Es war dieser meine erste Liebschaft in Rom." Damit hatte er ihr am 6. Januar 1787 gewiß nicht die Unwahrheit gesagt. Als er noch hinzufügte, „und nun besitz ich diesen Wunsch", hatte er allerdings längst seinen „Bettschatz" nicht nur nachts neben sich. Es war eine befreiende Liebe, die er auch später nur andeutungsweise umschrieben hat, wobei die Poesie nicht zu kurz kam:

> Oftmals hab' ich auch schon in ihren Armen gedichtet
> Und des Hexameters Maß leise mit fingernder Hand

Ihr auf den Rücken gezählt ...
Eine Welt zwar bist du, o Rom; doch ohne die Liebe
Wäre die Welt nicht die Welt, wäre denn Rom auch
nicht Rom.

Noch über vierzig Jahre später erinnerte sich Goethe, als sei es gestern gewesen, daß er nicht seine Zeit in Rom mit Visiten „vertrödelt" habe, sondern sie gut angewandt, indem er emsig die Stadt durchlaufen habe. Ja, er entsann sich nicht nur der staunenswerten antiken Monumente, der zahlreichen Kunstwerke, sondern erinnerte sich an jedes Gäßchen, jede Weinschenke, und wie er emsig das Volk studierte, das er in seinen „Römischen Elegien" auch besungen habe. Italien wurde in menschlicher wie in künstlerischer Hinsicht ein Jungbrunnen für ihn. Insbesondere erinnerte er sich mit Freude jener Osteria alla Campana, wo man nicht allein herzhaft essen konnte, sondern auch einen guten Wein bekam. „Hier traf ich die Römerin, die mich zu den Elegien begeisterte." Sie kam in Begleitung ihres Onkels dorthin, und „unter den Augen des guten Mannes" hätten sie ihre Zusammenkünfte vereinbart, indem sie mit dem Finger in den absichtsvoll verschütteten Wein die betreffende Stunde auf den Tisch schrieben.

Endlich hatten sich Leben, Liebe und Kunst vereint, drum „laß dich Geliebte nicht reun, daß du mir so schnell dich ergeben, glaub es, ich denke nicht frech, denke nicht niedrig von dir". Ja, er glaubte gar, Alexander und Caesar, Heinrich IV. und Friedrich der Große hätten die Hälfte ihres Ruhmes hingegeben für nur eine Nacht jenes Glücks, an das er sich ebenso wie an jene Zeit nach über vier Jahrzehnten so deutlich erinnerte. Das hinderte ihn aber nicht, daß er überall auch ein „Landschaftsbild" aller Arten zu sehen bekam, Paläste und Ruinen, Gärten und Wildnis, Häuser und Ställe, Triumphbögen und Säulen, während er daneben noch Zeit fand zur ausgiebigen Lektüre seiner geliebten antiken Autoren, unentwegt an seinen zahlreichen mitgenommenen Manuskripten zu arbeiten und sich womöglich künstlerisch auch zum

Maler ausbilden zu lassen. Seit Italien hielt er fortan in seinem Wirken darauf, das Maßgebliche auf den „tiefsten Grundlagen der Erkenntnis" zu erfassen, „auf dem Wesen der Dinge, insofern uns erlaubt ist, es in sichtbaren und greiflichen Gestalten zu erkennen".

Und seiner Mutter offenbarte er, indem er die tiefreichende Nachwirkung seiner Kindheitseindrücke bestätigte: „Wie wohl mir's ist, daß sich so viele Träume und Wünsche meines Lebens auflösen, daß ich nun die Gegenstände in der Natur sehe, die ich von Jugend auf in Kupfer sah und von denen ich den Vater so oft erzählen hörte, kann ich Ihnen nicht ausdrücken." (Erst den Kindern Wilhelm von Humboldts war es ja erlaubt und gewohnt, ihre Eltern zu duzen.) Insbesondere die antiken Statuen in ihrer naturalistischen Körperlichkeit und dennoch voll überirdischem inneren Glanz erschienen ihm befähigt, die menschliche Existenz mit der Kalligathia, der antiken Synthese des Guten mit dem Schönen, zu durchdringen und zu verwandeln. „Alle diese Dinge seh ich freilich ein wenig spät, doch mit desto mehr Nutzen und viel in kurzer Zeit." Während all dies Neue auf ihn einstürmte, und er es nur mühsam verarbeiten konnte, so daß er zuletzt darüber vergaß, sein sonst sorgfältig geführtes Tagebuch auf dem Laufenden zu halten, ging die Arbeit an seinen zahlreichen mitgenommenen Manuskripten unentwegt weiter. Mit allen Sinnen sog er das antike Erbe, indem er es sich zugleich anverwandelte, in sich hinein. Ja, er bezeichnete Winckelmann, seinen Führer in die Antike, dessen berühmtes Werk er mit sich führte, später selbst als „eine antike Natur".

Aber auch die Hilfsbereitschaft gegenüber jedem Kollegen und Künstler, den er an seinem Wege traf, litt nicht darunter. So gehörte zu seinem römischen Freundeskreis auch der sensible und „treffliche" Schriftsteller Carl Philipp Moritz, der Verfasser des Romans „Anton Reiser", der erst in unseren Tagen wieder die verdiente Beachtung gewonnen hat. Er wurde später Professor der Altertumskunde in Berlin. Als er sich den Arm gebrochen hatte, führte das dazu, daß Goethe nach seinen eigenen Worten „40 Tage bei diesem Leidenden als Beichtvater und Vertrauter, als Finanzminister und geh. Sekretär“ und vor allem als Bandagenwechsler, Nahrunggeber und Krankenpfleger lernte und diente. Das alles und noch viel mehr geschah in jenen vier Monaten, die Goethe, anstatt geplanter weniger Wochen, in Rom verbrachte. Im immer wieder ebenso melancholischen wie hingerissenem Anblick der Ruinen des Forum Romanum mögen ihm wohl die „Grenzen der Menschheit“ bewußt geworden sein:

Was unterscheidet
Götter von Menschen?
Daß viele Wellen
Vor jenen wandeln,
Ein ewiger Strom;
Uns hebt die Welle,
Verschlingt die Welle,
Und wir versinken.

Doch zunächst einmal verließ Goethe Rom am 22. Februar 1787 in Begleitung von Tischbein, um nach drei Tagen durch die damals noch nicht trocken gelegten Pontinischen Sümpfe über Terracina und Capua nach Neapel zu gelangen, das er bald ein Paradies nannte. Obwohl seit Kinderzeit darauf vorbereitet, war er vom Anblick des Golfs von Neapel wie berauscht. „Ich verzieh es allen, die in Neapel von Sinnen kommen, und erinnere mich mit Rührung meines Vaters, der einen unauslöschlichen Eindruck von den Gegenständen erhalten hatte.“ Neapel in seiner fruchtbaren Umgebung, am offenen Meer mit den vorgelagerten Inseln gelegen, bezauberte ihn. „Ich erkenne mich kaum. Gestern dachte ich: ‚Entweder du warst sonst toll oder du bist es jetzt‘.“ Im März bestieg er mit Tischbein den Vesuv. Vergnügt schlenderte er mit ihm und den neuen Malerfreunden Philipp und Georg Hackert sowie Christoph Heinrich Kniep, der ihn dann nach Sizilien begleitete, in Neapel herum, besuchte das Museum in Portici, wo die Überreste von Herculaneum aufbewahrt wurden, sowie Pompeji und Paestum, da er erstmals der griechischen Antike, vor allem dem prachtvollen Poseidontempel, begegnete. Am 29. März wagte er dann das Abenteuer einer viertägigen Seereise, die er allerdings meist übel seekrank in seiner Kabine verbringen mußte. Wieder entzückte ihn Naturschönheit, besonders Palermo, das im Frühlingsschmuck harmonisch am Meer auf der Erde gelagert unter dem Himmel prangte. Von antiker Kunst und Architektur gab es allerdings wenig zu sehen. Hier aber erinnerten ihn die zahlreichen Pflanzenarten und -gestalten an seine Idee von der Urpflanze, die ihn fortwährend in Italien beschäftigte.

Seltsamerweise hat Goethe fast alle Briefe aus dieser Zeit vernichtet. An seinen später gewonnenen Freund Zelter schrieb er im Februar 1818: „Da ich so manches Liebe von Deiner eignen Hand empfange und dagegen wenig erwidre, so sende ich Dir ein uralt Blättchen, das ich nicht verbrennen konnte, als ich alle Papiere, auf Neapel und Sizilien bezüglich, dem Feuer widmete. Es ist ein so hübsches Wort auf dem Wendepunkt des ganzen Abenteuers, und gibt einen Dämmerschein rückwärts und vorwärts. Ich gönne es Dir! Bewahre es fromm. Was man doch artig ist, wenn wir jung sind! und so fort und ewig ..." Auch dies müssen wir wohl wie so vieles, was Geheimnis, Schicksal oder Zufall ist in Goethes Leben, auf sich beruhen lassen. Am 18. April verließ er jedenfalls zusammen mit seinem Malerfreund Kniep Palermo, um in Segesta die Tempel und das antike Theater zu besuchen, ging sodann an die Südküste nach Girgenti, wo ihn die Landschaft und die Ruinen fesselten. Dem Herzog, den er stets auf dem laufenden hielt, berichtete er, „daß ich Sizilien gesehen habe, ist mir ein unzerstörlicher Schatz auf mein ganzes Leben".

Da Goethe jedoch die sizilianische, einstige Kornkammer Roms kennnenlernen wollte, wandte er sich dann, die Schneegipfel des Ätna leuchteten in der Ferne, nach Catania. Sizilien hatte mit Blumen und Blüten geprangt, so daß Goethe die herrliche Farbensymphonie der italienischen Landschaft unvergeßlich blieb. Nordwärts trafen beide Reisende zu ihrem

Entzücken dann in Taormina ein und erblickten mit Grauen das vier Jahre zuvor durch das Erdbeben zerstörte Messina. „Italien ohne Sizilien", faßte er rückblickend später zusammen, „macht gar kein Bild in der Seele: hier ist erst der Schlüssel zu allem". Die Rückfahrt von Palermo aus wurde, da das Schiff überfüllt, die Winde ungünstig und die Steuerungskünste von Kapitän und Steuermann dubios waren, noch unbehaglicher als die Hinfahrt. Jedoch gelangte man wiederum nach vier Tagen unversehrt nach Neapel. Als Maler und Zeichner war Goethe abermals von dem farbigen Volksleben entzückt, gelangte als Politiker und Jurist allerdings schon damals zu der Auffassung, Neapel sei ein herrlicher Anblick, nur dürfe man keinen nordisch-moralischen Polizeimaßstab daran anlegen.

Am 6. Juni war Goethe wieder in Rom, diesmal vorzugsweise in Gesellschaft von Hackert, mit dem er für vierzehn Tage nach Tivoli hinausging und nun unter dessen Anleitung zeichnete. Auch Frascati, Albano und Castel Gandolfo wurden besucht, wo er den englischen Maler Thomas Jenkins und „die schöne Mailänderin" traf. Vor allem aber wurde nun die Spedition aller seiner gesammelten Schätze, die später den Grundstock seiner zahlreichen Sammlungen bilden sollten, bedacht und besorgt. Immer eindringlicher wurde er sich bewußt, daß er nicht mehr in die alte Amtstätigkeit zurück konnte. An seinen herzoglichen Freund, den er ohnehin auf dem laufenden gehalten hatte, entschloß er sich daher am 17. März 1788 die Bitte zu richten, ihm nach seiner Rückkehr weiterhin Urlaub zu gönnen: „Nehmen Sie mich als Gast auf, lassen Sie mich an Ihrer Seite das ganze Maß meiner Existenz ausfüllen und des Lebens genießen; so wird meine Kraft wie eine nun geöffnete, gesammelte, gereinigte Quelle nach Ihrem Willen leicht dahin und dorthin zu lenken sein." Doch der Herzog hatte seinerseits inzwischen alles bedacht, er hatte nicht die Absicht, Pegasus im Joche gehen zu lassen und alles großzügig geregelt.

Im Februar hatte Goethe in Rom noch Gelegenheit, den berühmten Carneval zu beobachten. Seine klassische Schilderung davon ist eine der nicht allzu zahlreichen italienischen Übersetzungen deutscher Literatur, immer wieder aufgelegt, die auch den Römern selbst ein unübertreffliches Zeugnis italienischen Volkslebens und Brauches aus einer unwiederbringlich dahingegangenen Zeit aufbewahrt hat. Oft war Goethe auch nach Frascati, „ein Paradies", wo einst das Landhaus von Cicero stand, hinausgefahren, um von der Villa Aldobrandini aus weit ins Land hinaus auf Rom zurückzublicken oder über den Monte Cavo nach Rocca di Papa oder über Genzano am See von Nemi entlang nach Castel Gandolfo, dem Sommersitz des Papstes, zu wandern. Zudem nahm Goethe, nun besser unterwiesen, noch die Gelegenheit wahr, die Cestius Pyramide fuori le mura zu zeichnen, draußen wo der Friedhof für die Nichtkatholiken liegt. Auch in ihm regte sich der Wunsch, hier einmal bestattet zu sein, aber es war das Schicksal seines Sohnes, dort auf dem schönsten Friedhof Roms begraben zu werden. Lange mochte er sinnend da gestanden haben, bis der Wunsch in ihm sich verdichtete, den er dann zusammenfaßte:

> Dulde mich, Jupiter hier, und Hermes führe mich später,
> Cestius' Mal vorbei, leise zum Orkus hinab.
> Laß nicht ungerühmt mich zu den Schatten hinabgehn!
> Nur die Muse gewährt einiges Leben dem Tod.

Am 23. April war es dann soweit. Goethe verließ Rom für immer, das ihm als Erbe einer großen Vergangenheit zugleich sinngebend für das Schicksal der europäischen Zukunft erschien. Ja, so groß dachte er von den Maßstäben, die er abschließend von der Antike gewann, daß er bescheiden noch im Alter meinte, neben Äschylos und Sophokles sei er selbst „doch eigentlich garnichts". Abschiednehmend fuhr er über den Ponte Molle in Begleitung des Komponisten Philipp Christoph Kayser, Sohn des Organisten der Frankfurter Katharinenkirche, zu deren Gemeinde Goethes Vaterhaus gehörte. Goethes verschiedene Versuche, mit ihm als Librettist zusammenzuarbeiten, waren jedoch alle gescheitert. Nicht nur die antike Kunst und die Hochrenaissance hatten einen so unauslöschlichen Eindruck auf ihn gemacht, daß fortan der innere Glanz, der von ihm ausging, ihn jedermann als „ein Kind des Glücks" erscheinen ließ, während er doch so oft nur ein Günstling des Schicksals war und die „Gelegenheit", d.h. den Zufall, den er so lebhaft in den „Römischen Elegien" gepriesen hatte, tatkräftig zu packen und zu seinen Gunsten zu wenden gewußt hatte.

Auch das zunächst „gestaltverwirrende Rom" hatte ihn nicht das innere Wesen römischer Kunst verkennen lassen: „Der Geist wird zur Tüchtigkeit gestempelt, gelangt zu einem Ernst ohne Trockenheit, zu einem gesetzten Wesen mit Freude." Am Tag vor seiner Abreise hatte er noch einmal allein den Corso durchwandert, sodann das Capitol, das „wie ein Feenpalast in der Wüste dastand", nachdenklich bestiegen, die Reiterstatue des Kaisers Marc Aurel bewundert und den Triumphbogen des Septimius Severus auf sich wirken lassen. Als er nochmals die einsame Via sacra durchschritt und die ungeheure Ruine des Colosseums in ihrer tragischen Majestät erblickte, hatte ihn ein Schauer ergriffen. Von dem Schmerz, den es ihn kostete, sich von jener unvergleichlichen Stadt zu trennen, hat er uns jedoch nur indirekt Zeugnis hinterlassen. Nur in Rom hatte Goethe empfunden, „was eigentlich ein Mensch sei", notierte sich Eckermann im Oktober 1828. Noch oft mußte Goethe sich an die Worte Ovids (Elegien I,3) erinnern von jener überaus traurigen Nacht, die auch ihm die letzte war in Rom:

> Cum subiit tristissima noctis imago
> Quae mihi supremum tempus in urbe fuit.

Er hatte das „bestehende" Rom, wir würden sagen das beständige, sehen wollen, „nicht das mit jedem Jahrzehnt vorübergehende". Goethe, dem es nie vergönnt war, griechischen Boden zu betreten, hat weder in Italien selbst noch späterhin von der Roma aeterna oder von „den Tischen der Griechen", sich zum Mittelalter zurückzuwenden vermocht, auch wenn die großen Entdeckungen auf dem Gebiet der griechischen Plastik ihm erst lange nach seiner Rückkehr aus Italien zu einer vertieften Vorstellung von griechischer Kunst verhalfen, die weit von seinen Ansichten aus der italienischen Zeit entfernt waren. Das hatte nichts mit der Unwandelbarkeit jenes Entschlusses zu tun, den er sich in Rom kurz vor seinem 38. Geburtstag notiert hatte: „Die Gestalt der Welt vergeht, ich möchte mich nur mit dem beschäftigen, was bleibende Verhältnisse sind." Im Mai 1814 konnte daher der Kanzler von Müller von Goethe berichten: „Plötzlich blieb er vor jenem Abbilde Roms sinnend stehen und zeigte auf Ponte molle, über welchen man, von Norden her kommend, in die ewige Roma einzieht: ‚Euch darf ich's wohl gestehen', sagte er, ‚seit ich über den Ponte molle heimwärts fuhr, habe ich keinen rein glücklichen Tag mehr gehabt'."

Was aber war die Summe seiner Existenz, über die sich Goethe Rechenschaft ablegen mußte, als was kehrte er zurück? Er bekannte es dem Herzog, seinem Freund: „Ich darf wohl sagen: ich habe mich in dieser anderthalbjährigen Einsamkeit selbst gefunden; aber als was? - Als Künstler!" Doch das Kostbarste, was er in Italien gelernt hatte, nämlich wie im Leben eines Volkes „aus dem Zusammentreffen von Notwendigkeit und Willkür" - oder dürfen wir sagen: von Schicksal und Zufall? - ein Drittes hervorgeht, das Natur und Kunst zugleich ist, das mußte er zunächst verschweigen. So ging es denn über Florenz, Mailand, Como zunächst nach Konstanz zurück, von wo aus er Herder, der ihm nachgeeifert hatte und gerade selbst in Rom weilte, mitteilte, er sei dort in seinem Leben „das erstemal unbedingt glücklich" gewesen. Den geplanten Besuch bei der Mutter in Frankfurt aber gab er auf und traf in Weimar am 18. Juni 1788 ein. Der Herzog hatte bereits alles großzügig für ihn geregelt. Alle lästigen Ämter und Arbeiten wurden Goethe abgenommen, ihm aber die damit verbundenen Ehren und Titel belassen.

Er blieb Mitglied des Conseils und der Kammer, an deren Sitzungen er, wenn er es wünschte teilnehmen und dabei sogar auf dem Sessel des Herzogs Platz nehmen durfte. Seine regelmäßigen Amtsgeschäfte beschränkten sich hinfort auf die Oberaufsicht über die Anstalten für Kunst und Wissenschaften. Diese über alles Erwarten günstige Regelung fand Goethe bei seiner Rückkehr vor, seine amtliche Position in dem kleinen Herzogtum so hoch erhoben als irgend möglich, seine Machtbefugnisse, falls er es wünschte, so groß wie eh und je, seine gesellschaftliche Stellung in einem aristokratisch grundierten Milieu so ansehnlich herausgehoben als irgend angängig und vor allem ihm nunmehr so viel Muße für seine „eigentliche" Beschäftigung verschafft wie er nur wünschen konnte, und alles bei unverändert ansehnlichem Gehalt. „Wenn ich bei meiner Ankunft in Italien wie neu geboren war, so fange ich jetzt an, wie neu erzogen zu sein", resümierte er gleichsam für sich selbst. Er hatte in Italien in das Dasein so vieler Menschen, nicht nur von Künstlern, hineingeschaut, ja in so fremdartige, daß er die Erkenntnis mitnehmen konnte: „Die Existenzen fremder Menschen sind die besten Spiegel, worin wir die unsrige erkennen können." Und doch hatte er sich unverkennbar innerlich entfernt und äußerlich entfremdet von dem Weimarer Kreis:

Die Feinde, die bedrohen dich,
Das mehrt von Tag zu Tage sich,
Wie dir doch garnicht graust!
Das seh ich alles unbeschwert,
Sie zerren an der Schlangenhaut,
Die jüngst ich abgelegt.
Und ist die nächste reif genug,
Ab streif ich die sogleich,
Und wandle neubelebt und jung
Im frischen Götterreich.

Entscheidend war indes zunächst einmal, daß er selbst sich tatsächlich und unwiederherstellbar verändert hatte. Jedermann wollte in Weimar nicht minder geschätzt werden als seine römischen Freunde und beklagte sich über die „Kälte“, die nunmehr von ihm ausging, die Jeremiaden über das Verlorene und die Schwierigkeiten, sich wieder zurecht zu finden. Dabei wußte er ihnen z.B. lebhaft die Volkstümlichkeit der Poesie in Italien zu rühmen, was einen unauslöschlichen Eindruck auf ihn gemacht hatte. Man müsse nur hören, wie die Gondolieri dort die Stanzen aus dem „Befreiten Jerusalem“ von Torquato Tasso, die Goethe schon als Knabe gelesen hatte, auswendig hersagen könnten. Jedermann fühlte, daß dieser Mann, den sie zu kennen glaubten, nun aber in ungesuchter distanzierter Vornehmheit mit ihnen verkehrte, sich in seiner fast zweijährigen Abwesenheit nicht allein durch die in Italien gewonnenen kulturellen Erfahrungen, historischen Einsichten und wissenschaftlichen Erkenntnisse, sondern vor allem durch sein persönliches Erleben verwandelt hatte. Mochte er selbst auch suchen, den Freunden liebenswürdig, teilnehmend und hilfsbereit entgegenzukommen, so fehlte doch spürbar die innere Zuwendung. Dabei galt seine Arbeit in den ersten Jahren nach seiner Rückkehr schon der Niederschrift an seinem so viel eigenes Erleben enthaltenden Roman „Wilhelm Meisters Wanderjahre“.

Noch dreißig Jahre später hat er in „Die Metamorphose der Pflanzen“ zusammengefaßt: „Aus Italien dem Formreichen war ich in das gestaltlose Deutschland zurückgewiesen, heiteren Himmel mit einem düsteren zu vertauschen; die Freunde statt mich zu trösten und wieder an sich zu ziehen, brachten mich zur Verzweiflung. Mein Entzücken über entfernteste, kaum bekannte Gegenstände, mein Leiden, meine Klagen über das Verlorne schien sie zu beleidigen, ich vermißte jede Teilnahme, niemand verstand meine Sprache. In diesen peinlichen Zustand wußt’ ich mich nicht zu finden, die Entbehrung war zu groß, an welche sich der äußere Sinn gewöhnen sollte, der Geist erwachte sonach und wollte sich schadlos zu halten.“

Aber er hatte gelernt, durch seine, nun immer wieder beklagte „Steifheit" und „Kälte" seine verborgene Verletzlichkeit zu schützen, Menschen und Angelegenheiten von sich fern zu halten, die ihm unbequem oder nicht mehr gemäß waren. Am treffendsten, wie er damals auf das Unverständnis seiner Umgebung wirkte, hat ihn wohl Schiller, der von Goethe zunächst wenig beachtet den Winter 1788/89 in Weimar verbrachte, einem Freund geschildert: „Er besitzt das Talent, die Menschen zu fesseln und durch kleine sowohl als große Attentionen sich verbindlich zu machen, aber sich selbst weiß er immer frei zu behalten. Er macht seine Existenz wohltätig kund, aber nur wie ein Gott, ohne sich selbst zu geben."

Jedoch nur er wußte, daß ihm das Schwerste noch bevorstand, nämlich die Beziehung zu der gealterten, gekränkten und kränklichen sechsundvierzigjährigen Geliebten, wenn irgend möglich, in Freundschaft zu verwandeln. Da trat ihm eines schönen Tages eine dunkelgelockte junge Frau mit einer Bittschrift in den Weg. Es war Christiane Vulpius, die als drittes Kind eines sächsischen Amtsarchivars früh verwaist mit Schwester und Bruder bei einer Tante lebte und mit der Bittschrift um Förderung für ihren Bruder bat, der mit seiner Erzählung „Rinaldo Rinaldini" ein Erfolgsautor wurde. Goethe hat ihn nicht nur seinem Verleger empfohlen, sondern zog ihn, der 1805 Bibliothekar in Weimar wurde und aufgrund seiner Publikationen 1823 sogar den philosophischen Ehrendoktor der Universität Jena erwarb, zunächst zur Mitarbeit am Weimarer Theater heran. Auch nach dem Tode seiner Schwester blieb Goethe ihm freundschaftlich verbunden. Zunächst einmal begann sogleich am folgenden Tage die Lebensgemeinschaft Goethes mit Christiane, die mit ihrer jüngeren Schwester und ihrer Tante zu ihm zog. Der Zufall ihrer Begegnung hatte Schicksal gespielt. Ihre natürliche Lebensfreude, ihre häusliche Fürsorge, ihre liebevolle Nachsicht mochten ihn an die italienischen Mädchen erinnern, mit denen er getanzt und getollt, ihnen die Hände und Wangen geküßt hatte, und die ihn weit über seine Jahre hinaus noch einmal hatten jung sein lassen.

> Einst erschien sie auch mir, ein bräunliches Antlitz, die Haare
> Fielen ihr dunkel und reich über die Stirne herab,
> Kurze Locken ringelten sich ums zierliche Hälschen,
> Ungeflochtenes Haar krauste vom Scheitel sich auf.
> Und ich verkannte sie nicht, ergriff die Eilende, lieblich
> Gab sie Umarmung und Kuß bald mir gelehrig zurück.

Während die Weimarer Damen vielfach den Kommentar der Frau von Stein aufnahmen, Goethe sei nach seiner Rückkehr „sinnlich geworden", bekannte er Herder ohne Vorbehalt am 28. Mai 1790 brieflich: „Ich gestehe gern, daß ich das Mädchen leidenschaftlich liebe." An der Aufrichtigkeit dieses Bekenntnisses zu zweifeln, besteht keinerlei Veranlassung. Wie sehr er seiner Liebe zu ihr sicher war, hat er auch in einem berühmten Gedicht „Das Tagebuch", das in „gereinigte" Ausgaben seiner Werke früher nicht aufgenommen wurde, unzweideutig bekannt. Unaufhörlich bemühte er sich, zumal nach ihrer offiziellen Verehelichung, Christiane in der Weimarer Gesellschaft den Respekt und das Zuvorkommen zu verschaffen, auf die sie seiner Auffassung nach ein Recht besaß. Sogar auf seine Bäderreisen nahm er sie später mit und sorgte dafür, daß sie dort einen entsprechenden Umgang hatte. Wie groß andererseits ihre Liebe zu ihm und ihr Verständnis für ihn waren, hat sie ihrerseits, als sie in Qualen starb, bewiesen, indem sie anordnete, er dürfe, weil er den Anblick sonst nicht hätte ertragen können, ihren Leichnam erst sehen, nachdem er gewaschen und wieder hergerichtet wäre. Er hat sich dann schluchzend über ihn gestürzt und ausgerufen: „Du kannst, du darfst mich nicht verlassen!"

Aber bald war das Verhältnis von Christiane und Goethe von Fritz von Stein, an dem Goethe sozusagen Vaterstelle vertrat, durch Zufall entdeckt und seiner Mutter berichtet worden. Was die Umwandlung des alten Verhältnisses mit Frau von Stein in Freundschaft hätte erleichtern können, wurde indes dadurch nur erschwert. Noch im Februar 1788 hatte Goethe ihr geschrieben: „Wenn Du es hören magst: so mag ich Dir gerne sagen, daß Deine Vorwürfe, wenn sie mir auch im Augenblicke empfindlich sind, keinen Verdruß und Groll im Herzen zurücklassen. Auch sie weiß ich zurecht zu legen, und wenn Du manches an mir dulden mußt, so ist es billig, daß ich auch wieder von Dir leide." Ausgerechnet Caroline Herder konnte sich nicht lassen, indem sie gewissermaßen den allgemeinen Klatsch gerade der feinen Damen zusammenfaßte, noch im Mai 1789 ihrem Gatten nach Rom zu tratschen, Goethe habe, wie „die Steinin" glaube, sein Herz „ganz von ihr gewendet und sich ganz dem Mädchen, die eine allgemeine H- vorher gewesen, geschenkt".

Die Eifersucht der alternden Geliebten, die nach Frankfurt abgereist war, um seine Mutter zu besuchen und ihm einen bitterbösen Brief hinterlassen haben muß, führte dann unvermeidlich zum Bruch, der sieben Jahre lang andauerte. Noch 1796 hat sie ihn in einem kleinen Drama verhöhnt. Sie konnte und wollte ihm nicht verzeihen, ja trug ihm noch 1806 nach, daß er das Versprechen, ihren Lieblingssohn Fritz als Erben einzusetzen, gebrochen und statt dessen nun seinen eigenen Sohn vorgezogen habe und nahm nur äußerlich die Maske der verständnisvollen Freundin an. Goethe hatte ihr auf den oben erwähnten Brief unter dem 1. Juni 1789, indem er zunächst sein Zögern mit der Begründung eingestand, weil es in einem solchen Fall „schwer ist aufrichtig zu sein und nicht zu verletzen", ausführlich geantwortet. Er warf ihr seinerseits die Art vor wie sie ihn nach seiner Rückkehr empfangen habe: „Und das alles, eh von einem Verhältnis die Rede sein konnte, das Dich so sehr zu kränken scheint. Und welch ein Verhältnis ist es? Wer wird dadurch verkürzt? Wer macht Anspruch an die Empfindungen, die ich dem armen Geschöpf gönne? Wer an die Stunden, die ich mit ihr zubringe?" Und dann: „Aber das gestehe ich gern, die Art wie Du mich bisher behandelt hast, kann ich nicht erdulden.

Wenn ich gesprächig war, hast Du mir die Lippen verschlossen, wenn ich mitteilend war, hast Du mich der Gleichgültigkeit, wenn ich für Freunde tätig war, der Kälte und Nachlässigkeit beschuldigt. Jede meiner Mienen hast Du kontrolliert, meine Bewegungen, meine Art zu sein getadelt und mich immer mal à mon aise gesetzt ... Ich möchte noch manches hinzufügen, wenn ich nicht befürchtete, daß es Dich bei Deiner Gemütsverfassung eher beleidigen als versöhnen würde." So blieb vorerst nur die Trennung. Was indes Christiane anbelangt, so stellte Goethe schon 1790 fest: „Ich bin verheiratet, nur nicht mit Zeremonie."

Kannst dem Schicksal widerstehen,
Aber manchmal gibt es Schläge;
Wills nicht aus dem Wege gehen,
Ei! so geh du aus dem Wege!

Aber 1789 hatte er endlich auch sein Bühnenwerk „Tasso", dessen zwei erste Akte er bereits nach Weimar mitgebracht hatte, vollenden können. Seit früher Jugend stand Goethe die Gestalt und das Werk des großen italienischen Dichters von „La Gerusalemme liberata" vor Augen, dessen einzelne Teile der Knabe einst in Übersetzung, später dann im Original gelesen hatte. Der historische Tasso sollte dem Wunsch seines Vaters zufolge Rechtsgelehrter werden, fühlte aber die Berufung in sich, ein Dichter zu sein. Auch er hatte eine einzige, sehr geliebte Schwester mit Namen Cornelia. Zu ihr flüchtete schließlich der verzweifelte, halb schon wahnsinnige Tasso, verkleidet und verbannt, in ihr Haus nach Sorrent. Auch er hätte jener, den großen Dichter selbst in trüben Stunden stets beschleichenden Urangst Ausdruck geben können:

Ich fühl', ich fühl' es wohl, die große Kunst,
Die jeden nährt, die den gesunden Geist
Stärkt und erquickt, wird mich zugrunde richten.

So verwundert es auch nicht, daß der Schauplatz des Dramas Ferrara gewissermaßen zu einem idealisierten Weimar gerät, während sich die eigentliche Handlung des Fünfpersonenstückes in Goethes eigenem Innern, in der Auseinandersetzung zwischen dem Dichter und dem Staatsmann, hier hinauskatapultiert in die Personen Tasso mit der Empfindungsfülle des gestaltenreichen Dichters und Antonio, dem die „steife Klugheit" des Ministers von Fritsch, aber ebensoviel von Goethes inzwischen gewonnener eigener Selbstzügelung und politisch-administrativer Einsicht verliehen wird. Erst der Dreiklang von Kunst, Antike und Rom, die Trennung von jener Stadt, in der er das höchste Glück erleben durfte, hatte ihn befähigt, dies Werk, das einen tiefen Einblick in sein Inneres gewährt, zu vollenden. Allerdings war er, anders als Tasso, der wahnsinnig wird, von vielen Qualen, die er jenseits der Alpen erlitten hatte, nun genesen. Diesem Werk gehören daher jene berühmten Verse an: „Und wenn der Mensch in seiner Qual verstummt, /Gab mir ein Gott zu sagen, was ich leide." Sein Freund Carl August figuriert auch hier wieder einmal, diesmal als Herzog Alphons. So konnte er später Eckermann von dieser Dichtung bekennen: „Sie ist Bein von meinem Bein und Fleisch von meinem Fleisch." Dem Herzog werden auch die Worte in den Mund gelegt:

> Dich führet alles, was du sinnst und treibst,
> Tief in dich selbst. Es liegt um uns herum
> Gar mancher Abgrund, den das Schicksal grub;
> Doch hier in unserm Herzen ist der tiefste …

Dennoch gestand Goethe merkwürdigerweise 1827, daß er den „Tasso", seitdem er gedruckt vorlag, nie wieder gelesen und ihn auch auf dem Theater, obgleich das Stück unter seiner Direktion vielmals aufgeführt wurde, „höchstens nur unvollständig" vernommen habe. Es waren vermutlich dieselben Gründe, die ihn von der „Iphigenie" fernhielten.

Aber jenes Annus mirabilis 1789 barg andere, viel gewaltigere Ereignisse, die eine Epochenwende herbeiführen sollten. Noch am 8. Juni hatte Goethe Frau von Stein in seinem letzten Brief für lange Zeit, indem er einen versöhnlichen Ton anschlug, geschrieben, es gehörten durch verschiedene Umstände ohnehin Kraft und Munterkeit dazu, sich aufrecht zu halten. „Wenn nun aber gar ein übles Verhältnis zu den Nächsten entsteht, so weiß man nicht mehr, wohin man soll. Ich sage das so gut in Deinem als in meinem Sinne und versichere Dich: daß es mich unendlich schmerzt, Dich unter diesen Umständen noch so tief zu betrüben." Am 14. Juli stürmte dann die Pariser Bevölkerung die Bastille, metzelte die Besatzung nieder und leitete damit jene Entwicklung ein, die über die Hinrichtung des Königs und „das Jahr des Schreckens" 1793 hinaus eine radikale und schicksalhaft unumkehrbare Umwälzung von Staat und Gesellschaft herbeiführte. Parteihader, Umsturz, Hinrichtungen, Krieg bedrohten schließlich auch die Stille der kleinen Weimarer Welt, so daß sie für Goethe ein Grundübel wurden. Der Disput darüber zog sich quälend hin durch den Aufstieg Bonapartes, die imperiale französische Expansion, ihren Zusammenbruch und in veränderter Form noch danach.

Nur wenige ahnten die Auswirkungen der anfänglichen, bald blutigen und schrecklichen Ereignisse, kaum einer wußte, daß damit, wenn auch nicht dem Kalender nach, das Ancien régime, ja „das ewig unvergeßliche 18. Jahrhundert" unwiderruflich zu Ende gegangen war. Die alte Welt war untergegangen und unter Geburtswehen stieg eine neue auf. Viele begrüßten, teilweise sogar enthusiastisch, zunächst die Fackeln der Freiheit oder gar den anbrechenden Morgen eines neuen Tages für die Menschheit. Viele, darunter die engsten Freunde des Weimarer Kreises wie Wieland und sogar Schiller und noch eindeutiger Knebel und Herder, verfolgten zunächst jubelnd und sich zum Teil sogar leidenschaftlich identifizierend den Umsturz in Paris. Wilhelm von Humboldt gar machte sich sofort auf, um sich mit eigenem Augenschein zu überzeugen, kam aber bald tief enttäuscht zurück. Jean Paul, der seit 1796 im Herderschen Kreis in Weimar lebte, konstatierte 1804 rückblickend: „Goethe war weitsichtiger als die halbe Welt, da er schon den Anfang der Revolution so sehr verachtete als wir das Ende."

Für Goethe allerdings, der nicht jener Faszination anheimfiel, war die Geburt seines Sohnes August am 25. Dezember zunächst ein für ihn ungleich bedeutsameres Ereignis jenes umwälzenden Jahres. Wenn er auch keineswegs gewissermaßen von Jugend auf ein Gegner der Revolution gewesen war, dazu war Goethe - wie man heute sagen würde - ein viel zu engagiertes Mitglied der „Gruppe Sturm und Drang" gewesen, so hatte er sich inzwischen doch äußerlich durch seine politische Regierungspraxis in Weimar und innerlich durch seine poetische Entfaltung und nicht zuletzt durch seine erworbenen wissenschaftlichen Erkenntnisse, die ihn angesichts des Allzusammenhangs der Fakten und Faktoren die Schwierigkeiten tiefgreifender, zumal grobschlächtiger Eingriffe oder Reformen gelehrt hatten, soeben eine Existenzgrundlage, nicht zuletzt abgesichert durch das Vertrauensverhältnis zum Herzog und seiner Familie, geschaffen, die er nicht leichthin preiszugeben gesonnen war. So konnte seine Reaktion auf die Ereignisse jenseits des Rheins, zumal für ihn auch feststand, daß die Korruptheit des Ancien régime den eigenen Untergang heraufbeschworen hatte, nur sein: „O diese Zeit hat fürchterliche Zeichen", was sich auch sehr bald bewahrheiten sollte. Hatte er 1790 noch formuliert: „Frankreich hat uns ein Zeichen gegeben, nicht, daß wir es wünschten nachzuahmen, allein merkt und beherzigt es wohl", so wurde daraus zehn Jahre später:

> Frankreich traurig Geschick, die Großen mögen's bedenken!
> Aber bedenken fürwahr sollen es Kleine noch mehr.
> Große gingen zu Grunde: doch wer beschützte die Menge
> Gegen die Menge? Da war die Menge der Menge Tyrann.

Unvermutet hatte Goethe indes zunächst der Auftrag, die Herzoginmutter aus Venedig von ihrer Italienreise heimzubegleiten, zu seiner zweiten Italienreise veranlaßt. So reiste er denn vom 13. März 1790 über Jena und Verona abermals nach Venedig, wo er sich diesmal vom 31. März bis zum 22. Mai aufhielt, und von wo er seine „Venezianischen Epigramme" als Frucht der unfreiwilligen Wartezeit auf die Reisegesellschaft der Herzoginmutter mitbrachte, um erst Ende Mai wieder in Weimar zu sein. Unfreiwillig das Prinzip mißachtend, man solle nie dorthin zurückkehren, wo man einst so glücklich war, und verärgert, durch Mißhelligkeiten wie die Empfehlung eines Hotels durch Einsiedel, das es in Venedig gar nicht gab, schrieb er übertreibend dem Herzog: „Übrigens muß ich im Vertrauen gestehen, daß meiner Liebe für Italien durch diese Reise ein tödlicher Stoß versetzt wird." Die erste Blüte der Zuneigung und Neugierde sei abgefallen, und er habe inzwischen eher die Neigung, an allem etwas auszusetzen. Vor allem aber hatte er die Mißregierung der Serenissima nicht allein, die er noch einmal unbewußt kurz vor ihrem Ende erleben durfte, sondern allgemein auf der Reise mit geschärften Augen gesehen. Mit Bedauern sah er, wie die Mißwirtschaft, unter der das „Leben und Weben" des einfachen Volkes, das ihn zuvor so entzückt hatte, sich oft nur noch in ein unverschuldetes Dahinsiechen in Armut verwandelt hatte.

> Jeder sorgt nur für sich, mißtrauet dem andern, ist eitel,
> Und die Meister des Staats sorgen nur wieder für sich.
> Schön ist das Land: doch ach! Faustinen find ich nicht wieder.
> Das ist Italien nicht mehr, das ich mit Schmerzen verließ.

Von welchem römischen Dichter immer er nun den Decknamen Faustina entliehen haben mochte, so entbehrte er tatsächlich diesmal „hier mitten im Wasser" in Venedig sehr „das kleine Erotico" und „das kleine Geschöpf in den Windeln“ daheim. Von Venedig ging es dann endlich, nachdem sich alle eingefunden hatten, am 22. Mai 1790 ab über Mantua und Augsburg nach Nürnberg, wo er seinen Freund Knebel, den einstigen Gefährten und Duzfreund der ersten stürmischen Weimarer Jahre traf, der jetzt in Ansbach lebte und sich unverdrossen mit antiker Literatur beschäftigte. Ihm, dem fünf Jahre älteren, der ihn noch überleben sollte, widmete Goethe 1817 dann das Gedicht „An meinen alten weimarischen Urfreund“, indem er ihm zugleich verzieh, daß er ebenso wie Wieland und Herder den revolutionären Ideen bereitwilliger entgegengekommen war, als er selbst es getan hatte. Vor allem aber verweilte er in Konstanz, indem er zugleich von dem geplanten Besuch seiner Mutter Abstand nahm, die er achtzehn Jahre nicht mehr gesehen hatte, um sich mit Barbara Schultheß für mehrere Tage zu treffen. Er hatte sie, diesmal begleitet von einer Tochter und einem Bekannten und seit 1778 verwitwet, einst auf seiner zweiten Schweizer Reise kennengelernt. Ihr, mit der ihn das seltene Du verband, hatte er die Erstfassung seiner Erzählung „Wilhelm Meisters theatralische Sendung“, ein Manuskript, das er selber später vernichtet hat, damals anvertraut, so daß es uns nur durch ihre Abschrift überliefert wurde. Seltsamerweise hat auch sie vor ihrem Tode 1818 alle, auch die von Goethe empfangenen Briefe vernichtet.

Was die Große Französische Revolution generell anbelangt, so hat er, indem er sich gegen den Vorwurf wandte, er sei kein Freund des Volkes, im April 1824 konstatiert: „Freilich bin ich kein Freund des revolutionären Pöbels, der auf Raub, Mord und Brand ausgeht und hinter dem falschen Schilde des öffentlichen Wohles nur die gemeinsten egoistischen Zwecke im Auge hat ... Ich hasse jeden gewaltsamen Umsturz, weil dabei ebensoviel Gutes vernichtet als gewonnen wird. Ich hasse die, welche ihn ausführen, wie die, welche dazu Ursache geben. Aber bin ich darum kein Freund des Volkes?“ Doch es blieb seine Überzeugung, daß ein Dichter, sowie er politisch wirken will, sich einer Partei hingeben müsse und sobald er dies täte, sei er als Dichter verloren. Er müsse ja seinem freien Geist, seinem unbefangenen Überblick Lebewohl sagen und dagegen die Kappe der Borniertheit und des blinden Hasses über die Ohren ziehen. Am deutlichsten hat Goethe wohl in seinem Epos „Hermann und Dorothea", bei dem Wieland weinte, als der Dichter es ihm vorlas, seine Einstellung zur Revolution zugleich mit seiner Kritik ausgedrückt:

> Grundgesetze lösen sich auf der festesten Staaten,
> Und es löst der Besitz sich los vom alten Besitzer,
> Freund sich los von Freund: so löst sich Liebe von Liebe …
> Alles regt sich, als wollte die Welt, die gestaltete rückwärts
> Lösen in Chaos und Nacht sich auf und neu sich gestalten.

Zunächst einmal mußte er aber seinem Herzog in den Krieg gegen die revolutionären französischen Armeen bis zur Kanonade von Valmy folgen, wo er, gleichgültig ob er schon damals jenen berühmten Ausspruch getan hat oder nicht, angesichts der Standfestigkeit dieser schlecht ausgebildeten, schlecht ausgerüsteten und schlecht ernährten französischen Armee, deren Artillerie wie eh und je eine raschere Schußfolge und insbesondere eine größere Treffsicherheit gezeigt hatte, sogleich begriff, daß „von hier und heute" eine neue Epoche ihren Ausgang nahm. Die Welt war in Aufruhr und sollte es lange bleiben, der Krieg schon längst begonnen, der sich in dieser oder jener Form noch lange hinziehen würde, so daß ihm unzweifelhaft klar war, daß die

> Welt, die kriegrisch oder fein
> Dem Schicksal dient und glaubt ihr Herr zu sein,
> Dem Rad der Zeit vergebens widersteht,
> Verwirrt, beschäftigt und betäubt sich dreht.

Inzwischen aber war in Weimar eine entscheidende Veränderung eingetreten. Friedrich Schiller war am 20. Juli 1787 von Dresden aus nach Weimar aufgebrochen, wo er, nachdem er noch seinen Verleger Göschen in Leipzig besucht hatte, schon am folgenden Tag eintraf. Aus dem ehemaligen Absolventen der Karlsschule - dort begegnete er zum ersten Mal Goethe - war inzwischen ein Dichter geworden, der von sich reden gemacht hatte. Als Goethe seinen achtunddreißigsten Geburtstag in Italien verlebte, feierten ihn daheim in seinem Gartenhaus bei einer Flasche Rheinwein Knebel mit Schiller, der am folgenden Tag seinem Freund, dem Dresdner Oberkonsistorialrat Christian Gottfried Körner, über das Geburtstagskind mitteilte: „Schwerlich vermutete er in Italien, daß er mich unter seinen Hausgästen habe, aber das Schicksal fügt die Dinge wunderbar." Jedenfalls gab es wieder einmal seltsame Relationen zwischen Lebenslauf und Werk dieser beiden Dichter, denn der Vater von Minna Stock, der einstigen Verlobten und nunmehrigen Ehefrau von Körner, der Kupferstecher Stock war einst der Lehrer Goethes, unter dessen Anleitung er mehrere Landschaften schuf, von denen zwei noch heute im Weimarer Goethehaus zu besichtigen sind.

Auch für Schiller war einst bereits als Karlsschüler Shakespeare das große Muster für seine eigenen dramatischen Bemühungen, nicht minder aber Goethes „Götz von Berlichingen". Den „Werther" hatten er und seine Freunde damals „verschlungen", überhaupt „war Goethe sein Liebling", wie Mitschüler zu berichten wußten, und er weidete „sich an der Kraftrolle des Beaumarchais" in Goethes Schauspiel „Clavigo". Bevor er ihm abermals begegnete, hatte Schiller sich daher nicht nur ein Vorbild, bevor er sich zur Eigenständigkeit durchrang, sondern auch ein Bild von Goethe gemacht. Als er nun wieder auf ihn stieß, hatte Schiller scharfsichtig erkannt: „Goethes Geist hat alle Menschen, die sich zu seinem Zirkel zählen, gemodelt." Allerdings werde er in Weimar auch noch mehr als Mensch denn als Schriftsteller bewundert. Schiller hatte bei seiner Reise durch Thüringen 1787 Luise von Lengefeld kennengelernt sowie ihre beiden Töchter Caroline, damals noch verehelichte Beulwitz und die spätere Gattin von Wilhelm von Wolzogen, und Charlotte.

Goethe seinerseits hatte übrigens zuvor bereits durch Vermittlung von Frau von Stein die Bekanntschaft der Witwe des Oberjägermeisters von Lengefeld und ihrer beiden Töchter gemacht. Im vertrauten Umgang mit ihnen konnte sich Schiller lange nicht darüber klar werden, welcher von beiden vorzugsweise seine Neigung galt. Auch war er an „ernsten Absichten“ - wie man damals sagte - und einschlägigen Zukunftsentscheidungen durch die Unsicherheit seiner materiellen Verhältnisse gehindert und von seinem Freund Körner vor einer ernsthaften Bindung wieder und wieder gewarnt worden. Schließlich wandte er sich Ende 1788 Charlotte zu, deren eigener Entschluß indes keineswegs frei war von Zweifeln und Krisen. Im Hause Lengefeld in Rudolstadt trafen Goethe und Schiller auch erstmals aufeinander, fühlten sich aber zunächst mehr von einander abgestoßen als angezogen. Ja, nach ihrer ersten Begegnung hatte der zehn Jahre jüngere Schiller, ohne wohl zu ahnen, wie tiefgreifend sich das ändern sollte, von Goethe gesagt: „Er ist mir an Jahren weniger als an Lebenserfahrungen und Selbstentwicklung so weit voraus, daß wir unterwegs nie mehr zusammenkommen werden.“ Noch am 3. März 1789 schrieb er seinem Freund Körner: „Dieser Mensch, dieser Goethe, ist mir einmal im Wege, und er erinnert mich so oft, daß das Schicksal mich hart behandelt hat. Wie leicht ward sein Genie von seinem Schicksal getragen, und wie muß ich bis auf diese Minute kämpfen!“

So ging es aus inneren und äußeren Gründen Schiller jedenfalls ebenso wie einst Goethe, er mußte eine finanzielle Grundlage sowohl für seine bürgerliche als auch seine poetische Existenz suchen. Wieder einmal war es Goethe, an den man sich durch mancherlei Vermittlung um Unterstützung wandte, der auch, obschon auf beiden Seiten damals noch viel für das spätere „Bündnis“ im Wege stand, sich bereitwillig herbeifand, einem literarischen Kollegen beizustehen. Der

Autor einer „Geschichte des Abfalls der Vereinigten Niederlande“ schien sich durchaus für eine Professur an der Universität Jena zu empfehlen. Goethe richtete daher das bekannte Promemoria vom 9. Dezember 1788 an das Geheime Conseil, worin er Schiller für eine außerordentliche Professur, „wenn auch selbige vorerst ihm ohne Gehalt conferiert werden sollte“, lobend vorschlug, zumal Serenissimus ihm bereits einige Zeit zuvor den Titel „Rat“ verliehen hatte. Nachdem auch die drei anderen Erhalterstaaten der Universität Jena - Coburg, Gotha und Meiningen - zugestimmt hatten, erfolgte die notwendige akademische Prozedur, indem im April 1789, noch immer in jenem Annus mirabilis, das Magister- und sodann das Doktordiplom für Schiller ausgefertigt wurde, so daß er bereits am 21. Mai seinen Vorlesungsanschlag anbringen lassen konnte. Am 26. Mai 1789 hielt Schiller dann seine berühmte Antrittsvorlesung: „Was heißt und zu welchem Ende studiert man Universalgeschichte?“, deren bekanntester Satz: „Die Weltgeschichte ist das Weltgericht!“ noch bis in unser Jahrhundert, nicht allein in die Moskauer Prozesse, hineinschallen sollte.

Am 13. Mai 1789 war Schiller daher bereits nach Jena übergesiedelt, im August erfolgte die offizielle Verlobung mit Charlotte, der jüngeren der beiden Schwestern, an deren Zustandekommen wohl Caroline einen Anteil hatte. Aber seine Briefe aus Jena galten nach wie vor beiden Schwestern. In einem Schreiben an Caroline allein heißt es z.B.: „In mir lebt kein Wunsch, den meine Caroline und Lotte nicht unerschöpflich befriedigen können. Und wohl mir, Theuerstes meiner Seele, wenn Ihr in mir findet, was Euch glücklich machen kann“, um dann zu dem Schluß zu kommen: „Bei allen meinen Mängeln - denn alle sollt Ihr endlich kennen - wirst Du dann immer finden, was Du einmal in mir liebtest. Meine Liebe wirst Du in mir lieben.“ Auch waren es keineswegs stets galante oder gar liebesglühende Briefe, mit denen er seiner Braut Charlotte klarzumachen suchte, was ihm auch ihre Schwester bedeutete. Indes wurde am 22. Februar 1790, nachdem der Herzog, Goethes Freund, mit zweihundert Reichstalern jährlich für eine bescheidene Existenzgrundlage für die Ehe gesorgt und die Verleihung des Hofratstitels durch den Herzog von Meiningen Schiller die Zuversicht vermittelt hatte, „daß ich meiner Frau doch wenigstens einen anständigen Rang anzubieten habe", dann geheiratet. Da beide Schwestern in den gemeinsamen Haushalt einzogen, stellte sich zufällig oder nicht die Ménage à trois her, die Goethe mit seiner „Stella" auf die Bühne gebracht hatte. Als Wieland dann 1798 seine schriftstellernde ehemalige Geliebte Sophie La Roche in sein Haus aufnahm, während Charlotte von Kalb, nach den Worten Jean Pauls, Wielands Frau „den Nutzen davon" beibrachte, zerrissen sich dieselben Weimarer Damen, die sich nicht genug über Goethes „dicke Hälfte" hermachen konnten, nicht ihr feines Mäulchen.

Doch gingen die beiden, die sich als die Krönung der klassischen Dichtung in der deutschen Geistes- und Literaturgeschichte etablieren sollten, einstweilen noch vorsichtig und mißtrauisch umeinander herum, ja suchten sich gelegentlich auszuweichen. Auch nahm Goethe von dem Dichter der Dramen „Die Räuber", „Fiesco", „Kabale und Liebe" und „Don Carlos" in den fünf Monaten nach dessen Ernennung nicht die mindeste Notiz zur selben Zeit, da er Moritz, seinen einstigen, nunmehr in Berlin arrivierten römischen Patienten, zwei Monate bei sich im vertrautesten Gedankenaustausch beherbergte. Aber Moritz, von dem Goethe damals urteilte: „Ich kann den Vorteil nicht aussprechen, den mir seine Gegenwart gegeben hat", war nur eine zufällige Episode in Goethes Werdegang, während Schiller ihm zum Schicksal werden sollte. Jedoch es sollte noch einige Zeit vergehen, die Französische Revolution ihren Paroxysmus in den täglich der Guillotine dargebrachten Menschenopfern, dieser begann mit der Hinrichtung von Ludwigs XVI. im Januar 1793, im „Jahr des Schreckens" mit ihren erfolgreichen Feldzügen im Westen Deutschlands bis zur Konsolidierung 1794 überstehen, bis Schiller, immer gezwungen von seiner literarischen Arbeit zu leben, sich an Goethe am 13. Juni 1794 mit der Bitte wandte, an seiner neuen, gemeinsam mit Fichte und Humboldt gegründeten Zeitschrift „Die Horen“ mitzuarbeiten.

Goethe zögerte nicht, ihm am 24. Juni 1794 zu antworten, Schiller eröffne ihm „eine doppelt angenehme Aussicht sowohl auf die Zeitschrift, welche Sie herauszugeben gedenken, als auf die Teilnahme, zu der Sie mich einladen. Ich werde mit Freuden und von ganzem Herzen mit von der Gesellschaft sein.“ Damit war eine mehr als zehnjährige fruchtbare Zusammenarbeit eingeleitet worden, ohne die das Werk der beiden Dichter in der Folge nicht mehr beurteilt werden kann. Bereits bei einem zufälligen Zusammentreffen der beiden beim Hinausgehen aus der „Naturwissenschaftlichen Gesellschaft“ in Jena im Sommer 1794 ergab sich ein Gespräch über die Goethe stets beschäftigende „Urpflanze“, das Goethe später als ein „glückliches Ereignis“ bezeichnet hat. Aber Schiller, inzwischen nicht allein älter, sondern auch reifer geworden, wollte es nicht bei der Zusage zur Mitarbeit und dem Zufall überlassen, die angebahnte Verbindung weiter zu festigen. Er faßte vielmehr, nach seiner sechsjährigen Zurückhaltung vor jeder Mißdeutung sicher, sogleich nach, zumal er Goethes Vereinsamung gespürt haben mochte.

In seinem berühmten Brief vom 23. August 1794, den man mit Recht ein diplomatisches Meisterstück genannt hat, zog er daher gewissermaßen „die Summe der Existenz“ von Goethe. „Lange schon habe ich, obgleich aus ziemlicher Ferne, dem Gang Ihres Geistes zugesehen und den Weg, den Sie sich vorgezeichnet haben, mit immer erneuerter Bewunderung bemerkt“, schrieb er ihm. „Von der einfachen Organisation steigen Sie, Schritt für Schritt, zu der mehr verwickelten hinauf, um endlich die verwickeltste von allen, den Menschen, genetisch aus den Materialien des ganzen Naturgebäudes zu erbauen. Dadurch, daß Sie ihn der Natur gleichsam nacherschaffen, suchen Sie in seine verborgene Technik einzudringen, eine große und wahrhaft heldenmäßige Idee, die zur Genüge zeigt, wie sehr Ihr Geist das reiche Ganze seiner Vorstellungen in einer schönen Einheit zusammenhält. Sie können niemals gehofft haben, daß Ihr Leben zu einem solchen Ziel zureichen werde, aber einen solchen Weg auch nur einzuschlagen, ist mehr wert, als jeden anderen zu endigen."

> Wer ist der glücklichste Mensch? Der fremdes Verdienst zu empfinden
> Weiß und am fremden Genuß sich wie am eignen zu freun.

So hatte noch niemand zu Goethe gesprochen, so tiefreichend konnten ihn weder Wieland noch Herder, weder Merck noch Moritz oder etwa Jacobi oder auch nur Knebel verstehen, so daß Goethe vier Tage später am 27. August Schiller antwortete: „Zu meinem Geburtstage, der mir diese Woche erscheint, hätte mir kein angenehmeres Geschenk werden können als Ihr Brief, in welchem Sie mit freundschaftlicher Hand die Summe meiner Existenz ziehen und mich durch Ihre Teilnahme zu einem emsigern und lebhafteren Gebrauch meiner Kräfte aufmuntern. Reiner Genuß und wahrer Nutzen kann nur wechselseitig sein, und ich freue mich, Ihnen gelegentlich zu entwickeln: was mir Ihre Unterhaltung gewährt hat, wie ich von jenen Tagen an auch eine neue Epoche rechne, und wie zufrieden ich bin, ohne (bisherige) sonderliche Aufmunterung auf meinem Wege fortgegangen zu sein, da es nun scheint, als wenn wir, nach einem so unvermuteten Begegnen, miteinander fortwandern müßten." Aber seine Antwort enthielt auch den Hinweis „auf eine Art Dunkel und Zaudern" bei sich selbst, „über die ich nicht Herr werden kann", womit er auch zu begründen suchte, warum er, länger als es ihm selbst lieb gewesen war, die Begegnung mit Schiller hinausgezögert hatte. Er selbst schilderte Schiller später seinerseits verständnisvoll: „Er war so groß am Teetisch, wie er es im Staatsrat gewesen sein würde. Nichts genierte ihn, nichts engte ihn ein, nichts zog den Flug seiner Gedanken ab." Ja,

Schiller, dem zu begegnen Goethe ebenso als Schicksal empfand wie später die Trennung von ihm, schien ihm erfüllt

> Von jenem Mute, der früher oder später
> Den Widerstand der stumpfen Welt besiegt,
> Von jenem Glauben, der sich stets erhöhter
> Bald kühn hervordrängt, bald geduldig schmiegt,
> Damit das Gute wirke, wachse, fromme,
> Damit der Tag dem Edlen endlich komme.

Im September 1794 kam Schiller dann auf zwei Wochen als Goethes Gast nach Weimar, wo Wilhelm von Humboldt zeitweilig ebenfalls anwesend war. In intensiven Gesprächen wurde nun der Plan einer Arbeitsgemeinschaft entworfen. Zuvor hatten bereits Gespräche eine „unerwartete Übereinstimmung" vor allem auch hinsichtlich der Theorie der Kunst offenbart, wobei Goethe, nach Schillers Worten, „auf einem ganz andern Wege als ich zu den nämlichen Resultaten" gekommen war. Sie fühlten sich programmatisch als Erben einer Kunst verpflichtet, die seit der Antike auf dem Wege zu Gott oder zu den Göttern nach Überhöhung der menschlichen Existenz gestrebt hatte. Es war ihr aufgegeben, Schönheit, Charaktere und Schicksale zu gestalten, dem Menschen als „Krone der Schöpfung" Maß und Ziel zu geben, indem sie die Natur schöpferisch noch übertraf, ohne die dunklen, tragischen Seiten des menschlichen Daseins zu unterschlagen. Wie für Goethe seine emsigen naturwissenschaftlichen Studien, so behielt für Schiller seine medizinische Ausbildung zum Arzt den Gewinn, ihm einen geschärften Blick in die individuellen Bedingungen der menschlichen Natur und ihrer Verhältnisse zu verschaffen.

Goethe faßte dieses Programm, wenn man es so nennen will, späterhin folgendermaßen zusammen: „Es ist etwas unbekanntes Gesetzliches im Objekt, welches dem unbekannten Gesetzlichen im Subjekt entspricht. Zum Schönen wird erfordert ein Gesetz, das in die Erscheinung tritt ... Das Gesetz, das in Erscheinung tritt, in der größten Freiheit, nach seinen eigensten Bedingungen, bringt das Objektiv-Schöne hervor, welches freilich würdige Subjekte finden muß, von denen es aufgefaßt wird." So hat die Attraktion des Bezüglichen wie man später die schicksalhafte Zusammenführung zweier Menschen nannte, auch wenn sie oder die Umstände sich zuvor noch so sehr dagegen gesträubt hatten, zwei Dichter buchstäblich zusammengebracht, die sich so viel zu sagen hatten, obschon sie sich ihrer großen Verschiedenheit sehr bewußt waren - ohne dies später etwa zu vergessen - und sich gerade dadurch gegenseitig in ungeahntem Maße zu fördern und zu bereichern vermochten.

Allerdings lehnte Schiller im Gegensatz zu Goethe zunächst die griechische Tragödie als dramatisches Vorbild wegen ihrer letztlich religiösen Motivation ab, weil „eine blinde Unterwürfigkeit unter das Schicksal immer demütigend und kränkend für freie, sich selbst bestimmende Wesen" sei. Doch Schiller hatte früher der Mutter der beiden Schwestern Lengefeld geschrieben, wenn ihm der Dank der Nachwelt zuteil werden sollte, „dann, meine Teuerste, freue ich mich meines Dichterberufes und versöhne mich mit Gott und meinem oft harten Verhängnis". Goethe seinerseits vermochte ihn jedenfalls nach ihrer näheren Bekanntschaft aus dem „Abgrund der Philosophie" wieder herauszureißen, in den Schiller zu versinken drohte. So kam es, wie Goethe später Eckermann berichtete, „daß er alle seine späteren Stücke Szene für Szene mit mir durchgesprochen hat". Goethe hielt eben im Grunde herzlich wenig von allen philosophischen Diskursen und beharrte Schiller gegenüber in der Diskussion über seinen „Wilhelm Meister" auf seinem „realistischen Tic" und somit auf der Bindung der Kunst an die gestalthafte Realität der menschlichen Lebenswelt, die nicht phantasievoll überspielt oder transzendiert werden dürfe:

> Fortzupflanzen die Welt sind alle vernünftigen Diskurse
> Unvermögend; durch sie kommt auch kein Kunstwerk hervor.

Als Goethe in Marienbad 1822 den ihm seit Mai 1820 bekannten Bürgermeister von Eger, Joseph Sebastian Grüner, der ihm davon vorgeschwärmt hatte, gelegentlich bat, ihm Schillers „Geschichte des Dreißigjährigen Krieges“ zur wiederholten Lektüre zu leihen, fand Grüner ihn abends wieder und bemerkte, “daß ihm die Zähren über die Wangen herabrollten“. Auf seine Frage, was mit ihm geschehen sei, antwortete Goethe nur: „Nichts, Freundchen, ich bedauere nur, daß ich mit einem solchen Manne, der so etwas schreiben konnte, einige Zeit im Mißverständnisse leben konnte.“ Schiller hatte seinerseits in seiner Frühzeit von Goethes „Iphigenie“ geäußert, dies sei das einzige deutsche Drama, das er beneide, denn er fühle, daß er kein ähnliches hervorbringen könne. Ja, 1804 sprach Schiller „mit Begeisterung von Goethes durchaus edler, aber verkannter Natur“.

Die Zusammenarbeit der beiden gestaltete sich zunächst, als Goethe in der Folgezeit von Schillers Ernennung zum Professor immer häufiger und oft monatelang nach Jena ging, wo er mehr Ruhe zum Arbeiten hatte und den erwünschten fortgesetzten Gedankenaustausch mit Schiller, überdies auch den Verkehr mit den an der dortigen Universität wirkenden Gelehrten hatte, äußerst intensiv. Dann 1804 wiederum, als Schiller die Universität verlassen und nach Weimar umgezogen war, fand er sich regelmäßig nach dem Essen bei Goethe bis zum Abend zum stundenlangen Gedankenaustausch und Planen ein. Am 6. Dezember des Jahres 1794 konnte Goethe Schiller bereits das Erste Buch seines Romans „Wilhelm Meisters Lehrjahre“ schicken, an dessen Fortgang sein neugewonnener Freund starken Anteil nahm, und in dem Mignon singt:

> Ich möchte dir mein ganzes Innre zeigen,
> Allein das Schicksal will es nicht.

Zwar hatten sich die „Horen“ als eine Publikation entwikkelt, die neuen Geistern wie den Gebrüdern Humboldt oder Schlegel sowie Fichte und anderen Stimme verlieh. Aber

Goethe suchte unbefriedigt, nachdem er sich zuvor schon gegen „literarischen Sansculottismus“ geäußert hatte und auch üble Stimmen über die „Horen“ laut wurden, nach einem Organ, um gegen ebenso zudringliche wie lästige Kritiker vorzugehen, hatte sich doch soeben sein früherer einst tyrannenhassender, nun erzkonservativer frommer Freund Fritz Jacobi mit deutlichem Bezug über jene geäußert, die Gottes in ihrem Herzen nicht inne werden könnten. Schiller hatte man sein Gedicht „Die Götter Griechenlands“ als Proklamation des Neuheidentums vorgeworfen. Während Schiller jedoch noch zögerte, um Goethe vor einer Kraft und Zeit kostenden Polemik zurückzuhalten, und das „klassische“ Wort fand: „Es war nie anders und wird nie anders werden“, war Goethe Feuer und Flamme vor Kampfeslust und riß Schiller mit. Schiller hatte bereits mit seiner literarischen Abkanzelung der Gedichte von Gottfried August Bürger schlechte Erfahrungen gemacht, obwohl sie Furore erregte, „und es ein guter Ton war, sie vortrefflich zu finden, nachdem Goethe öffentlich erklärt hatte, er wünschte Verfasser davon zu sein“. Ihm lag eben an einer Abkanzelung des „Sturm und Drang“ - und damit seiner eigenen sturm- und drangvollen Vergangenheit und bald auch der Lazarettliteratur, die da emporwucherte mit den jungen Schriftstellern, die da schrieben, „als wären sie krank“. Bald ergriff Goethe auch die Gelegenheit, mit seinem eigenen Schwager „abzurechnen“, der ihn einst über „Liebe und Begierde“ zu belehren gesucht hatte:

> Recht gesagt, Schlosser! Man liebt, was man hat, man begehrt, was man nicht hat,
> Denn nur das reiche Gemüt liebt, und das arme begehrt.

Nun werden also nicht nur die ehemaligen Freunde wie Lavater, die beiden Grafen Stolberg, Jung-Stilling und andere wie Reichardt, der Komponist vieler Lieder Goethes, sowie der alte Berliner Aufklärer und Widersacher Nicolai dem literarischen Schafott überliefert, sondern auch der alte Gleim mit seinen „stachlichten Versen“ verhöhnt und selbst Klopstock nicht verschont, insgesamt nicht weniger als achtzig Personen. Aber es wurden Kränze gewunden für Lessing und Shakespeare, ja auch für Kant und den Homer-Übersetzer Voß. Goethe hatte für die gemeinsame, bis heute nicht eindeutig jeweils dem einen oder anderen als Verfasser zuerkennende Arbeit das antike Epigramm als Form und als Namen „Xenien“, Gastgeschenke, nach dem Vorbild Martials vorgeschlagen sowie als Organ Schillers Musenalmanach für das Jahr 1797. Fichte hatte seine Studenten zu mystifizieren gesucht mit dem Spruch „die Welt ist wie sie ist, weil sie so ist“ und hatte besonders Goethe damit verärgert. So bekam auch Fichtes Wissenschaftslehre, von Schlegel, den Schiller schwäbisch-mundfertig als „Laffe“ bezeichnete, später als eines der drei großen Ereignisse der Epoche hervorgehoben, ihr Fett ab:

> Was nicht Ich ist, sagst du, ist nur ein Nicht-Ich. Getroffen
> Freund! So dachte die Welt längst und so handelte sie.

Die mit vielem Behagen vorbereiteten Pfeile verfehlten zwar nicht ihr Ziel, aber die gewünschte Wirkung. Denn die Gegner wurden nicht weniger, sondern mehr. Aus neuen Geistesströmungen und vor allem aus einer neuen Generation erwuchsen neue Gegner, nachdem der aufgewirbelte Staub sich gelegt hatte. Gerade Goethe handelte sich eine bitterböse Polemik ein, die weder vor seinen Werken, noch vor seiner Gebärde und Haltung oder gar seinem Privatleben halt machte. Goethe wollte darauf noch schärfer im nächsten „Musenalmanach“ entgegnen, doch Schiller überzeugte ihn in richtiger Beurteilung der gegebenen Verhältnisse und Personen von der Fruchtlosigkeit eines fortgesetzten Kampfes. Goethes dafür verfertigten Knittelverse, die später teilweise im „Faust“ zutage traten, wurden deshalb in den nächsten „Musenalmanach“ nicht aufgenommen. So mußte sich Goethe die Abrechnung mit den literarischen Zwergen jederlei Geschlechts, von denen es einige sogar in seiner nächsten Nähe gab, vorerst verkneifen.

> Alles schreibt, es schreibt der Knabe, der Greis, die Matrone,
> Götter erschafft ein Geschlecht, welchem das schreibende schreibt.

Zu Schillers klugem Rat, sich zurückzuhalten, trug auch das Bedürfnis bei, sich wieder intensiver seiner dramatischen Produktion zuzuwenden, mußte er selbst doch vorwiegend noch immer von seiner Feder leben. Tatsächlich gelangen ihm nun jene Werke der Reifezeit, von denen mehr noch als früher manche Zeile in die deutsche Sprach- und Gedankenwelt geradezu sprichwörtlich eingegangen ist. In fieberhafter Arbeit gestaltete er so, nachdem er durch Goethes Vermittlung noch weitere Förderung für seine Arbeit in Weimar gefunden hatte, als ahnte er seinen frühen Tod, seine Dramen „Wallenstein", „Maria Stuart", „Die Jungfrau von Orleans", in der Schiller sein Menschenbild mit den Versen „Der Mensch ist der lebendig Fühlende, der leichte Raub des mächtigen Augenblicks" festgehalten hat, und „Die Braut von Messina". Goethe, der seit 1791 Theaterdirektor war, brachte sie sämtlich, im Ganzen vielhundert Mal, auf die Bühne, indem er sich zumeist nicht nur als Regisseur um sämtliche Einzelheiten, sondern auch um die Auswahl und Ausbildung der Schauspieler für die betreffenden Rollen kümmerte.

Von allen Dramen seiner Reifezeit ist wohl Schillers „Wallenstein" am meisten von der Schicksalsidee erfüllt, wenn er sich zuweilen auch das Weltgetriebe vergleichbar „einem possenhaften Lottospiel" von „Glück und Unglück" vorstellte, weshalb dann schließlich „Sterben ist der langen Narrheit Ende". Allerdings befragt der zunächst allmächtig scheinende kaiserliche Feldherr, selbst sternengläubig, schließlich „des Schicksals Sterne" mit Hilfe seines Astrologen, der ihm die noch heute die in jenem Berufsstand übliche professionelle

Ermahnung erteilt: „Die Sterne lügen nicht!" Schiller sah seine Aufgabe als Dramatiker als Darstellung eines Weltmodells im verkleinerten Maßstab: „Wir Menschen stehen vor dem Universum wie eine Ameis vor einem großen majestätischen Palaste. Es ist ein ungeheures Gebäude, unser Insektenblick verweilet auf diesem Flügel und findet vielleicht diese Säulen übel angebracht; die Augen eines bessern Wesens umfaßt auch den gegenüberstehenden Flügel und nimmt dort Statuen und Säulen gewahr, die ihren Kamerädinnen hier symmetrisch entsprechen. Aber der Dichter male mit Ameisenaugen und bringe auch die andere Hälfte in unsern Gesichtskreis verkleinert herüber. Er bereite uns von der Harmonie des Kleinen auf die Harmonie des Großen, von der Symmetrie des Kleinen auf die Symmetrie des Ganzen und lasse uns letztere in der erstern bewundern. Ein Versehen in diesem Punkt ist eine Ungerechtigkeit gegen das ewige Wesen, das nach dem unendlichen Umriß der Welt, nicht nach den einzelnen herausgehobenen Fragmenten beurteilt sein will." Hieraus leitete Schiller das Konzept des Theaters als einer der Philosophie gleichberechtigten Instanz der Darstellung und Erklärung der Welt ab. Hieß es zunächst nur: „Der Zug des Herzens ist des Schicksals Stimme", so wurde dann schließlich daraus die Erkenntnis:

> Recht stets behält das Schicksal, denn das Herz
> In uns ist sein gebietrisches Vollziehen.

Das Rätsel der Welt oder das Gefüge des irdisch-menschlichen Geschehens gleicht in dieser Sicht einem verschlungenen Fadengewirr menschlicher Entschlüsse und Handlungen mit vielen daran hängenden scheinbaren Endfäden ohne Sinn und Bezug auf den Zusammenhang des Ganzen. Nur wer die „wirklichen" herausfände, um daran womöglich zu ziehen, könnte dieses Welträtsel entwirren. Dieses Ganze erscheint dann wie das Ergebnis sich bekämpfender Absichten und Interessen, während es doch oft genug sich als das Spiel von

Zufall und Schicksal darstellt als das im voraus Unberechenbare, Hinzukommende, Entscheidende und keineswegs nur als Unbestimmtheit, Wirrnis und Chaos. Auf diese Weise gerät dann das Schauspiel als die „Darstellung menschlicher Schicksale“ über ein verkleinertes Abbild des Universums hinaus zu einem Totengericht, wobei auch Schiller die Mischung von Tragischem und Komischem von Shakespeare als die ideale dramatische Präsentation vorschwebte. Allerdings folgte seine Dramatik entgegen anfänglichem Widerstreben späterhin - besonders ausgeprägt in „Die Braut von Messina“ und dem hinterlassenen Fragment „Demetrius“ - auch dem antiken Muster. Er hatte dafür brieflich mit Goethe Maßstäbe entwickelt, die vom Epos und sogar der antiken Tragödie weiter führten und entdeckte die Nemesis als durch menschliches Handeln ausgelöste historisch-transindividuelle Kräfte, die ihn zu dem Resultat führten:

> Auch des Menschen Tun
> Ist eine Aussaat von Verhängnissen,
> Gestreuet in der Zukunft dunkles Land,
> Den Schicksalsmächten hoffend übergeben.

Infolgedessen gelangte Schiller zu der Schlußfolgerung, den Zufall als letzte Ursache für den Sturz und Untergang des tragischen Helden auszuschließen und vermochte so seinen Wallenstein, der beim „ersten Schritt“ frei ist, dann aber unter dem Zwang der sich daraus ergebenden Konsequenzen, der verwandelten Konstellation steht und sich fragt: „Wär's, möglich? Könnt' ich nicht mehr, wie ich wollte?“, in das Umfeld eines einzigartigen politischen Realismus hineinzustellen. Auch hierher paßt Goethes späteres Urteil: „In diesem Sinne ist der Monolog Wallensteins gleichsam die Achse des Stücks.“ Gerade dadurch, daß Wallenstein mit viel Geschick und aller Kraft sein Schicksal zu wenden sucht, löst er die Nemesis aus, denn es zeigt sich, nach den Worten Goethes, „daß alle Verhältnisse unzerstörlich sind, die das Schicksal beschlossen hat". Das aber ist das dem antiken Vorbild folgende Muster der Tragödie, das subjektive Schicksal des einzelnen wird zum objektivierten Paradigma des Schicksals „an sich". Diese objektivierende Transzendierung ist Schillers eigentliches dramatisches Meisterstück.

> Sie sieht den Menschen in des Lebens Drang
> Und wälzt die größre Hälfte seiner Schuld
> Den unglückseligen Gestirnen zu.

In „Die Braut von Messina", 1802 begonnen und am 19. März 1803 in Weimar uraufgeführt, vielfach als ein Ausnahmewerk Schillers bezeichnet, erlebt die Konzeption des antiken Vorbildes mit seiner unschuldigen verhängnisvollen Schuld der Akteure ihren Höhepunkt, obschon zu „der einfachen Tragödie, nach der strengsten griechischen Form", kein Weg zurückführen konnte. Die Verletzung göttlicher Ordnung verstrickt die Protagonisten in ein undurchschautes und undurchschaubares Schicksal, das sie schließlich dem Verhängnis anheimfallen läßt. Die - aus der Antike bekannte - Geschichte zweier feindlicher Brüder, die sich in der Schillerschen Fassung ihrer schließlichen Versöhnung darüber klarwerden, dieselbe Frau, die sich auch noch als ihre Schwester herausstellt, zu lieben, glich mehr den gerade in Mode gekommenen „Schicksalsdramen" als einem Musterbeispiel der von Schiller im ständigen Diskurs mit Goethe entwickelten Schauspielkonzeption. Schon am 20. April 1799, so berichtete Goethe später, kamen „Die feindlichen Brüder" zur Sprache. Am letzten Abend des Jahres 1802, wie sich Caroline, Schillers Schwägerin - nunmehr verheiratete Wolzogen -, erinnerte, „las Schiller uns ‚Die Braut von Messina' vor". Vier Wochen vor der durch Goethe sorgfältig einstudierten Inszenierung im folgenden Jahr begannen die Proben.

Erst war es die Absicht Schillers, die dem antiken Vorbild nachgebildeten Chöre des Dramas sogar die größeren Reden unisono sprechen zu lassen. Er überzeugte sich aber bald, daß dies nur zur Undeutlichkeit führen müßte, weil der strenge Rhythmus der Sprache nicht eingehalten werden könnte. Das Theater war bei der Erstaufführung gedrängt voll, und mit jedem Akt steigerte sich der Beifall. Am Schluß des vierten Aktes kamen dann die dem Ganzen Sinn und Richtung verleihenden Verse:

> Wenn die Wolken getürmt den Himmel schwärzen,
> Wenn dumpf der Donner hallt,
> Da, da fühlen sich alle Herzen
> In des furchtbaren Schicksals Gewalt!

In diesem Augenblick setzte der Himmel tatsächlich den Akzent, denn ein furchtbarer Donner brach los, der das ganze Gebäude erzittern ließ. Der Eindruck, den dies sowohl auf die Schauspieler als auch auf das Publikum ausübte, muß unbeschreiblich eindringlich gewesen sein, denn es trat, wie einer der Protagonisten berichtet hat, „eine beinahe fürchterliche Stille in dem Hause" ein, „man hörte keinen Atem und sah nur todbleiche Gesichter". Am Schluß der Vorstellung aber war Schiller „sehr erfreut und gerührt, und in der letzten Szene, als man den toten Prinzen getragen bringt", sagte er: „Das ist nun doch wirklich ein Trauerspiel." Dann ging er auf die Bühne und dankte allen Mitwirkenden. Ob er auch dieses Mal, wie es seine Gewohnheit war, alle Schauspieler mitsamt seinen Angehörigen und Goethe, obgleich er nicht wohlhabend war, zu einem munteren Abendessen ins Stadthaus einlud, wo dann üblicherweise gesungen, gescherzt und nach Schauspielerart „Kurzweil" getrieben wurde, wissen wir nicht. Der Jenaer Privatdozent und Literarhistoriker Johann Gottfried Gruber, späterhin Professor in Wittenberg und Halle, berichtet jedenfalls aus eigener Anschauung: „Da erwachte seine alte Jovialität, und da war er sehr fröhlich mit den Fröhlichen. Sein vertrautes Verhältnis mit Goethe hatte einen sehr günstigen Einfluß auf seine Erheiterung und freiere Mitteilung."

Im August 1797 hatte Goethe, zunächst begleitet von Christiane und seinem Sohn, die am 7. des Monats nach Weimar zurückkehrten, noch schöne Wochen in seiner Vaterstadt verlebt. Zum letzten Mal traf er dabei mit seiner Mutter zusammen. Indes machte sich Schiller nach Vollendung des „Wilhelm Tell“, angeregt auch durch äußere Umstände und Suche nach einem neuen Stoff, an die Arbeit seines „Demetrius“. Bereits am 20. August 1799 hatte er Goethe geschrieben, er interessiere sich für die Problematik eines Betrügers, der als zu seiner Rolle geboren erscheinen und sie sich so sehr zu eigen machen müsse, daß mit denen, die ihn als Werkzeug zu gebrauchen gedächten, interessante Konflikte entstünden. Nach der „Braut von Messina“ wollte er nun den tragischen Helden schicksalhaft in das Zentrum des Geschehens rücken. „Demetrius wird eine tragische Person, wenn er durch fremde Leidenschaften wie durch ein Verhängnis, dem Glück und dem Unglück zugeschleudert wird und bei dieser Gelegenheit die mächtigsten Kräfte der Menschheit entwickelt, auch die menschliche Verderbnis zuletzt erleidet.“ Die Abenteuerlichkeit der widerspruchsvollen Geschichte dieses russischen Thronprätendenten reizten ihn mitsamt der erneuten Aufnahme Shakespearscher Gestaltungsmittel trotz ihres inneren Widerspruchs zur klassischen Tragödie, hatte er sich doch eben erst wieder intensiv mit dem „Ödipus Tyrann“ von Sophokles beschäftigt. Allerdings konnte er nur noch wesentliche Partien des ersten Aktes und Teile des zweiten ausführen. Oft sind hieraus die Verse des ehemaligen Bewunderers und Ehrenbürgers der Großen Französischen Revolution zitiert worden, in denen er erklärte: „Mehrheit ist Unsinn; Verstand ist stets bei wen'gen nur gewesen“ und „Der Staat muß untergehn, früh oder spät, wo Mehrheit siegt und Unverstand entscheidet“. Aber hatte nicht auch Goethe selbst sich über das „Goldene Zeitalter“, das unter verschiedenen Namen wechselnde Menschen heraufzuführen sich unterfangen, ironisch geäußert:

Ob die Menschen im Ganzen sich bessern? Ich glaub
es, denn einzeln

Suche man, wie man auch will, sieht man doch garnichts davon.

Jedenfalls wollte Goethe zunächst nach dem Tode Schillers, den der „Demetrius“ noch auf seinem Totenbett beschäftigt hatte, das Schauspiel seines Freundes vollenden. „Als ich mich ermannt hatte, blickt' ich nach einer entschiedenen großen Tätigkeit umher; mein erster Gedanke war, den ‚Demetrius‘ zu vollenden. Von dem Vorsatz an bis in die letzte Zeit hatten wir den Plan öfters durchgesprochen.“ So habe er alle Stücke Schillers, beginnend mit dem „Wallenstein“, intensiv mit Schiller erörtert und bis ins einzelne besprochen. „Indem ihn ein Ereignis vor dem andern anzog, hatte ich beirätig und mittätig eingewirkt, das Stück war mir so lebendig als ihm. Nun brannt' ich vor Neugierde, unsere Unterhaltung, dem Tode zum Trotz, fortzusetzen, seine Gedanken, Ansichten und Absichten bis ins einzelne zu bewahren, und ein herkömmliches Zusammenarbeiten bei Redaktion eigener und fremder Stücke hier zum letzten Mal auf ihrem Gipfel zu zeigen.“ Allein, Goethe mußte diese selbstübernommene Aufgabe schließlich unvollendet aufgeben. Er spürte, daß er selbst mit dem Hinscheiden seines Freundes an einer Wende des eigenen Lebens stand. „Ich dachte mich selbst zu verlieren und verliere nun einen Freund und in demselben die Hälfte meines Daseins“ schrieb er Zelter nach Berlin. Wir wissen nicht, wie er die letzten Verse seines dahingegangen Freundes, die er Demetrius im Gefängnis aussprechen läßt, bewertet hat:

So hältst du meiner Hoffnung Wort, o Schicksal!
Mit vollen Segeln lief ich in das Meer
Des Lebens, unermeßlich lags vor mir,
Es dehnte allgewaltig sich die Brust,
Als wollte sie ein ewiges umfassen ...
Was hilft die Klage? Gieb dich in dein Schicksal!

Zuvor hatten sie noch, Schiller war am 3. Dezember 1799 endgültig nach Weimar übergesiedelt, auf dessen Initiative, wohl im Vorgefühl, daß er nicht mehr lange leben würde, es unternommen, gemeinsam das neue Jahrhundert zu begrüßen. Infolgedessen verlebten die beiden Freunde damals in einer Sylvesterfeier mit Champagner und einem bedeutsamen Gespräch zusammen mit Schelling die Jahrhundertwende. Der damals noch junge Philosoph, der 1790 in das Tübinger Stift eingetreten war und dort Freundschaft mit Hölderlin und Hegel geschlossen hatte, erhielt 1798 auf Goethes Befürwortung hin in Jena eine Professur neben Fichte und entwickelte sich bald zum Philosophen der Romantik. Seine „Ideen zu einer Philosophie der Natur“ von 1797 stellen die Natur und den Geist als gleichwertig und schließlich identisch dar. Goethe hatte dieses Werk im Januar und Februar 1798 bereits in seinem Briefwechsel mit Schiller erörtert und empfand auch die anderen frühen Schriften Schellings als geistesverwandt, ja fast wie eine Vorwegnahme eigener Gedanken. Der rege Gedankenaustausch zwischen ihnen wurde dann brieflich fortgesetzt, so daß Goethe seinen Weggang 1803 nach Würzburg bedauerte. Das hinderte ihn nicht, Schellings Neigung zur Mystik sehr zu mißbilligen. Schließlich sprach er sich in der Wende von 1816 auf 1817 dann entschieden gegen eine Rückberufung Schellings aus. Dies hat übrigens Schelling nicht gehindert, in seiner Akademierede über „Faraday‘s neueste Entdeckung“ rühmende Worte für Goethe und seine Naturauffassung zu finden.

Wenn er auf das vergangene Jahrhundert zurückblickte, so hatte auch Goethe einst geglaubt, man könne das Schicksal von Staaten, gelenkt von Staatsmännern, aus objektiven Tatsachen und Angaben erschließen. „Die Einkünfte der Länder nehmen wir aus Taschenbüchern und Tabellen, die, wie bekannt, die zuverlässigsten Dokumente sind. Darauf gründen wir unsere politischen Räsonnements; an Seitenblicken auf die Regierungen soll's nicht fehlen.“ Im Fürstendienst groß geworden, hielt er fest: „Ein paar Fürsten beschreiben wir als wahre Väter des Vaterlandes, damit man um so eher glaubt, wenn wir einigen andern etwas anhängen." Und zu Kanzler Müller sagte er noch kurz vor seinem Tode: „Ich hasse alle Pfuscherei wie die Sünde, besonders aber die Pfuscherei in Staatsangelegenheiten." Auch hinsichtlich der durch die Revolution ausgelösten Kriege hatte er schon am 6. Februar 1790 nach Berlin geschrieben, daß der „eigentliche Zweck des Krieges nur der Friede sein kann" und nahm damit den späteren Kerngedanken von Clausewitz vorweg. Später bekannte Goethe, es habe ihm große Mühe bereitet, die Revolution, „dieses schrecklichste aller Ereignisse dichterisch zu bewältigen". Ja, wenn er die Summe des abgelaufenen Jahrhunderts zog, so konnte er nicht umhin festzustellen: „Bei seinen großen Verdiensten hegte und pflegte es manche Mängel und tat den vorhergehenden Jahrhunderten, besonders den weniger ausgebildeten, gar mannigfaltiges Unrecht. Man kann es in diesem Sinne wohl das selbstkluge nennen, indem es sich auf eine gewisse klare Verständigkeit sehr viel einbildete und alles nach einem einmal gegebenen Maßstab abzumessen sich gewöhnte." Was nun gar die Jahrhundertwende anbelangte, so hieß es:

Eine große Epoche hat das Jahrhundert geboren,
Aber der große Moment findet ein kleines Geschlecht.

Am 2. Januar 1800 schrieb Goethe seinem Freund Jacobi die denkwürdigen Zeilen über seine einschlägige poetische Produktion: „Dabei kam mir zustatten, daß ich von jeher, beim Anschauen der Gegenstände, auf dem genetischen Weg mich am besten befand, so daß es mir nicht schwer werden konnte mich zu der dynamischen Vorstellungsart, welche uns bei der Betrachtung der Natur so herrlich fördert, zu erheben." Am 3. Januar 1800 aber erkrankte Goethe schwer und konnte nicht mehr ins Bett, weil er durch einen Krampfhusten verbunden mit einer Blatterrose in einer aufrechten Stellung bewahrt werden mußte, um nicht zu ersticken. Alles wurde noch verkompliziert durch ein verschwollenes Antlitz und den verengten Hals. Dabei war sein linkes Auge wie eine Nuß angeschwollen und ließ Blut und Eiter heraustreten. Ja, der Patient phantasierte, so daß man an seinem Aufkommen zweifelte. Auf die Nachricht davon weinte Charlotte, die ihrem Geliebten erstmals zu verzeihen geneigt war, gemeinsam mit Frau Schiller bitterlich. Welch seltsames Zusammentreffen, daß auch Schiller selbst zu jener Zeit schwer erkrankte und die ersten Anzeichen des nahenden Todes erkennen ließ.

Beide genasen und Goethe war zudem in seine Reifezeit, die wir von 1797 bis 1817 datieren können, eingetreten. Im September 1803 traf Friedrich Wilhelm Riemer in Weimar ein, er wurde Hauslehrer von Goethes Sohn und bald Goethes Sekretär und Hausgenosse. Im Dezember desselben Jahres starb dann Herder und mit ihm ging ein Lebensabschnitt Goethes dahin. Am Weihnachtstag empfing er, eben aus Jena zurück, geehrt als Mittagsgast Anne Louise Germaine de Staël-Holstein, deren „Essais sur les fictions" er 1796 für die „Horen" übersetzt hatte. In ihrer Begleitung befand sich Benjamin Constant. Sie hielt sich längere Zeit in Weimar auf und verarbeitete die von Goethe gewonnenen Eindrücke in ihrem Werk „De l'Allemagne" von 1813, das wesentlich dazu beitrug, den Dichter und sein Œuvre in Frankreich bekannt zu machen. Sowohl Goethe als auch Schiller gewannen indes den Eindruck, dieser Gast suche in Deutschland eine altertümliche Welt, das Klischee eines Deutschland mit alten Fichten und Eichen, wie Goethe sarkastisch bemerkte. Man fühlte sich gestört und herausgefordert, gewissermaßen die alten Teppiche als Gastgeschenk und die verrosteten Waffen zur Verteidigung herauszuholen. Die Weimarer, insbesondere die Gelehrten, aber auch Schiller kamen schwer mit ihr zurecht. Goethe schien es hingegen leichter zu werden, obwohl er sie nicht mochte. Er gab, wie ein Beobachter berichtet, zur ersten Antwort immer eine plaisanterie, und wenn sie sich nicht darüber amüsierte, so gewann er doch Zeit, ihr passend zu antworten. Mit ihr begann gewissermaßen der nicht abreißende Besucherstrom, der die Weimarer europäische Berühmtheit unbedingt aufsuchen und besichtigen wollte.

Am 3. August vermählte sich der Weimarer Erbprinz Carl Friedrich in St. Petersburg mit der Großfürstin Maria Pawlowna, Zarentochter und späterhin Zarenschwester, die viel Gutes für Weimar bewirken und mit Goethe in ein freundlich-wohlwollendes Verhältnis treten sollte. Das kleine Weimar war nun durch Familienbande und politisch mit der Großmacht Rußland verbunden. Der Einzug des jungen Paares wurde feierlich gestaltet mit einer Aufführung von Schillers Festspiel „Huldigung der Künste“. Als später im Dezember 1818 nach Schillers Tod die Zarinmutter, Maria Feodorowna, eine geborene württembergische Prinzessin, für mehrere Wochen ihre Tochter, die Erbgroßherzogin Maria Pawlowna in Weimar besuchte, lieferte dies für Goethe den Anlaß, wunschgemäß einen Maskenzug dergestalt zu inszenieren, „daß dabei einheimische Erzeugnisse der Einbildungskraft und des Nachdenkens vorgeführt und auf die vieljährig und mannigfaltig gelungenen Arbeiten beispielsweise hingedeutet“ würde. Es war das letzte Mal, daß er einen solchen Maskenzug gestaltete. Später, als das junge Fürstenpaar die Nachfolge seines verstorbenen Freundes angetreten hatte, erschien einmal in der Woche Maria Pawlowna bei ihm, zuweilen von ihrem Mann begleitet.

Am 13. September 1804 wurden alle Geheimen Räte zu Wirklichen Geheimen Räten befördert und erhielten das Prädikat „Exzellenz“, mit dem sich nun auch Goethe schmücken konnte. Er hat dies zweifellos auch deswegen geschätzt, weil es ihm die gewünschte soziale Distanz vor allzu zudringlichen Zeitgenossen verschaffte. Das Jahr 1805, das Jahr des Abschieds, zog herauf. In den ersten Monaten des Jahres wurde Goethe wiederholt von schweren Erkrankungen heimgesucht, so auch von einer Nierenkolik. Ende Januar erkrankte wiederum auch Schiller, der Goethe als sich sein Zustand besserte noch besuchte. Zwischen März und Mai erlitt Schiller jedoch böse Rückfalle, die seinen Zustand gravierend verschlimmerten. Am 20. April konnte Goethe seinem Freund noch brieflich die Vollendung – „in doloribus pinxit“ - seines Werkes „Winckelmann und sein Jahrhundert“ mitteilen und ihm am 1. Mai seinen letzten Besuch abstatten.

Am 9. Mai 1805 um drei Uhr nachmittags starb Schiller. Niemand wagte, Goethe dies mitzuteilen. Selbst nierenkrank darniederliegend ahnte er: „Ich merke es, Schiller muß sehr krank sein.“ Und weiter: „Das Schicksal ist unerbittlich und der Mensch wenig.“ Seine Frau hielt die traurige Nachricht noch bis zum nächsten Morgen zurück. Erst auf seine Frage: „Nicht wahr, Schiller war gestern sehr krank“, brach sie in Tränen aus. „Er ist tot“, sagte Goethe dumpf, wandte sich seitwärts, schlug die Hände vor die Augen und weinte lautlos und bitterlich. Schiller blieb für ihn „der letzte Edelmann“ unter den deutschen Schriftstellern, sein „Wallenstein“ sei so groß, daß es etwas Ähnliches nicht leicht gäbe. Er hatte mehr als einen Freund, er hatte den einzigen Menschen verloren, mit dem er seine ihn innerlich am meisten beschäftigenden Probleme von gleich zu gleich besprechen konnte. In seinem Epilog zu Schillers „Glocke“, faßte er gleichsam das Thema von Werk und Leben des dahingegangenen Freundes zusammen, indem er beschwor

> ... das Schicksal, das gewaltig,
> Von Tag zu Nacht die Erdenachse dreht.

Anläßlich eines Berichts über musikalische Veranstaltungen in Berlin äußerte Goethe später rückblickend auf die gemeinsame Zeit mit Schiller: „Das waren gute Zeiten; da hatten wir noch Hoffnungen, da lebte Schiller noch. Er war ein vortrefflicher Mann. Ich habe nie ein leeres Wort aus Schillers Munde gehört.“ Er rühmte immer wieder Schillers große Produktivität in einer „unsäglich“ kurzen Lebensspanne bei so großer Kränklichkeit. Die Parze hatte, wie ihm bewußt war, einen Lebensfaden zerschnitten und damit für ihn selbst unwiderruflich einen Lebensabschnitt beendet. Am 10. August 1805 veranstaltete er in Lauchstädt jene szenische Aufführung von der „Glocke“ mit dem von ihm selbst dafür verfaßten Epilog. Der Plan einer Dichtung „Schillers Totenfeier“ blieb indes bis auf andeutende Entwürfe unausgeführt.

> Die, zum großen Leben,
> Befugten Elemente wollen sich
> Nicht wechselseitig mehr, mit Liebeskraft,
> Zu stets erneuter Einigkeit umfangen.
> Sie fliehen sich und, einzeln, tritt nun jedes,
> Kalt, in sich selbst zurück.

Mit Schillers Tod begann jedenfalls für Goethe eine große Lebens- und Schaffenskrise, die durch äußere Ereignisse zwar nicht ausgelöst, aber von ihnen in Mitleidenschaft gezogen wurde. Sie endete mit seiner zunehmenden Vereinsamung, die er selbst als Entsagung umschrieb. Goethes durch Selbstmord geendeter Freund Merck, wohl sein einfühlsamster Kritiker, hatte ihm einst gesagt: „Was du lebst, ist besser, als was du schreibst.“ Ja, gegen Ende seines Lebens meinte Goethe, sein Leben sei „ein einzig Abenteuer“ gewesen. Jedenfalls ist viel von Goethes eigenem Leben in seinem Roman „Wilhelm Meisters Wanderjahre“ enthalten, den er bereits 1776 als „Wilhelm Meisters theatralische Sendung“ zu entwerfen begonnen hatte. Später fallengelassen, nahm er ihn unter dem zuvor mitgeteilten Titel wieder auf. Ende 1789 war ein großer, umgearbeiteter Teil davon fertig, das Ganze kam aber nur langsam voran. Schillers anfeuernde Teilnahme, sein Antreiben und seine Begeisterung hatten Goethe instand gesetzt, den Roman voranzubringen und endlich 1796 zu vollenden. Es ist möglich, daß Goethe zunächst daran gedacht hat, in dem Roman ganz die verklausulierte Geschichte seines Lebens darzustellen, sagte er später doch davon: „Ich sollte meinen, ein reiches, mannigfaches Leben, das an unseren Augen vorübergeht, wäre auch an sich etwas ohne ausgesprochene Tendenz.“ Aber wahrscheinlicher ist vielleicht noch, daß er durch die vorgenommene Auslese in diesem Bildungsroman eine ihm selbst möglicherweise unbewußte Tendenz verfolgte.

Schon „Wilhelm Meister“ fragt sich manchmal, ob uns nicht „in der Jugend wie im Schlafe die Bilder zukünftiger Schicksale umschweben und unserm unbefangenen Auge ahnungsvoll sichtbar werden? Sollten die Keime dessen, was uns begegnen wird, nicht schon von der Hand des Schicksals ausgestreut, sollte nicht ein Vorgenuß der Früchte, die wir einst zu brechen hoffen, möglich sein?“ Die Hülle der Jugend, die uns umgibt, bevor uns Schicksal oder Zukunft hinaustreibt, „ist die schöne Hülle über der jungen Knospe; Unglücks genug, wenn wir zu früh herausgetrieben werden. Gewiß ist es gut, wenn wir die nicht kennen, für die wir (dann) arbeiten.“ Schlimm genug ist es, wenn endlich Unglück oder Krankheit uns das reine Gefühl der Jugend geraubt haben und uns den Blick „auf die Vergänglichkeit, auf das Zerstückelte unseres Daseins“ eröffnet haben. Denn, so reiht sich gleichsam daran der Gedanke, „niemand glaube, die ersten Eindrücke der Jugend überwinden zu können“. Ja, oft scheint es uns so, als „sollte die bequeme Göttin Gelegenheit das Bäumchen schütteln, so würde die Frucht sogleich herabfallen“. Hingegen verheißt Wilhelm, übrigens der Vorname des großen Briten, den Goethe als „Will of all Wills“ einst gefeiert hatte, als der Daimon ihm gewissermaßen zugeraunt hatte: „Weder Irdisches noch Unterirdisches kann gelingen, was dem Schicksal allein vorbehalten ist. Die Gerichtsstunde kommt. Das Böse fällt mit dem Guten. Ein Geschlecht wird weggemäht, und das andere sprießt auf.“ Auch dies ist antikes Erbe, hatte Goethe doch in der „Ilias“ (VI, 146-149), jenem großartigen Homer zugeschriebenen Epos, das der Odyssee vorangeht, jene, einer ethnischen Urreligion angehörende Stelle, die wiederum eine Parallele im Alten Testament findet, auch gelesen:

> Gleich wie Blätter im Walde, so sind die Geschlechter der Menschen;

Blätter verweht zur Erde der Wind nun, andere treibt dann
Wieder der knospende Wald, wenn neu auflebet der Frühling
So der Menschen Geschlecht, dies wächst und jenes verschwindet.

Auf jene Bemerkung im Roman entgegnet der „alte Abbé“, gewissermaßen die Inkarnation der Rückbindung der irdischen an die transzendente Weisheit: „Leider höre ich schon wieder das Wort Schicksal von einem jungen Mann aussprechen, der sich eben in einem Alter befindet, wo man gewöhnlich seinen lebhaften Neigungen den Willen höherer Wesen unterzuschieben pflegt.“ Daraufhin wird er gefragt: „So glauben Sie kein Schicksal? Keine Macht, die über uns waltet und alles zu unserem Besten lenkt?“ Der alte Abbé weist die Frage ab und erklärt: „Es ist hier nicht die Frage von meinem Glauben … hier ist die Frage, welche Vorstellung zu unserem Besten gereicht“ und bekennt die Auffassung, daß das Gewebe der Welt eben aus Notwendigkeit und Zufall bestehe. Ja, das meiste, so scheint es anfangs, was einem in der Welt begegnet, rechtfertigt die Meinung: „Zeigen viele Begebenheiten im Anfange nicht einen großen Sinn, und gehen die meisten nicht auf etwas Albernes hinaus?“ Dazu paßt die Erfahrung, der Mensch komme manchmal, „indem er sich einer Entwicklung seiner Kräfte, Fähigkeiten und Begriffe nähert, in eine Verlegenheit, aus der ihm ein guter Freund leicht helfen könnte. Er gleicht einem Wanderer, der nicht weit von der bisherigen Herberge ins Wasser fällt; griffe jemand gleich zu, risse ihn ans Land, so wäre es … getan, anstatt daß er sich auch wohl lebt, aber am jenseitigen Ufer hilft und einen beschwerlichren weiten Umweg nach seinem bestimmten Ziele zu machen hat.“

Wem zu glauben ist, redlicher Freund, das kann ich dir sagen:
Glaube dem Leben; es lehrt besser als Redner und Buch.

Gewiß sind die Existenzen fremder Menschen die besten Spiegel, worin wir unsere eigene erkennen können. Ja, die Geschichte eines Menschen ist sein Charakter. Hatte nicht Goethes Freund Schiller erklärt: „In Deiner Brust sind Deines Schicksals Sterne." Es war eben sehr die Frage, ob sein Charakter, die Sterne oder sein Schicksal Wallenstein ins Verhängnis geführt hatten. Tröstlich erscheint dann der Vergleich: „Wenn nur die Menschen wie die Vögel wären, die ohne sich um Zufall oder Schicksal zu kümmern, spinnen und weben, sich nähren und singen und ihr kleines kurzes Leben führen." Am Ende mag man sich dann, wenn man am Ziel seiner Wünsche angelangt zu sein glaubt, die Selbstverwirklichung allen Anfeindungen zum Trotz verwirklicht zu haben meint, die Frage stellen: „Und muß ich nicht das Schicksal verehren, das mich ohne mein Zutun hierher an das Ziel aller meiner Wünsche führt? Geschieht nicht alles, was ich mir ehemals ausgedacht und vorgesetzt, nun zufällig ohne mein Mitwirken?" Aber ist das nun die Meinung „Wilhelm Meisters" oder die von Goethe, der sich immer bemühte, auf „das liebe innere Ding" zu hören?

> Verweilst du in der Welt, sie flieht als Traum,
> Du reisest, ein Geschick bestimmt den Raum;
> Nicht Hitze, Kälte nicht vermagst du fest zu halten,
> Und was dir blüht, sogleich wird es veralten.

Daraufhin ergibt sich gleichsam wie von selbst die Frage: „Waren Sie niemals in dem Falle, daß ein kleiner Umstand Sie veranlaßte, einen gewissen Weg einzuschlagen, auf welchem bald eine gefällige Gelegenheit Ihnen entgegen kam, und eine Reihe von unerwarteten Vorfällen Sie endlich ans Ziel brachte, das Sie selbst noch kaum ins Auge gefaßt hatten? Sollte das nicht Ergebenheit in das Schicksal, Zutrauen zu einer solchen Leitung einflößen?" Die Antwort des welterfahrenen Abbé darauf läßt nicht auf sich warten: „Mit diesen Gesinnungen könnte kein Mädchen ihre Tugend, niemand sein Geld im Beutel behalten; denn es gibt Anlässe genug, beides los zu werden. Ich kann mich nur über den Menschen freuen, der weiß, was ihm und andern nütze ist, und seine Willkür zu beschränken arbeitet. Jeder hat sein eigenes Glück unter den Händen wie der Künstler eine rohe Materie, die er zu einer Gestalt umbilden will. Aber es ist mit dieser Kunst wie mit allen: nur die Fähigkeit dazu wird uns angeboren, sie will gelernt und sorgfältig ausgeübt sein." So gipfelt denn der Roman gewissermaßen in der selbstverantwortlichen Erkenntnis: „Tätig zu sein ist des Menschen erste Bestimmung!"

Der naive Mensch glaubt ja zunächst stets Herr seines Tuns zu sein. Aber auch der intelligentere meint gewöhnlich, wenn er an sein Ziel gelangt ist, alles seinem eigenen tüchtigen Tun und seinem geschickten Handeln zu verdanken, ungeachtet der Zufälle, die ihm halfen, geschweige denn die Etappen des Schicksals, das ihn etwa denen begegnen ließ, die ihm förderlich, ja vielleicht entscheidende Wegbereiter waren, aufrichtig einzuschätzen. Doch man wird älter und muß auf eigenen Beinen stehen. „Mit den Jahren steigern sich die Prüfungen." Allerdings mehren sich auch die Erfahrungen. „Freilich erfahren wir erst im Alter, was uns in der Jugend begegnete. Wir lernen und begreifen (jedoch) ein für alle mal nichts!" Jedenfalls findet sich in „Wilhelm Meisters Lehrjahre" der diese Überlegungen alle gewissermaßen zusammenfassende Ausspruch, der dem alten Abbé in den Mund gelegt wird: „Das Gewebe dieser Welt ist aus Notwendigkeit und Zufall gebildet; die Vernunft des Menschen stellt sich zwischen beide und weiß sie zu beherrschen; sie behandelt das Notwendige als den Grund ihres Daseins; das Zufällige weiß sie zu lenken, zu leiten und zu nutzen, und nur, indem sie fest und unerschütterlich steht, verdient der Mensch, ein Gott dieser Erde genannt zu werden. Wehe dem, der sich von Jugend auf gewöhnt, in dem Notwendigen etwas Willkürliches finden zu wollen, der dem Zufälligen eine Art von Vernunft zuschreiben möchte, welcher zu folgen sogar eine Religion sei."

Wie glücklich muß man jedenfalls den preisen, der sich mit seinem Schicksal versöhnt hat, ohne sein ganzes vorhergegangenes Leben wegzuwerfen und zu verurteilen, „geht es doch unsern Vorsätzen wie unsern Wünschen. Sie sehen sich garnicht mehr ähnlich, und wir glauben nichts getan, nichts erlangt zu haben." Üble Nachrede ist uns in dem einen wie in dem anderen Fall gewiß, hatte sie doch Goethe selbst in Weimar keineswegs verschont, und sein zweites, nicht ganz ausgelebtes Ich, muß bekennen: „Es würde mich um meinet- und um der guten Menschen willen bekümmern, daß wir so verkannt werden", versetzte Wilhelm, „wenn mich nicht meine theatralische Laufbahn mit jeder üblen Nachrede versöhnt hätte". So schildert der Roman, wie dieser junge Idealist, äußerlich angedeutet in seiner gewandelten Rollenmaske und ihrem Zubehör, dem Ersatz des einstigen künstlerischen Phantasiekostüms durch angemessene bürgerliche Kleidung, sich aus dem träumerischen Phantasten von ehedem zu einem zielbewußten, begrenzten, handelnden Leben bekehrt hat, wie er bei allem dumpfen Schwärmen, unklarem Tasten und nicht wenigen Fehlgriffen, von Zufällen verwirrt und doch von seinem Schicksal geleitet sich in die Gesellschaft eingegliedert hat. Die Gestalt der von ihm so genannten „schönen Seele" hat Goethe in seinem Roman absichtlich so herausgehoben, weil er in ihr nach eigenem Eingeständnis das Christentum „in seinem reinsten Sinne" darstellen wollte. Zusammengenommen erscheint dies als die Summe der von Goethe in seinem Roman behandelten, vielfachen menschlichen Schicksale, die unbeirrt auf eine vorbehaltlose Bejahung der menschlichen Existenz hinauslaufen:

> Im holden Leben, wenn dich Götter senden,
> Genieße wohlgemut und froh!
> Scheint es bedenklich, dich hinauszusenden,
> Nimm dir's nicht übel: allen scheint es so.

Aber auf das schlimme Jahr 1805 mit seinem unersetzlichen Verlust folgte das noch schlimmere Jahr 1806 mit seinen Prüfungen. Zu Beginn hatte Goethe noch sein Gedicht „Vanitas! vanitatum vanitas!" niedergeschrieben, kränkelte im Februar und März schon wieder und konnte doch, nachdem er ihn noch im März mit Riemer durchgesehen hatte, den „Faust, Erster Teil“, mit dem sein Name wohl mehr als mit irgend einem anderen Werk für immer verbunden bleiben wird, im April abschließen. Am 31. Juli wurde er dann in die Berliner Akademie aufgenommen und hatte am 3. Oktober 1806 noch Gelegenheit zu einem letzten Gespräch über Hegel mit Prinz Louis Ferdinand von Preußen, der am 10. Oktober bei Saalfeld in dem von Frankreich erklärten Krieg gegen Preußen fiel. Goethe, der wohl unter dem Einfluß Schillers eher Kant zuneigte und mit seiner Meinung über Hegel nie recht zu Rande kam, ließ sich noch im Alter über ihn aus Berlin berichten, daß die Schwerfälligkeit seines Vortrags zwar anfangs viele abgeschreckt, man dann aber die Überzeugung gewonnen habe, seine Verworrenheit sei nur oberflächlich, darunter müsse doch der Kern eines in seinen Konsequenzen staunenswerten philosophischen Gebäudes liegen.

Am 14. Oktober wurden die Preußen, bei denen eigenem Wunsch zufolge auch Carl August als General diente, bei Jena entscheidend geschlagen. Noch am selben Tage rückten die Franzosen um fünf Uhr abends in Weimar ein und brandschatzten und plünderten sechsunddreißig Stunden lang. Christianes Bruder berichtete, auch er habe, drei Tage lang überhaupt aus dem Hause vertrieben, dabei alles verloren. „Mordgewehre auf uns gezückt, gemißhandelt, beraubt, unendlich unglücklich gemacht ... Die fürchterliche Nacht, Geheul, Gewinsel, Brand - ach Gott!“ Goethes Haus wurde verschont, auch dank der Einquartierung von Marschällen und später anderen hohen Offizieren, von denen einer eine Bekanntschaft aus Venedig, der andere ein ehemaliger Jenaer Theologiestudent war. Er selbst geriet jedoch in Todesgefahr, aus der er dank des unerschrockenen Verhaltens von Christiane gerettet wurde. Am 19. Oktober 1806 ließ er sich mit ihr in der Sakristei der Jakobskirche, in Gegenwart nur von zwei Trauzeugen, vom Hofprediger Wilhelm Christoph Günther trauen. Sein anwesender achtzehnjähriger Sohn trug bereits seinen Namen.

Goethes Mutter schickte einen rührenden Glückwunschbrief. Noch am 24. Oktober teilte Frau von Stein, von Eifersucht zerquält, ihrem Lieblingssohn Fritz, den Goethe wie ein eigenes Kind gehalten und geliebt hatte, über ihn mit, „während der Plünderung“ - auch dies war unrichtig - „hat er sich mit seiner Mätresse öffentlich trauen lassen“.

Goethe zauderte nun nicht lange, um Christiane, die insbesondere von den spießigen Weimarer Damen, an der Spitze Charlotte, unverdrossen über Jahre geschnitten worden war, gebührend in die Gesellschaft einzuführen. Er hatte Johanna Schopenhauer, eine nicht unvermögende Witwe aus Danzig von damals vierzig Jahren und Dame von Welt, die am 28. September mit ihrer Tochter Adele in der Absicht nach Weimar gekommen war, sich dort niederzulassen, bereits am 12. aufgesucht und sich ihr, wohl kaum bewußt, daß sie gewissermaßen eine künftige schriftstellerische „Kollegin“ von ihm würde, selbst vorgestellt. Noch am Abend des 19. suchte er sie abermals auf und stellte ihr seine soeben vermählte Frau vor. Ihrem Bericht an ihren Sohn Arthur kann man entnehmen, daß selbst an ihr, der Danziger Großstädterin - so sah sie sich - die üble Nachrede auf Christiane nicht spurlos vorübergegangen war. „Ich empfing sie, als ob ich nicht wüßte, wer sie vorher gewesen wäre. Ich denke, wenn Goethe ihr seinen Namen gibt, können wir ihr wohl eine Tasse Tee geben. Ich sah deutlich, wie sehr mein Benehmen ihn freute. Es waren noch einige Damen bei mir, die erst formell und steif waren und hernach meinem Beispiel folgten. Goethe blieb fast zwei Stunden und blieb so gesprächig und freundlich, wie man ihn seit Jahren nicht gesehen hat.“ Aber auch Christiane konnte die innere Einsamkeit, die mancher scharfsichtige Beobachter an Goethe feststellte, nie völlig beheben.

Die Jahre nahmen dir, du sagst, so vieles:
Die eigentliche Lust des Sinnenspieles,
Erinnerung des allerliebsten Tandes

Von gestern, weit- und breiten Landes
Durchschweifen frommt nicht mehr; selbst nicht von oben
Der Ehren anerkannte Zier, das Loben,
Erfreulich sonst. Aus eignem Tun Behagen
Quillt nicht mehr auf, dir fehlt ein dreistes Wagen!
Nun wüßt' ich nicht, was dir Besondres bliebe?
Mir bleibt genug! Es bleibt Idee und Liebe!

Goethe selbst, indem er auch der im Stich gelassenen Herzogin bei der Wahrung ihrer Würde und Integrität sowie beim Schutz von Schloß und Stadt zur Seite stand, hatte sich in jener schweren Zeit wiederum bewährt. „Alle Menschen, die nebeneinander leben, erfahren ähnliche Schicksale, und was dem Einzelnen begegnet, kann als Symbol für Tausende gelten." Später arbeitete er vor allem an seiner „Farbenlehre" weiter und hatte die Freude, das ihm gewidmete Werk „Ideen zur Geographie der Pflanzen" von Alexander von Humboldt am 16. März 1807 zu empfangen. Zuvor hatte Humboldt, der damals bereits den Ruf eines Gelehrten von zumindest europäischem Ruf genoß und Goethe mehrfach aufgesucht hatte, am 14.Mai 1806 brieflich bekannt, daß er von dem Gefühl durchdrungen sei, „wie ich durch Goethes Naturansichten gehoben, gleichsam mit neuen Organen ausgerüstet worden war". Indes begann Goethe am 17. Mai 1807 das erste Kapitel seines dann erst 1829 beendeten Romans „Wilhelm Meisters Wanderjahre" zu diktieren. Dieses so bezeichnende Neben- und Durcheinander von naturwissenschaftlichem Interesse und naturwissenschaftlicher Forschung sowie poetischer Grundverfassung und dichterischer Produktion wird am besten erklärt durch Goethes eigenen Hinweis, den er im April 1829 seinem Freund Zelter gab, bei ihm sei die alte Wahrheit wieder aufgestanden: daß sich „Natur und Poesie in der neueren Zeit vielleicht niemals inniger zusammengefunden haben als bei Shakespeare". Er fügte diesem Schlüsselwort resignierend, wie es seiner entsagenden Altersstimmung entsprach, hinzu: „Unsern Zeitgenossen ist ein klarer Begriff hiervon nicht zu-

zumuten." Aufschlußreich ist dabei, daß er Shakespeare - ebenso wie Byron - stets als Dichter bezeichnete, während er von sich selbst sprach, er sei „recht eigentlich zum Schriftsteller geboren".

In den Jahren, in denen der junge Goethe herangewachsen war und seine ersten Anschauungen von der Natur gewann, wurde schon damals das Problem von Glaube und Wissen diskutiert, wobei es hier um die Frage der Schöpfung, die Rolle der Naturgesetze und den Unterschied zwischen dem Buch Genesis der Bibel und den modernen Auffassungen von der Natur ging. Und doch lief in den späteren Jahren alles im Grunde hinaus auf die Ahnung eines Größeren in jeder Einzelheit, eines Allgewaltigen hinter der Erscheinungen Flucht, wer's nicht erfühlte, der konnte es nicht erjagen. Allerdings geriet er mit seiner Vorstellung von der großen, göttlich geordneten Natur, ganz durchwaltet von verbürgter Gesetzlichkeit, die Zufall und Willkür keinen Platz läßt, in Schwierigkeiten beim Betrachten der Geschichte. Aus innerem Bedürfnis hatte er auch früh die Vorstellung der Folge, der Konsequenz, der Konsistenz zur Grundlage seiner Lebensführung und einem Lieblingsbegriff seiner Weltauffassung gemacht.

Diese Vorstellung auf die Natur um uns und in uns, die biologische Welt insgesamt, die Erdenwelt überhaupt zu übertragen, lag nahe. Auch dort muß eine innere Ordnung, eine Folgerichtigkeit, ein Zusammenhang bestehen. Ansonsten verliefe ja alles chimärisch und unordentlich durcheinander, so erschien es ihm, nicht nur in der Vielfalt der Gesteine und Pflanzen, der Tiere und Menschen, sondern in dem Makrokosmos, in der Unendlichkeit um uns, dessen kleinster Teil wir selbst sind. Also wie im Mikrokosmos, so auch im Makrokosmos, auch im Weltall muß doch eine bestimmte Ordnung bestehen. Was wäre also ein Gott, der nur von außen stieße? Demnach gehört also das Gute wie das Böse, das Erwünschte und das Übel, gewissermaßen äußerlich oft durch den Zufall verknüpft, innerlich aber schicksalhaft verbunden, zusammen, eine Auffassung, die Goethe einst jugendlich bereits auf seinem Shakespearetag vertreten hatte. Da aber das Universum, wie er gewissermaßen in Übereinstimmung mit Leibniz meinte, ganz vernünftig geordnet ist und verläuft, das Übel ihm also eingebaut ist, so muß dies eine Bedeutung haben.

> Doch glaube keiner, daß mit allem Sinnen
> Das ganze Lied er je enträtseln werde:
> Gar viele müssen vieles hier gewinnen,
> Gar manche Blüten bringt die Mutter Erde.

Diese Vorstellung können wir bereits in den „Ephemeriden", einem Tagebuch aus seiner Studentenzeit, erkennen, gewissermaßen nächst Shakespeare angereichert durch Theodizee und Spinozismus. Dort hatte er schon im Vorspruch zusammengefaßt, was er als Dichter gleichsam in die Wissenschaft zu übertragen strebte:

> Der Dichter sucht das Schicksal zu entbinden,
> Das, wogenhaft und schrecklich ungestaltet,
> Nicht Maß, noch Ziel, noch Richte weiß zu finden
> Und brausend webt, zerstört und knirschend waltet.
> Da faßt die Kunst, in liebendem Entzünden,
> Der Masse Wust; die ist sogleich entfaltet
> Durch Mitverdienst gemeinsamen Erregens,
> Gesang und Rede, sinnigen Bewegens.

In den „Mitschuldigen" hat er sie schließlich weiter verfolgt und endlich im „Faust" zur beherrschenden Idee gemacht. Nach inneren, notwendigen Gesetzlichkeiten müsse doch die Welt laufen, dies war das übergreifende Konzept, von dem der „Sohn der Natur", wie Thomas Mann ihn genannt hat, stets ausging. Aus dieser Grundauffassung heraus etwa hatte er am 27. März 1784 das „os intramaxillare", den Zwischenkieferknochen, beim Menschen entdeckt, nicht durch Zufall, sondern weil er ihn suchte, eine Entdeckung, die für immer mit seinem Namen verbunden bleiben wird. Der Mensch in der

Natur, die Natur im Menschen, der Mensch ein Teil des Ganzen, das Ganze aber auch ein Teil des Menschen, Makrokosmos und Mikrokosmos unlöslich ineinander verwoben. „Was nicht innen ist, ist außen." Der Polaritätsgedanke stellt sich damit gewissermaßen von selbst ein, auf und ab, drinnen und draußen, rechts und links, hell und dunkel, aber auch Einatmen und Ausatmen, Wachen und Schlafen, Mann und Frau, Leben und Tod. Ja, die Weltbewegung selbst erschien ihm wie ein Wechsel von explicatio und complicatio, von Ausströmen und Zusammenziehen.

> Die strenge Grenze doch umgeht gefällig
> Ein Wandelndes, das mit und um uns wandelt;
> Nicht einsam bleibst du, bildest dich gesellig,
> Und handelst wohl so wie ein andrer handelt.
> Im Leben ist's bald hin- bald widerfällig,
> Es ist ein Tand und wird so durchgetandelt.
> Schon hat sich still der Jahre Kreis geründet:
> Die Lampe harrt der Flamme, die entzündet.

Letztlich lieferte dies auch die Grundlage für seine Morphologie der Pflanzen, bei der es ihm um die Erklärung des Formenwandels der Pflanzenwelt ging, die ihn zur Suche nach der Urpflanze veranlaßte. Schon früher hatte er den Begriff Morphologie, den bis dahin nur die Medizin kannte, also Gestaltenlehre, erläutert und erklärt: „Die Gestalt ist ein bewegliches, ein werdendes, ein vergehendes. Gestaltenlehre ist Verwandlungslehre." Die Lehre von der Metarmorphose sei der Schlüssel zu allen Zeichen der Natur. „Metamorphose im höhern Sinn", so erklärte Goethe später, da er die Wahrheit wollte und nicht primär Originalität suchte, „durch Nehmen und Geben hat schon Dante trefflich geschildert". Das Verhältnis zwischen Idee und Erfahrung erklärte er damit, „daß nun das, was der Idee nach gleich ist, in der Erfahrung entweder als gleich oder als ähnlich, ja sogar als völlig ungleich und unähnlich erscheinen kann". Die Idee soll herrschen, aber nicht die begriffliche Abstraktion, die nur den menschlichen

Verstand in seiner Beschränktheit zuläßt. Dies ist Ausdruck einer „zarten Empirie", die sich mit ihrem Objekt innigst identifiziert und dadurch zur eigentlichen Theorie wird. Rational ist der isolierte Versuch, das künstliche Instrument, die zahlenmäßige rein quantitative mathematische Berechnung. Es gäbe aber etwas, das über Kalender und Uhr hinausreiche: „Idee und Liebe."

Darin bestehe eigentlich überhaupt das „bewegliche Leben der Natur". Bereits die Veränderungen des Pflanzenblattes führte Goethe derart auf die Grundform abwechselnder Zusammenziehung und Ausdehnung zurück. Es ist das „Gesetz des Ausgleichs", das in der Natur waltet, das jedem Lebewesen ein bestimmtes Maß von Kräften und Möglichkeiten zumißt. An die Stelle der anthropomorphen Frage „Wozu?" habe nur die jedem lebenden Wesen adäquate Frage „Was?" zu treten, was an Spinozas Lehre der Vollkommenheit erinnert. Wie die Lebensweise alles Lebendigen die Gestalt, so bedingt die Gestalt wiederum die Lebensweise. „Eine innere und ursprüngliche Gemeinschaft aller Organisation liegt zum Grunde; dic Verschiedenheit der Gestalten entspringt aus der notwendigen Beziehung zur Außenwelt, und man darf daher eine ursprüngliche, gleichzeitige Verschiedenheit und eine unaufhaltsam fortschreitende Umbildung mit Recht annehmen, um die ebenso konstanten als abweichenden Erscheinungen begreifen zu können." Im Grunde näherte Goethe sich der Natur wie ein Dilettant im wahren Sinne des Wortes, als ein Liebhaber, der die geliebte Natur frontalsinnenhaft, listenreich-rational umarmte, um ihre Geheimnisse zu enthüllen. Er war bestrebt, die Probleme nach allen Seiten hin bis in ihre letzten Tiefen zu durchdringen und nahm dabei „Wahrscheinlichkeitskalküle" vor, was an Leibniz erinnert. Er faßte die Metamorphose als eine durch die Pflanzenwelt bis ins Tierreich, ja bis in die Menschenwelt hinauf- und hinabreichende Gesetzmäßigkeit auf, hat er doch selber „von diesem Gesetz" gesprochen und gemeint: „Dasselbe Gesetz wird sich auf alles übrige Lebendige anwenden lassen."

Alle Gestalten sind ähnlich, und keine gleichet der andern;
Und so deutet der Chor auf ein geheimes Gesetz,
Auf ein heiliges Rätsel.

Die Metamorphose erklärt daher, wie Goethe meinte, das stufenförmig aufgebaute Naturreich insgesamt, ja bildet einen Urtypus des Lebens, der durch alle Stufen des Lebens, ja des Universums, das wir wohl von Goethe als neuplatonisch-leibnizisch konzipiert bezeichnen dürfen, abgewandelt hindurchwirkt. Später äußerte er noch Eckermann gegenüber, daß diese schicksalhafte universelle Gesetzlichkeit für ihn einen Schlüssel der Erkenntnis bilde: „Mein Prinzip paßt überall und schließt mir alles auf." Wilhelm von Humboldt hat bereits erkannt, daß Goethes Metamorphose in ihrer Erkenntnisintention weiter reicht und als ein geheimnisvolles Mitklingen mit dem Rhythmus der Welt auch den Menschen erfaßt, da „alles Existierende ein Analogon alles Existierenden" ist. Auch hat Goethe selbst bekannt: „Ohne meine Bemühungen in den Naturwissenschaften hätte ich die Menschen nie kennen gelernt, wie sie sind" - und, dürfen wir hinzufügen, ihre mannigfaltigen Schicksale nie verstanden. Da man vergessen habe, daß Wissenschaft sich aus Poesie entwickelt hat, übersehe man leicht, daß sich auch in der Dichtung die Prinzipien der Metamorphose geltend machten, und nur in der Sprache der Poesie läßt sich der letzte Erkenntnisgrund des unerforschlichen, alles durchwaltenden geheimnisvollen Ineinanders ausdrücken: „Nur in ihr läßt sich der Konnotation des Unerforschlichen nachhorchen, dem man sich am Ende willig überwunden geben muß. Ist es nicht so, daß nur poetisch vom Geheimnis zu reden ist?" Auch die Naturforschung hatte sich, wie er es dann im „Faust I" ausdrückte, letzten Endes der Einsicht zu beugen,

... wie alles sich zum Ganzen webt,
Eins in dem andern wirkt und lebt.

Ebenso wie Goethe seine dichterische Begabung ganz als Natur begriff, so hat er bereits vor Kant die Meinung verfochten, daß echte Kunst nur eine zweite Natur sei. Auch teilte er mit Kant die Abneigung gegen „Endursachen". In dem nachgelassenen Entwurf einer Vorrede zum dritten Teil von „Dichtung und Wahrheit" hat er überdies angedeutet, er habe ursprünglich geplant, dies Werk ganz nach den Gesetzmäßigkeiten der Metamorphose der Pflanzen zu bilden. Auch war er weit entfernt davon, die Natur etwa pantheistisch aufzufassen. Der Pantheismus, die Durchgöttlichung oder sogar Vergöttlichung der Natur, ist eigentlich antiker Herkunft. Plotin, der den Sonnenglanz als eine Metapher des von Gott ausgehenden Intellekts auffaßte, und sodann der Hl. Franziskus von Assisi, der vom Sonnengestirn sagte, es sei „von Dir, Erhabener, ein Gleichnis", „de Re altissimo porta significatione", empfanden dabei pantheistisch. Jedoch verkehrte das Christentum diese Ansicht und an die Stelle einer göttlich perforierten Natur trat eine verteufelte. Allerdings war der Pantheismus zu Beginn der dreißiger Jahre des 19. Jahrhunderts, mehr noch im Norden als im Süden Europas, nach dem Zeugnis Heinrich Heines zu einer Art Nationalglauben geraten.

Sein Credo bezog sich auf Mysterien und Symbole, in jedem Element, in jedem Baum glaubte man göttlichen Atem zu spüren. Die ganze Erscheinungswelt wurde durchgöttert und vergöttlicht. Das aber war nicht etwa die subtheologische Überzeugung von Goethe. Seine Theorie explizierte sich vielmehr aus einem ursprünglich bescheiden anmutenden Forschungsansatz und geriet zu einer umfassenden Morphologie. Zudem war er der Auffassung, man müsse nicht nur in der Botanik das Allgemeine im Besonderen suchen und zugleich das, was die so verschieden gearteten Lebewesen eigentlich zu Pflanzen macht, was also das Pflanzenhafte ist. Das in allem Gestaltenwandel identische Organ war ihm dabei das Blatt, „und durch diese Einfachheit wird die größte Mannigfaltigkeit möglich". Ein solches Forschungsgebiet würde man heute etwa Allgemeine Morphologie, Biologie der Pflanzen oder

Allgemeine Physiologie nennen. Dies steckt also hinter der Suche nach der Urpflanze und veranlaßte Goethe, sich mit seinem Zeitgenossen Linné messen zu wollen, ohne dessen Klassifikation der Pflanzen man das Wesen der Pflanzen besser erfassen könne, um von daher eine neue systematische Gliederung der Pflanzenwelt zu entwickeln.

Damit geriet er ebenso in einen Gelehrtenstreit wie später mit seiner Farbenlehre, während er mit seiner Entdeckung des menschlichen Zwischenkieferknochens mehr Glück hatte. Ja, manche Autoren gehen so weit, dadurch habe er die Wissenschaft der Biologie im strengeren Sinne überhaupt erst begründet. Immerhin hat er die Abstammungslehre des kommenden Jahrhunderts damit zweifellos antizipiert, zumal er selbst zumindest dreißig, fünfzig Jahre lang sich der Tragweite dieser Entdeckung, die nicht einmal Herder, der in seinen Anfängen in so unendlich vielen Vorstellungen mit ihm übereingestimmt hatte, ganz erfaßte, allein bewußt blieb. Er hatte sich aus Prinzipien eine Hypothese gebildet, um darauf in der Realität ihre Bestätigung zu finden. Dieses methodische Vorgehen lag überhaupt den beiden Entdeckungen ersten Ranges zugrunde, die er auf zwei Gebieten machte, der Anatomie und der Pflanzenbiologie.

Wenn er dann in seiner Farbenlehre ein ähnliches Ziel nicht erreichen konnte, obwohl man jetzt die Einleitung dieses Werkes als eine außerordentlich umfassende und erhellende Wissenschaftsgeschichte zu rühmen beginnt, so mag dies vielleicht an einem Mißverständnis liegen. Auch hatte Goethe seine Farbentheorie gewissermaßen zum Wertmesser gemacht, mit dessen Hilfe er im historischen Teil seines vielbändigen Werkes die gesamte Geschichte der Wissenschaften, ja wie jetzt viele meinen, des menschlichen Geistes überhaupt zu prüfen unternahm. Farbe war für Goethe eben mehr als ein äußerer, sinnlich wahrnehmbarer Sachverhalt, sie war für ihn nahezu ein Weltprinzip. Er ging dabei von einer uranfänglichen Polarität des Seins aus, ganz biblisch von dem Gegensatz zwischen Licht und Finsternis. Vor allem das Licht ist Uroffenbarung, weshalb das Auge ihm „sonnenhaft“ erscheint. „Die Farben sind Taten des Lichts, Taten und Leiden.“ Noch in der metaphysischen Tiefe des Faustwortes klingt dies wider: „Am farb'gen Abglanz haben wir das Leben.“ Er war ein eidetischer Mensch, ein leidenschaftlich Schauender und als Wissenschaftler Anschauender. Die poetischen Hauptsätze seiner Farbenlehre unter dem Titel „Gott und Welt“ befinden sich auch nicht zufällig in den Gedichten. Als Dichter und Künstler ging es ihm um seine ureigenste Sphäre, die in Farben strahlende Welt. Wie sollte er, ein Künstler, der sich einst mit Leidenschaft als Maler versuchte, glauben können, daß man auf der Palette, wenn man Rot, Blau, Gelb usw. mischt, je Weiß erhalten könnte? Man sollte diese Theorie getrost jenem berühmten Engländer Newton überlassen, über den sich Goethe fast ein Leben lang ärgerte, und ihm selbst zuerkennen, er habe eine künstlerische Farbentheorie entwickelt. Immerhin hatte er sie gewissermaßen in einen kosmogonischen Eros eingebettet.

Als die Welt im tiefsten Grunde
Lag an Gottes ew'ger Brust,
Ordnet er die erste Stunde
Mit erhabner Schöpfungslust.
Und er sprach das Wort: Es werde!
Da erklang ein schmerzlich Ach!
Als das All mit Machtgebärde
In die Wirklichkeiten brach.
Auf tat sich das Licht, so trennte
Scheu sich Finsternis von ihm,
Und sogleich die Elemente
Scheidend auseinander fliehn
Rasch, in wilden, wüsten Träumen
Jedes nach der Weite rang,
Starr, in ungemess'nen Räumen,
Ohne Sehnsucht, ohne Klang.
Stumm war alles, still und öde
Einsam Gott zum ersten Mal!
Da erschuf er Morgenröte,

Die erbarmte sich der Qual;
Sie entwickelte dem Trüben
Ein erklingend Farbenspiel,
Und nun konnte wieder lieben,
Was erst auseinanderfiel.

Für ihn galt stets: „Nicht alles Wünschenswerte ist erreichbar, nicht alles Erkennenswerte erkennbar." Das Höchsterreichbare war ihm vielmehr etwas anderes. „Das Höchste wäre: zu begreifen, das alles Faktische schon Theorie ist ... Man suche nur nichts hinter den Phänomenen; sie selbst sind die Lehre." Das Weltbild aller in einer einzigen Richtung befangenen Theoretiker verliere insofern seine Unschuld, weil ihnen die Objekte nicht mehr in ihrer natürlichen Reinheit erkenntlich sind. Das, meinte Goethe, bilde einen großen Mißstand in den Wissenschaften, daß Menschen, die kein „Ideenvermögen" besäßen, sich vermessen zu theoretisieren, weil sie nicht begreifen, daß noch so vieles Wissen dazu nicht berechtigt.

Das gilt offenbar auch für das Problem, ob Zufall oder Schicksal das Menschenleben und sein Los regieren. „Geheimnisse sind noch keine Wunder." Nach einem Umschwung der Zeiten könnten sich Wissenschaft und Poesie gewissermaßen auf einer höheren Ebene wieder begegnen. Auch sage man gern: „zwischen zwei entgegengesetzten Meinungen liege die Wahrheit mitten inne, keineswegs! Das Problem liegt dazwischen, das Unschaubare, das ewige tätige Leben in Ruhe gedacht." Im übrigen war Goethe wohl ein Künstler, ein Dichter vor allem, aber ein natürlicher Mensch und kein Literat. Der Unterschied zwischen einem natürlichen Menschen und einem Literaten besteht eben darin, daß der natürliche Mensch so viel erlebt, wie er vermag, ohne sich darum zu kümmern, ob er es ausführen kann, während der Literat sich bemüht, nur so viel zu erleben, wie er aufschreiben kann. Das Gewebe der menschlichen Schicksale werden wir immer nur an einigen „fits and ends" zu fassen bekommen, ohne ihre Muster letztlich ganz erkennen oder gar erklären zu können.

In diesem Sinne sprach Thomas Mann von Goethes Roman „Die Wahlverwandtschaften“ als von dem „Naturfatalismus dieses Meisterwerks“, was wir wohl als Goethes naturhaften Fatalismus, besser gesagt seinen zugrunde liegenden Schicksalsglauben verstehen dürfen. Wer den Unterschied zwischen dem Phantastischen und dem Ideellen, dem Gesetzlichen und dem Hypothetischen nicht zu erfassen vermag, der erschien Goethe nicht nur als Naturforscher in einer üblen Lage.

> Wir streben nach dem Absoluten,
> Als nach dem allerhöchsten Guten.
> Ich stell es einem jeden frei;
> Doch merkt ich mir vor andern Dingen:
> Wie unbedingt, uns zu bedingen,
> Die absolute Liebe sei.

Derart war auch Goethes Liebesleben, nämlich nicht unähnlich dem von Zeus. Da haben diejenigen das Nachsehen, die es immer nur tiefernst und tragisch zu nehmen verstehen. So schrieb er am 14. Dezember 1807 seinen letzten, herzlichen Brief an die einst leidenschaftlich geliebte und doch schmählich verlassene Lili von Türckheim, geborene Schönemann. In demselben Monat, in dem er den didaktischen Teil seiner Farbenlehre vollendete, hatte er doch fast dreißig Jahre zuvor sogar Frau von Stein offen geschrieben, „daß so viel Selbstisches in der Liebe ist und doch, was wär sie ohne das“.

Nachdem er am 26. September, wieder in Weimar, noch dem durchreisenden Zaren Alexander von Rußland vorgestellt worden war, wurde er bald darauf nach Erfurt, wo die Fürstenversammlung um Napoleon stattfand, beordert und hatte dic berühmte Unterredung mit Napoleon. Der Kaiser, der ein zumindest ebenso geschickter Gesprächspartner wie Goethe selbst war, brachte die Unterredung auf Goethes dichterische Produktion, insbesondere den „Werther“, den „er durch und durch mochte studiert haben“. Kundig legte er den Finger „auf eine bestimmte Stelle und sagte: Warum habt Ihr das getan? es ist nicht naturgemäß“ und begründete dies „weitläufig und vollkommen richtig“. Goethe, der übrigens niemals verraten hat, um welche Stelle es sich dabei gehandelt hat, antwortete unzweifelhaft geschmeichelt und jedenfalls „heiter“, denn der Kaiser hatte sein Herz gefangen, er wisse zwar nicht, ob irgend jemand schon diesen Vorwurf erhoben habe, jedenfalls fände er „ihn ganz richtig und gestehe, daß da etwa Unwahres nachzuweisen sei“. Der Kaiser machte daraufhin einen zufriedenen Eindruck, wandte sich dem Drama zu „und machte sehr bedeutende Bemerkungen, wie einer, der die tragische Bühne mit der größten Aufmerksamkeit gleich einem Kriminalrichter betrachtet. So kam er auch auf die Schicksalsstücke“ - die skurrilen Schicksalstragödien von Zacharias Werner waren damals in Mode gekommen und hatten sogar Nachfolger gefunden - „mit Mißbilligung“. „Was“, sagte Napoleon, „will man jetzt mit dem Schicksal? Die Politik ist das Schicksal.“

Am 14. Oktober 1808, nachdem er am 6. und 10. zwei weitere Unterredungen mit dem Kaiser hatte, erhielt er von ihm, zusammen mit Wieland und dem Geheimen Hofrat Dr. Starke das Kreuz der Ehrenlegion, seinen ersten Orden, den er von nun ab bei jeder passenden Gelegenheit auch über die Jahre 1813 und 1815 hinaus trug. Goethe war nicht bekannt, daß Napoleon immer Schauspieler und Künstler zum Dejeuner befahl und stets geneigt war, mit der Schwester des Zaren, nämlich Maria Pawlowna, der Schwiegertochter von Carl August, glimpflich zu verfahren. Immerhin wußte Napoleons Umgebung weniger mit diesen Ordensverleihungen umzugehen, denn uns wird berichtet, jemand habe sich gegen Carl Augusts Schwiegertochter geäußert: „L’empereur a donné la croix de la légion d’honneur à un de vos chirurgiens et aussi à vos savants.“ Am Tag darauf jedenfalls verlieh der Zar Exzellenz Goethe noch den russischen Sankt-Annen-Orden. Auch ist sicher, daß Napoleon Goethe nach Paris einlud und ihn 1812 grüßen ließ, als er nachts auf der Flucht aus dem russischen Winter und der katastrophalen Niederlage durch Weimar fuhr und die Pferde wechselte.

Was ihm die Begegnung mit dem „Mann des Schicksals", wie G.B. Shaw Napoleon in einer kleinen Komödie genannt hat, bedeutete, hat Goethe später seinem Verleger Cotta berichtet: „Ich will gerne gestehen, daß mir in meinem Leben nichts Höheres und Erfreulicheres begegnen konnte, als vor dem französischen Kaiser, und zwar auf solche Weise zu stehen. Ohne mich auf das Detail der Unterredung einzulassen, so kann ich sagen, daß mich noch niemals ein Höherer dergestalt aufgenommen, indem er mit besonderem Zutrauen, mich, wenn ich mich des Ausdrucks bedienen darf, gleichsam gelten ließ, und nicht undeutlich ausdrückte, daß mein Wesen ihm gemäß war." Ihm war nie zweifelhaft, daß mit dem Zufall der Geburt Bonapartes, ein Schicksal über Europa hereingebrochen war, in dem bestätigt zu werden nichts anderes hieß, als sich selbst zu behaupten. Wie in mancher Hinsicht, so hat man später Goethe auch wegen der fortdauernden Faszination durch Napoleon getadelt. Man vergißt darüber, daß gerade in den katholischen Rheinlanden der Napoleonkult, dem sogar noch Stefan George gehuldigt hat, lange blühte. Sein Todestag wurde in Köln noch 1870 in der Minoritenkirche begangen und sein Geburtstag wurde bis 1883 in Mainz von der Vereinigung der Anciens de la Grande Armée mit Fackelumzügen gefeiert.

Nachdem Goethe gewissermaßen die europäische Selbstbestätigung eines „poeta laureatus" empfangen hatte, wartete im November des kommenden Jahres eine der bittersten Demütigungen auf ihn. Die Schauspielerin Caroline Jagemann, die eine Jugendfreundin oder zumindest Bekannte von Christiane und im Januar 1797 nach Weimar gekommen war und verstanden hatte, sich ihren Liebhaber Carl August, der sie dann zur Frau von Heygendorf erhob, in der Manier der Maitressen des 18. Jahrhunderts untertan zu machen, erreichte im November 1808 durch eine Intrige, für die sie den Herzog einspann, daß Goethe die Leitung des Theaters niederlegen wollte. Aber diesmal, nachdem Goethe und „Mademoiselle Jagemann", nach den Worten Humboldts, sich „je einen Schauspieler geschlachtet hatten", konnte er noch einmal davon abgebracht werden. Aber eine Veränderung im Verhältnis zu seinem alten Freund Carl August blieb bestehen. Linderung brachte nur der Besuch von Frau von Stein am 20. Dezember auf einen Tee bei Christiane, während am folgenden Tag Zacharias Werner, der „Schicksalsdichter", wieder in Weimar erschien und ausgerechnet am 31. Dezember Goethe durch Vorlesen frömmelnder Verse erzürnte.

Immerhin hatte er Ende April 1809, als er den Druck der „Farbenlehre" leitete, noch die Kraft gefunden, an seinem Roman „Die Wahlverwandtschaften" zu arbeiten, der bereits Anfang Oktober ebenfalls in Druck ging. Ursprünglich sollte dieser Roman allerdings nur einen Teil der Fortsetzung des „Wilhelm Meister", also der „Wanderjahre", bilden in der Absicht, in diesem Rahmen mit einer weiteren Reihe von Erzählungen den dämonischen Untergrund des Lebens, das geheime und geheimnisvolle Sichanziehen und Sichabstoßen der Menschen verbunden mit dem Altersmotiv der Entsagung zu behandeln. Wilhelm Grimm beschrieb seinem Bruder nach der Lektüre seinen vorherrschenden Eindruck: „Auffallend ist, wie Goethe den Zufall und ein heimliches Schicksal gegen seine sonstige Art mannigfaltig hat wirken lassen." In der Tat bildet das Thema des Romans die wechselseitige Anziehung und Abstoßung zweier Paare. Zwei klar bewußte, vernunftbestimmte Menschen, Charlotte und der Hauptmann, stehen zwei anderen, durchaus im Gefühl, ja im Unbewußten verwurzelten Menschen, Eduard und Ottilie, gegenüber. Der Dichter läßt Ottilie in ihr Tagebuch notieren: „Wir befinden uns nicht leicht in großer Gesellschaft, ohne zu denken, der Zufall, der so viele zusammenbringt, solle uns auch unsere Freunde herbeiführen." Zunächst sind Charlotte und Eduard, das andere Paar, durch ein äußeres Schicksal, ein mehr zufälliges Zusammentreffen von Ereignissen miteinander verbunden, jedoch die geheimen Kräfte von Anziehung und Abstoßung, die inneren „Wahlverwandtschaften", setzen sich gleich einem chemischen Prozeß gegenüber Eduard und Ottilie mit geradezu dämonischer Gewalt durch.

Überdies wird in den Roman noch die von einem englischen Gast erzählte Geschichte „Die wunderlichen Nachbarskinder“ eingebaut, ebenfalls eine Wahlverwandtschaft. Es ist die Geschichte eines über kindlichen Trotz und zuvor geschlossene Bindungen hinweg unwiderstehlichen Zueinandergetriebenwerdens. Aber in der Haupthandlung lösen sich die beiden Paare voneinander, kreuzen sich in neuen Bindungen, verstricken sich in Unheil, das die Liebe nicht nur als eine „Himmelsmacht“ erscheinen läßt. Während sich der Schein des vormaligen Zustands dann wiederhergestellt hat, zerbrechen zumindest Ottilie und Eduard daran und offenbaren einmal mehr, „daß alle Verhältnisse unzerstörlich sind, die das Schicksal beschlossen hat“. Überdies sind Menschen gewöhnlich nicht auf der Höhe ihrer Taten. Ebenso erweisen sich alle vier Personen letzten Endes als unfähig, die Konsequenzen ihres Handelns auszuloten und sich abzeichnende Folgerungen richtig einzuschätzen. Was sie selbst zu erkennen meinen, enthüllt sich vielfach als Täuschung und Verkennen der wirklichen Zusammenhänge. „Es sind gewisse Dinge, die sich das Schicksal hartnäckig vornimmt. Vergebens, daß Vernunft und Tugend, Pflicht und alles Heilige sich ihm in den Weg stellen; es soll etwas geschehen, was ihm recht ist, was uns nicht recht scheint; und so greift es zuletzt durch, wir mögen uns gebärden, wie wir wollen.“

Die vier Protagonisten des Romans prognostizieren derart gesprächsweise schicksalhafte Komplikationen, die eine Vierergemeinschaft mit sich bringen könnte, und sind doch blind dafür, daß sie selbst die Opfer davon werden könnten. „Ein solches Werk“, bekannte Goethe später, „wächst einem unter den Händen und legt einem die Notwendigkeit auf, alle Kräfte aufzubieten, um seiner Meister zu bleiben und es zu vollenden“. Der „Egmont“ Goethes trug die geheimen Schicksalsmächte noch in seiner Brust und erst am Schluß, als sie über ihn hinauswuchsen, erkannte er den tieferen, überpersönlichen

Sinn seines Lebens und beugte sich der Macht des Schicksals. Hingegen schrieb Therese Huber mit der Einfühlsamkeit einer Frau ihrer Tochter Therese Forster, der Gattin Georg Forsters, „Goethes ‚Wahlverwandtschaften' könnten gewissermaßen als ein Nebenstück zu Goethes ‚Werther' angesehen werden. Beide zeigen uns Menschen, zu deren Leidenschaft sich das Schicksal gleichsam zugesellt, um sie ihrem bessern Wissen und Wollen zum Trotze ins Verderben zu ziehen."

In den „Wahlverwandtschaften" vermeint sich jeder einzelne fast bis zum Schluß auf seine eigenen Motivationen und Sinngebungen verlassen zu können und mißachtet, während er scherzt und spielt an den unheildrohenden Abgründen des Lebens, die zufälligen Winke und Anzeichen, die ihm die umwaltenden Mächte erteilen. Die Konstellation des Geschehens und der Handlungsablauf sind dabei von zwingender Konsequenz, da „doch überall nur eine Natur ist", wie Goethe in einer Selbstanzeige im September 1809 erläuterte, „und auch durch das Reich der heitern Vernunftfreiheit die Spuren trüber, leidenschaftlicher Notwendigkeit sich unaufhaltsam durchziehen, die nur durch eine höhere Hand und vielleicht auch nicht in diesem Leben völlig auszulöschen sind". In dem Roman ist schließlich keine Spur mehr von der zarten chemischen Verwandtschaft, durch die Menschen einander anziehen und abstoßen, sich vereinen oder neutralisieren, sich scheiden oder wiederherstellen - ein Motiv, das Goethe schon von früher Jugend an beschäftigt hatte. Der eigentliche Held des Romans ist vielmehr der überpersönliche Zusammenhang des Lebens selbst, der sich als Schicksal, das sich wohl durch Ahnungen, Vorbedeutungen, Zeichen und Symbole ankündigt, jedoch über sie und alle Zufälligkeiten hinwegsetzt.

Es steckt mehr in diesem Roman, erläuterte Goethe noch 1829 gegenüber Eckermann, „als irgend jemand bei einmaligem Lesen aufzunehmen im Stande wäre". Die Aufnahme, die er beim Publikum fand war daher sehr unterschiedlich, teilweise sogar feindselig wie stets, wenn es ein Autor wagt, die gängigen Vorurteile der Leser zu verletzen. Nur ein inzwischen gewonnener Freundeskreis wie die Gebrüder Humboldt waren voll begeisterter Zustimmung, und Zelter, der Goethe im Alter immer näher kam, schrieb ihm nach der Lektüre am 27. Oktober 1809: „Das mutwillige, geheimnisvolle Spiel mit den Dingen der Welt und den Figuren, die darinne angestellt und geleitet werden, kann Ihnen niemals mißlingen, mag auch zwischendurchlaufen, was Platz hat oder sich Platz macht." Auch der weltgewandte geistreiche Prinz de Ligne, den man später zur Gruppe der sogenannten philosophischen „Moralisten" gezählt hat, äußerte sein wahres Entzücken über diesen Roman. Unberührt davon bleibt, daß es zum Schicksal des Menschen gehört, jene übergreifenden Zusammenhänge, die von mehr als Physischem oder Chemischem oder Biologischem trächtig sind, wagen wir es, sie metaphysisch zu nennen, nur in Bildern und Symbolen fassen zu können.

Und es ist das ewig Eine,
Das sich vielfach offenbart:
Klein das Große, groß das Kleine,
Alles nach der eignen Art;
Immer wechselnd, fest sich haltend,
Nah und fern und fern und nah,
So gestaltend, umgestaltend -
Zum Erstaunen bin ich da.

Nicht zufällig entwarf Goethe im Oktober 1809 das „Schema zu einer Biographie" und hatte damit den ersten Schritt zu seiner Selbstdarstellung in „Dichtung und Wahrheit" getan. Im Januar 1810 besuchte ihn wieder Wilhelm von Humboldt, dessen weltmännisches Auftreten ebenso wie sein reiches Wissen und seine vielseitigen, gleich Goethe auch in der politischen Praxis gewonnenen Auffassungen sich auch auf das Denken und Empfinden und schließlich auf ein immer tieferes Verständnis Goethes auswirkten. Bereits 1794/95 hatte sich ein engerer Kontakt ergeben, der sich nach anfänglicher Skepsis Humboldts, der zunächst Schiller sehr viel näher stand, zu einer jahrzehntelangen Freundschaft entwickelte.

Der Sproß einer 1738 geadelten märkischen Familie war mit Caroline von Dacheröden verheiratet, auf deren thüringischen Besitzungen er damals lebte. Im Jahre 1799 hatte er bereits „Ästhetische Versuche“ über zwei Werke Goethes veröffentlicht, der später sogar seinen metrischen und stilistischen Rat wie etwa beim „Wilhelm Meister“ erbat. Im Mai konnte Goethe dann den historischen Teil seiner „Farbenlehre“ endgültig abschließen und bekannte: „Ich bin dadurch zu einer Kultur gelangt, die ich mir von einer andern Seite schwerlich verschafft hätte.“ Im September entwarf Goethe auf einer Reise nochmals zweiundzwanzig Landschaftszeichnungen und unternahm damit - auch dieses abschließend - einen letzten Versuch seiner „Zeichnungsfähigkeit“. Aber bereits Mitte Februar konnte er der Herzogin Luise erste Passagen seiner Selbstbiographie vorlesen.

Vom 3. bis zum 12. Mai 1811 besuchte ihn Sulpiz Boisserée, er und sein Bruder Melchior waren brave katholische Kölner Kaufleute, die durch F.F. Wallraf auf die mittelalterliche Kunst des Niederrheins hingewiesen wurden, zum ersten Mal. In Holland und 1803 in Paris, dort waren im Musée Napoléon Kunstwerke aus ganz Europa zusammengetragen, war ihr Sammeleifer geweckt worden. In Köln, später auch in Heidelberg, brachten sie selbst viele Kunstgegenstände zusammen. Im Mai 1810 hatte Friedrich Graf Reinhardt dem Dichter sechs der von Sulpiz Boisserée betreuten Umrißzeichnungen des Kölner Doms geschickt und ihn dadurch gewissermaßen bei Goethe eingeführt. Der Tübinger Stiftler Reinhardt war 1792 von keinem Geringeren als Sieyès für den diplomatischen Dienst Frankreichs angeworben worden und wurde 1799 sogar kurze Zeit Minister unter Napoleon. Er stammte aus Württemberg, kam 1787 als Hauslehrer nach Bordeaux und wurde zum Anhänger der Revolution. Er nahm an Goethes dichterischem und wissenschaftlichem Werk regen Anteil, unterhielt einen inhaltsreichen Briefwechsel mit ihm und blieb in der Folge, auch über 1815 hinaus, mit Goethe befreundet, den er im Mai 1807 in Karlsbad kennengelernt hatte, für ihn eine seiner wichtigsten Informationsquellen. Übrigens war auch Goethes Verleger Cotta fasziniert von den militärischen Erfolgen Napoleons und seiner welthistorischen Mission.

Indes war es das Ziel der Gebrüder Boisserée durch die neubelebte Wertschätzung der deutschen und insbesondere der mittelalterlichen Kunst die darniederliegende Selbstachtung der Deutschen zu heben. Sie gewannen Goethe, obwohl sie aus heutiger Sicht hinsichtlich Architektur und mittelalterlicher Kunst falschen Vorstellungen nachhingen, nicht allein für die Vollendung des Kölner Doms, sondern auch für Besuche der Rheingegend. In Wiesbaden und Heidelberg erwarb Goethe dann 1814 und 1815 in den Sammlungen der Gebrüder durch eigene Anschauung ein Verständnis jener Kunstepoche und ihrer Werke, die für ihn die Lücke zwischen der byzantinischen Malerei und der Renaissance schloß. Allerdings täuschte sich Sulpiz, wenn er in langen, immer freundschaftlicheren Gesprächen „die Vorurteile eines der geistreichsten Menschen" überwunden und ihn zur christlich-altdeutschen Kunst bekehrt zu haben meinte. Goethe ließ das Nahegebrachte nur freundlich gelten und reihte sich keineswegs in die Schar der Enthusiasten des christlichen Mittelalters ein. Auch trat bald darauf durch die Arbeit an der „Italienische Reise", in der er seine unverrückbare Überzeugung aussprach: „Niemand kann sich umprägen und niemand seinem Schicksale entgehen", antike Kunst und Kultur wieder in den Vordergrund.

Neue Freunde waren so an die Stelle der verlorenen und dahingegangenen getreten, indes er sich ohne Dazutun von manchen noch trennen mußte. So hatten seine Frau und Bettina von Arnim, die sich in geheimen erotischen Phantasien, gar in fünf Varianten, mit Goethe erging, ohne je zu wagen, sie in ihr bekanntes Buch „Goethes Briefwechsel mit einem Kinde" aufzunehmen, gemeinsam eine Ausstellung der Werke von Heinrich Meyer besucht. Bettina ließ sich zu abfälligen, ja unverschämten Bemerkungen in einem Streit hinreißen, bei dem Christiane von ihr schwer beleidigt wurde, woraufhin seine Exzellenz ihr und ihrem Mann das Haus verbot. Im November 1811 erhielt er von seinem alten Freund Fritz Jacobi, der den Schluß der „Wahlverwandtschaften“ als „Himmelfahrt der bösen Lust“ bezeichnet hatte, dessen Schrift „Von den göttlichen Dingen und ihrer Offenbarung“, die zwischen Natur und Gott als dem Wesen, das sich nur in übernatürlicher Offenbarung zu erkennen gebe, strikt unterschied. Goethe fühlte sich zu verschiedenen Zurückweisungen herausgefordert und schließlich zu dem Gedicht „Groß ist die Diana der Epheser“, was er später, auch hinsichtlich Schellings, brieflich Knebel begründete.

Im Juni 1812 besuchte Wilhelm von Humboldt wieder einmal Goethe und fand ihn sehr gealtert. „Es ist Goethen sehr schade“, berichtete er seiner Frau, „so ungeheuer allein zu sein, denn so viel Menschen er auch vorübergehend sieht, ist er mit keinem vertraut und hat mir versichert, daß, wenn er Meyer und mich ausnähme, im ganzen weiten Deutschland niemand sei, mit dem er eigentlich frei reden könne und möge“. Nur Weimar, Karlsbad und Rom, so habe er bekannt, „sind die einzigen Orte, wo er leben möge, auf Rom habe er Verzicht geleistet, und dies sei die größte Handlung seines Lebens“. Aber sie sprachen auch „vorzüglich über Shakespeare“, über den Goethe „ganz neue und interessante Ideen“ habe. Selbst der vornehme und sensible Humboldt hatte jedoch kein Verständnis dafür, daß Goethe „das Frauchen“, das so herzlich und kinderlieb war und Goethe ein Heim bereitet hatte, zu den Vorzügen Weimars zählte. Auch erfuhr Humboldt späterhin nicht, daß der nunmehr sechzigjährige Goethe bei einer Tischgesellschaft so scherzen konnte, daß der anwesende Knebel und die anderen Gäste nicht aus dem Lachen herauskamen, und der alte Wieland sich unter den Tisch fallen ließ und die Serviette über den Kopf und auf den Mund drückte, weil er vor Lachen nicht mehr weiter wußte. Als jedoch im Juli 1812 die Arnims und Frau von Savigny Goethe besuchen wollten, faßte er die öffentliche Beleidigung, die Bettina seiner Frau angetan hatte, keineswegs als Scherz auf, nahm von ihnen keine Notiz und verfaßte das Gedicht „Den Zudringlichen".

Während sonst sein Tagebuch über die großen Kriegsereignisse, die seit zwanzig Jahren die Welt erschütterten, gewöhnlich stillschweigend hinwegging, hatte er diesmal die „Fortschritte Napoleons" sorgfältig festgehalten und notierte am 29. September 1812: „Nachricht von der Einnahme von Moskau." Die Russen brannten Moskau nieder, um den Angreifer zum Rückzug, ja in die Flucht und in die Niederlage zu treiben. Dem Grafen Reinhard gegenüber spottete Goethe noch brieflich am 14. November 1812, „daß Moskau verbrannt ist, tut mir garnichts. Die Weltgeschichte will künftig auch was zu erzählen haben." Aber tief drinnen hatte er die Wende begriffen, die auch seine Person berühren würde. Wie jeder große Künstler, vor allem jeder große Dichter, war er, sich stets der einzigartigen, aus Zufall und Schicksal geflochtenen Konstellationen bewußt, in denen er seine produktiven Fähigkeiten entfalten durfte, eifersüchtig, ja egoistisch auf sein Werk und Wirken bedacht. In diesem Sinne hat er noch 1828 dem Kanzler von Müller erklärt, die Weltgeschichte sei das Absurdeste, was es gibt. „Ob dieser oder jener stirbt, dieses oder jenes Volk untergeht, ist mir einerlei, ich wäre ein Tor, mich darum zu kümmern." Für Hegel, dessen Geschichtskonstruktionen ihm zuwider waren, und seinen bekannten Ausspruch hinterließ er die Verse:

Für den Kammerdiener
Gibt's keinen Helden.
Held ist kein Kammerdiener,
Das muß ich melden.
Der Diener aber beweist
Sich dienstbar gegen den Helden,
Wenn dieser p... und sch...
Und will auch was gelten.

Hegel war erfüllt von der Vorstellung der Kontingenz, was bedeutet, daß jede konkrete Existenz möglich, aber deshalb noch nicht notwendig ist. Er unterschied derart am konkreten Sein Zufall und Notwendigkeit. Der Kontingenzgedanke verweist mithin die individuelle Existenz in den Bereich des Zufalls, verlängert man jedoch die Welt des Zufalls ins Unendliche, so wird sie notwendig. Als man Goethe daher aus Berlin Werke der Hegel-Schule sandte, erklärte er: „So viel Philosophie, als ich bis zu meinem seligen Ende brauche, habe ich allenfalls im Vorrat, eigentlich brauche ich gar keine." Er hat es nie als Mangel empfunden, gewissermaßen „kein Organ" für die Philosophie zu haben, schöpfte aus seinen eigenen Reflexionen, mochten sie durch Lektüre angeregt oder angereichert sein oder nicht, und war sich keiner Anlehnung bewußt. Zu dieser rein menschlichen Haltung gegenüber Philosophie und Leben gehörte es auch, daß er Zelter, als dieser ihm brieflich vom Selbstmord seines Sohnes berichtete, in seinem teilnehmenden Antwortschreiben das ganz selten gewordene „Du" anbot und den Winter 1812 auf 1813, vor allem mit „Dichtung und Wahrheit" beschäftigt, „immer kränklich und niedergeschlagen" verbrachte.

Der Berliner Baumeister und Musiker von kleiner Herkunft, der seit 1800 die Berliner Singakademie leitete, war 1799 erstmals mit Goethe in Verbindung getreten. In ihm hatte er endlich den Komponisten gefunden, dessen Vertonungen seinen eigenen Vorstellungen entsprachen. Zelters lauterer Charakter und sein künstlerisches Verständnis führte zu einer bis an beider Lebensende dauernden Freundschaft. Immerhin war Zelter ein Künstler und kein Philosoph wie Humboldt, mit dem er bis ans Lebensende auf dem Siezfuß blieb. Im Januar 1813 erkrankte Wieland und starb am 20. desselben Monats. Auch Goethe kränkelte wieder und eine ihm nahestehende Beobachterin teilte mit: „Der einzige Trost (für uns), unser verehrter Meister und Freund, ist jetzt immer so kränklich und niedergeschlagen von den allgemeinen Weltbegebenheiten, daß mein letzter Aufenthalt bei ihm mir ebenso oft Sorge und Betrübnis machte." Wielands Tod hatte ihn so sehr angegriffen, weil die Einsamkeit, da er nun gewissermaßen auch keinen „Vordermann“ mehr vor sich in Weimar hatte, noch mehr anwuchs. Am 18. Februar hielt Goethe dann in der Weimarer Freimaurerloge eine ergreifende Gedenkrede auf Wieland, die auch noch gedruckt Aufsehen erregte.

Die Reihe der Toten an seinem Lebensweg, auf die er im Oktober 1817 zurückblickte, als er den oft modulierten Satz schrieb: „Leben heißt doch eigentlich nicht viel mehr als viele überleben“, war lang geworden: Merck, Herder, Schiller, Wieland, auch die Herzogin Anna Amalia, mit der er sich von allen Damen am Hofe am besten verstanden hatte, und schließlich Christiane, die am 6. Juni 1816 unter schrecklichen Schmerzen, von ihren Dienerinnen verlassen, gestorben war. Goethe, der am besten wußte, was sie ihm bedeutet hatte, vertraute seinem Tagebuch an: „Leere und Totenstille in und außer mir.“

Du versuchst, o Sonne, vergebens,
Durch die düstren Wolken zu scheinen!
Der ganze Gewinn meines Lebens
Ist, ihren Verlust zu beweinen.

Die Kämpfe zwischen Franzosen und Preußen in Weimar selbst im April 1813 hatte er, von seiner Frau überredet, nicht mitzuerleben brauchen und hatte dann in Dresden im Hause der Kügelgens, den Vorzug, vor das Fenster im Mittelzimmer placiert, den Einzug der siegreichen Verbündeten mit dem russischen Zaren und dem preußischen König an der Spitze mitanzusehen. Als sich Goethe vom 26. April bis 17. August in Teplitz aufhielt, hörte Wilhelm von Humboldt von seiner Vereinsamung und resümierte: „Da er sich nicht anschließt, können es andere nicht, und so nötigt ihn gerade die Unfähigkeit, recht allein zu stehen, allein zu bleiben.“ Der Abend hatte sich auf seinen Lebensweg herabgesenkt. Inzwischen nahm die Drucklegung seiner bekenntnishaften Erinnerungen ihren Fortgang. Im September und Oktober 1813 hatte Goethe, nachdem er in Ilmenau noch „sieben sehr vergnügte Tage“ verbrachte, zur Flucht bereit, auf gepackten Koffern gesessen. Am 19. Oktober hatte dann die Völkerschlacht bei Leipzig Napoleons Schicksal besiegelt. Goethe erinnerte sich noch Jahre danach, als die Rede auf Vorbedeutungen kam: „Nach der Schlacht von Leipzig fiel ohne besondere Veranlassung sein Bild vom Nagel in meinem Zimmer." Nie hat er aufgehört, an eine schicksalhafte Beziehung zwischen sich und dem Korsen zu glauben, der noch auf St. Helena, auf sein Leben zurückblickend sagte: „Quel roman était ma vie!"

Erst am 21. Oktober, nachdem die Nachricht von dem entscheidenden Sieg bekannt geworden war, wurden die Franzosen nach einer Herrschaft von sieben Jahren und sieben Tagen nach heftigen Kämpfen endgültig aus Weimar vertrieben. Nun aber gab es wieder viel Einquartierung, diesmal von Preußen, Österreichern und Russen, deren Kosaken, wie der anwesende Humboldt schrieb, als Befreier „wirklich arg sind". Sie nähmen Goethe „alle Freude an dem Spaß". Er bekam den österreichischen Feldzeugmeister Jerome Colloredo mit seinem ganzen Gefolge ins Quartier. Goethe war ihm noch mit seinem französischen Orden entgegengetreten, worauf er zu hören bekam: „Pfui Teufel, wie kann man so Etwas tragen!", woraufhin er Humboldt, der damals preußischer Gesandter am Wiener Hof war, darum bat, ihm doch einen österreichischen Orden zu verschaffen, was sich nicht verwirklichen ließ. Auch gab es viel Einquartierungen und erlauchte Besuche. Wichtiger war, daß Goethe am 7. November Arthur Schopenhauer, der bisher getrennt von seiner Mutter gelebt hatte, näher kennenlernte. Mit ihm, der später eine grundgescheite Untersuchung über Zufall und Schicksal im Menschenleben verfaßte, hätte Goethe sich vielfach belehrend über dieses Thema aussprechen können. Am 11. November kehrte gar der Freiherr vom Stein in Weimar ein und suchte Goethe dort auf.

Am 13. Dezember hatte Goethe dann eine Unterredung mit dem Historiker Heinrich Luden, seit 1806 Professor in Jena, der mit Bertuch die Zeitschrift „Nemesis" plante und Goethe dafür gewinnen wollte. Doch Goethe lehnte ab, erklärte ihm indes: „Glauben Sie ja nicht, daß ich gleichgültig gewesen wäre gegen die großen Ideen Freiheit, Volk, Vaterland. Nein, diese Ideen sind in uns; sie sind ein Teil unseres Wesens, und niemand vermag sie von sich zu werfen. Auch liegt mir Deutschland warm am Herzen. Ich habe oft einen bittern Schmerz empfunden bei dem Gedanken an das deutsche Volk, das so achtbar im einzelnen und so miserabel im ganzen ist. Eine Vergleichung des deutschen Volkes mit andern Völkern erregt uns peinliche Gefühle, über welche ich in jeglicher Hinsicht hinwegzukommen suche. Und in der Wissenschaft und Kunst habe ich die Schwingen gefunden, durch welche man sich darüber hinwegzuheben vermag, denn Kunst und Wissenschaft gehören der Welt an, und vor ihnen verschwinden die Schranken der Nationalität. Aber der Trost, den sie gewähren, ist doch nur ein leidiger Trost und ersetzt das stolze Bewußtsein nicht, einem großen, starken, geachteten und gefürchteten Volk anzugehören. In derselben Weise tröstet auch nur der Gedanke an Deutschlands Zukunft. Ich halte ihn so oft, als Sie, diesen Glauben. Ja, das deutsche Volk verspricht eine Zukunft, hat eine Zukunft." In dem Gedicht „Des Epimenides Erwachen", das aber erst am 30. März 1815 auf die Bühne gelangte, nahm er dann die Gelegenheit wahr, wie er Iffland mitteilte, „der Nation auszusprechen, wie ich Leid und Freud mit ihr empfunden habe und empfinde", indem er sich zugleich selbst kritisierte:

Doch schäm' ich mich der Ruhestunden,
Mit euch zu leiden war Gewinn:
Denn für den Schmerz, den ihr empfunden,
Seid ihr auch größer als ich bin.

Am 1. März 1815 war Napoleon von Elba entwichen, mußte sich bei Waterloo in einer letzten blutigen Entscheidungsschlacht jedoch endgültig geschlagen geben, nachdem seine Marschälle sich geweigert hatten, weiteren Aushebungen und Schlachten ihre Zustimmung zu geben. Am 1. Juni las Goethe mit Interesse die Handschrift von Schopenhauers Abhandlung „Das Sehen und die Farben". Nach über zwanzigjährigen Erschütterungen und Zerstörungen, großen Entwürfen und Strömen von Blut, kleinlichem Gezerre und Bergen von Leichen kehrte dann in Europa wieder der Friede und eine Neuordnung der Verhältnisse ein. Das kleine Herzogtum Weimar wurde um seiner Opfer und Verdienste willen, Goethes Freund hatte zum Schluß auch noch als russischer General Dienste genommen, um das Doppelte vergrößert und zum Großherzogtum erhoben. Goethe wurde gar im Staatsministerium, in das sich das einstige Geheime Conseil verwandelt hatte, zum Ersten Minister ernannt, obwohl er nur noch die Oberaufsicht über die Anstalten für Wissenschaft und Kunst zu führen hatte. Er erhielt nun ein Jahresgehalt von dreitausend Talern, eine für die damalige Zeit beträchtliche Summe. Aber Carl August erwies sich seines früheren Tutors noch würdiger, indem er die „Wiener Vereinbarungen“, die jedem deutschen Staat eine „landständische Verfassung“ versprachen, gewissenhaft erfüllte und seinem Land eine durchaus von modernem Geist getragene Verfassung gab. Als die neue Landesvertretung aller Stände, also auch Bürger und Bauern, am 7. April 1816 dem Großherzog huldigte, stand Goethe dem Thron am nächsten. Aber es darf nicht verschwiegen werden, daß er in der Überzeugung, Politik sei eine Kunst, die wie jede andere erlernt werden müsse, innerlich gewiß dem allen fern stand. Vor allem aber konnte er seine Bedenken hinsichtlich der von der Verfassung gewährten völligen Pressefreiheit nicht verhehlen.

In der Tat erschienen binnen kurzer Zeit zahlreiche Druckerzeugnisse. Es waren allein in Jena fünf, darunter die „Nemesis“ und das „Staatsverfassungsarchiv“ von Luden, aber auch die „Isis“, in der Professor Oken das sonst in ganz Deutschland freudig begrüßte Weimarische Staatsgrundgesetz kritisierte und damit den Zorn des Großherzogs erregte. Diese Symptome einer allgemeinen Entwicklung zeigten einen Ausbruch an, der bald zutage treten sollte. Aber es waren andere Ereignisse, die für Goethe und für sein Verständnis wichtiger wurden. Bereits 1811 hatte er, der nach außen das wechselnde

Rollenspiel so meisterhaft beherrschte, verbunden mit einem beinahe philiströsen Bemühen, sich nicht ins Innere blicken zu lassen, nach langer Vorbereitung den ersten bis dritten Teil seiner Erinnerungen „Aus meinem Leben. Dichtung und Wahrheit“ publiziert, denen 1816 und 1817 dann der Zweiten Abteilung erster und zweiter Teil und 1822 noch ein Teil, der Rest aber erst postum folgen sollte. Konnte man sein ganzes umfangreiches Werk als Fragmente einer großen Konfession auffassen, um so mehr, gerade trotz mancher Retuschen und nicht wenigen Auslassungen, dieses autobiographische Bekenntnis, in dem er Zufall und Schicksal seines Lebensweges abwog.

In diesem Werk schilderte er aus der Sicht des bereits bekannten Dramas seines Lebens die einzelnen Akte als folgerichtige Abfolge der vorausgegangenen Szenen. „Es sind lauter Resultate meines Lebens, und die erzählten Fakta dienen bloß, um eine allgemeine Beobachtung, eine höhere Wahrheit zu bestätigen.“ Lange Vorbereitungen, so wurden alte Tagebücher studiert, Dokumente aus früheren Perioden gesammelt, nicht zuletzt frühere Briefe zurückerbeten, Abschriften eigener benützt, wurden dazu aufgeboten, um seinen Lebensweg so zu gestalten, wie er ihn gesehen haben wollte. Alles diente dazu, die Vielheit als Einheit erkennen zu lassen. Er habe das Buch „Dichtung und Wahrheit“ genannt, erklärte er, weil es sich durch höhere Tendenzen aus der Region einer niederen Realität erhebe. „Im Grunde aber spielen wir Menschen vor dem großen Schicksalsgemälde der Welt die Rolle des Unkundigen.“ Und doch war es wahr, was er stillschweigend seinem Bericht als Tendenz unterlegt hatte. Im Lebenskampf hatte sich auch ihm langsam die Deutung seines Lebens erschlossen.

Und so lang' du das nicht hast,
Dieses Stirb und werde,
Bist du nur ein trüber Gast
Auf der dunklen Erde.

Dieser Gestaltung wurden auch die Personen, denen er begegnet war, sorgfältig unterzogen. Das Dämonische - oder dürfen wir es das Schicksalhafte nennen? - das in seinem Leben gewirkt hatte, wurde ihm selbst dabei immer deutlicher. Auch in Menschen, denen er auf seinem Lebensweg begegnet oder die für ihn eine Bedeutung gewonnen hatten, glaubte er das Dämonische immer klarer erkennen zu können. So beschrieb er sogar Carl August als eine „dämonische Natur“, er sei „voll unbegrenzter Tatkraft und Unruhe“ gewesen, so daß ihm „sein eigenes Reich zu klein war, und das größte ihm zu klein gewesen wäre“. Aber auch Friedrich der Große und Peter der Große ebenso wie Byron erschienen ihm als dämonische Naturen, sich selbst jedoch rechnete er nicht dazu. „In meiner Natur liegt es nicht, aber ich bin ihm unterworfen“, erklärte er Eckermann. Das Dämonische sei das, was sich durch Verstand und Vernunft nicht auflösen ließe, es manifestiere sich „auf die verschiedenste Weise in der ganzen Natur, in der unsichtbaren wie in der sichtbaren. Manche Geschöpfe sind ganz dämonischer Art, in manchen sind Teile davon vorhanden.“ Im 20. Buch von „Dichtung und Wahrheit“ wurden dann allerdings die Gefahren des Dämonischen, seine die sittlichen Normen sprengende, das nicht Einzuordnende dämonischer Existenzen betont. So wunderbar sei das Leben gemischt, ein ewiger Wechsel zwischen Zwang und Freiheit, zwischen Wollen und Müssen.

> ... und aller Wille
> Ist nur ein Wollen, weil wir eben sollten,
> So sind wir scheinfrei denn ...

Unweigerlich war Goethe nun - innerlich und äußerlich - in die Altersphase seines Lebens eingetreten. Es war eine Periode der Fülle, aber auch der Entsagung, gleichsam ein Herbst mit köstlichen Früchten, die er mit ermattender Kraft zu ernten suchte. „Der ist der glücklichste Mensch, der das Ende seines Lebens mit dem Anfang in Verbindung setzen kann.“ Unter diesem Aspekt muß auch der „West-Östliche Diwan“ von 1819 betrachtet werden, in dem Rheinreisen, die letzte, wirklich große Liebe zu Marianne von Willemer, orientalische Studien und Altersweisheit sich schier unauflöslich und doch unverkennbar miteinander vermengen. Das Gedichtwerk ist in mehrere Abteilungen gegliedert, deren mittlere als Achse das Zwiegespräch zwischen Hatem und Suleika bildet, leicht durchschaubare Masken für das poetische Rollenspiel, hinter denen Goethe und Marianne unschwer zu erkennen sind.

Sie wurde 1784 als Anna Maria Jung im österreichischen Linz als Tochter eines Instrumentenbauers geboren und kam vierzehnjährig mit Sing- und Tanzrollen in Begleitung ihrer Mutter mit dem württembergischen Ballettmeister Traub zum Entzücken des Publikums nach Frankfurt. Darunter waren auch die Frau Rat, Clemens Brentano, der ihr später Gedichte in seinen Romanzen vom Rosenkranz zueignete, und der bereits zweimal verwitwete später geadelte Bankier Johann Jakob Willemer. Der nur elf Jahre jüngere Willemer, mit dem Goethe bekannt, ja befreundet war, betätigte sich auch als Schriftsteller in den verschiedensten Bereichen und war Mitglied der Frankfurter Theaterdirektion. Er nahm das verwaiste sechzehnjährige, hochtalentierte Mädchen, „um sie vor den Gefahren der Bühne zu bewahren", in sein Haus auf und ließ sie mit seinen vier Töchtern erziehen. Als sich schließlich auch noch die jüngste Tochter Willemers verheiratet hatte, gab Marianne nach langem Widerstreben seinem beharrlichen Drängen nach, und so wurde sie am 27. September 1814 die dritte Ehefrau des ein Vierteljahrhundert älteren Bankiers. Goethe hatte sie bereits zuvor kennengelernt und hatte von ihr die Verse erhalten:

Zu den Kleinen zähl ich mich,
Liebe Kleine nennst du mich.
Willst du immer so mich heißen,
Werd' ich stets mich glücklich preisen.

Sie mochte ihn an zwei der liebsten Gestalten seiner Dichtung, die beiden Mariannen aus den „Geschwistern" und aus dem „Wilhelm Meister“ erinnern, während andererseits die älteste, bereits verwitwete Tochter Willemers, Rosette Städel, ihrem Tagebuch anvertraut hatte: „Er ist ein Mann, den man kindlich lieben muß, dem man sich ganz vertrauen möchte.“ Aber bereits in den August- und Septemberwochen war zwischen Goethe und Marianne schicksalhaft eine leidenschaftliche Zuneigung entstanden. Sie erkannten aber bald, daß diese keineswegs „chemische“ Wahlverwandtschaft zum Verzicht, zur Entsagung verurteilt war. Sie feierten zu dritt Goethes Geburtstag auf der Gerbermühle. Er traf beide wiederholt, so im September und Oktober 1815 in Heidelberg, wo Goethe die dorthin verlagerte Gemäldesammlung der Gebrüder Boisserée besichtigte. Von dort brach er dann am 7. Oktober 1815 fluchtartig auf. Niemand wird ohne Bewegung ihre nichts mehr verbergenden Verse lesen können, die in der Brüstung des Altans des Heidelberger Schlosses, an der Stelle, wo Marianne ihn erwartete, eingeritzt sind. Ein Nachlaßgedicht zum „Diwan“ verschlüsselte ihre leidenschaftliche Wahlverwandtschaft, die ihren Namen nicht nennen durfte, so:

> Und der Wandrer wird kommen,
> Der Liebende. Betritt er
> Diese Stelle, ihn zuckt's
> Durch alle Glieder.
> „Hier! vor mir liebte der Liebende.
> War es Medschnun, der zarte?
> Ferhad der Kräftige? Dschemil, der dauernde?
> Oder von jenen tausend
> Glücklich-Unglücklichen einer?
> Er liebte! Ich liebe wie er ...“

Brieflich deutete Goethe schließlich seinem Freund Willemer seine Lage an, „in der sich ein Zwiespalt nicht verleugnet, den ich auch nicht aufrege, sondern lieber schließe“, indem er sich „an die zwei“ wandte, „die man beneidenswert glücklich verbunden sieht“. Licht, Liebe, Leben - das war für Goethe eins. Diskret und taktvoll wie sie beide gewesen sind, ehrte Goethe sie wie keine andere, indem er ihre Verse, lange unerkannt, wie „Hochbeglückt in der Liebe“ oder die beiden „Ost- und Westwind“ Gedichte in seine eigenen einreihte. Als er ihr Ende 1818 die Druckbogen ihres gemeinsam mit Herzblut geschriebenen Werkes zusandte, antwortete sie: „Ich war überrascht, gerührt, ich weinte bei den Erinnerungen einer glücklichen Vergangenheit.“ Nur ein einziges Mal in seinen Briefen, dem vom 26. Juli 1819 redete er sie mit dem vertrauten „Du“ an: „So höre doppelt und dreifach die Versicherung, daß ich jedes Deiner Gefühle herzlich und unablässig erwidere.“ Noch einmal hatte er mit seinem Freund Heinrich Meyer aufbrechen wollen, um über Würzburg - und nicht etwa über Frankfurt - gemeinsam nach Baden-Baden zu reisen, um sie zu treffen. Zwei Stunden hinter Weimar warf der Wagen um, und Goethe nahm den Unfall als Wink des Schicksals. Nie wieder ist er an den Rhein, nach Frankfurt und der Gerbermühle oder nach Heidelberg gereist.

Inzwischen war im Zusammenhang mit der Ermordung von Kotzebue, durch den Studenten Karl Ludwig Sand, den Goethe - wiederum welch seltsames Zusammentreffen - anläßlich eines Besuchs im November 1817 noch kennengelernt hatte, die Restaurationsepoche hereingebrochen, die Goethe zunächst durch philosophische Studien, die Lektüre von Byrons ihn verwandt berührende Epen und vor allem durch eigene Arbeit nutzte. Auch hatte er 1817 eine der schlimmsten Demütigungen seines Lebens hinnehmen müssen, als bei der Aufführung des Melodramas „Der Hund des Aubry de Montdidier“ ein Hund auf „seiner“ Weimarer Bühne entgegen seinen Einwänden aus tiefster künstlerischer Überzeugung auftrat. Goethe sah dadurch seine „theatralische Sendung“ vernichtet. Der Herzog verfügte, veranlaßt durch seine Geliebte, die Schauspielerin Jagemann - nunmehrige Frau von Heygendorf -, überdies öffentlich Goethes Entlassung, wodurch dessen sechsundzwanzigjähriges, unlöslich mit der deutschen Theatergeschichte verbundenes Wirken an der Spitze der Weimarer Bühne sein unwiderrufliches Ende fand.

In seinem Alter konnte diese Trennung von dem ihm mehr als alles andere ans Herz gewachsenen Wirkungskreis, ja nahezu von dem Zentrum seiner Existenz, auch durch den Besuch des Herzogs, der ihn herzlich umarmte und ihm ausdrücklich alle seine noch verbliebenen Ämter beließ, kaum noch verwunden werden. Abermals gelang es Goethe nach seinem Rezept des „Stirb-und-werde" seine Rolle auf dem Schauplatz des Lebens in dem anhebenden letzten Akt mit Anstand, Würde und Wirken zu Ende zu spielen. Neues Leben in das geräumige Goethehaus war indes durch die Vermählung seines Sohnes im Juni mit Ottilie von Pogwisch eingezogen, eine Verbindung, die infolge der unterschiedlichen Charaktere und Interessen, nicht glücklich war. Szenen einer turbulenten Ehe mit Streit und Versöhnung, aus der doch zwei Söhne hervorgingen, führten bald dazu, daß die Eheleute getrennte Wege gingen. Aber mehr denn je war Goethe selbst durchdrungen von dem Empfinden, nein von der Idee, die schon vor Leibniz antike Philosophen geahnt hatten, daß in dieser Welt nichts ganz äußerlich geschehen, nichts innerlich dabei ganz fremd sein könne, sondern von vornherein aufeinander bezogen, seelenbezogen, ja seelendurchwirkt sein müsse.

> Erhabner Geist, du gabst mir, gabst mir alles,
> Warum ich bat …
> … Nicht
> Kalt staunenden Besuch erlaubst du nur,
> Vergönnest mir, in ihre tiefe Brust,
> Wie in den Busen eines Freunds, zu schauen.
> Du führst die Reihe der Lebendigen
> Vor mir vorbei und lehrst mich meine Brüder
> Im stillen Busch, in Luft und Wasser kennen.

Ihm war jeder Mensch ein singuläres Phänomen, das er zu durchdringen und aus dem er herauszulocken trachtete, was ihn interessierte, und der Strom der nicht abreißenden Besucher staunte darüber, daß ihn nahezu alles interessierte. So wurde Felix Mendelssohn Bartholdy, von Zelter eingeführt, geherzt und geküßt und mußte ihm Mozart, Bach und Beethoven nebst eigenen Kompositionen und Phantasien vorspielen. Nach der antiken Lehre von den Temperamenten trage jeder Mensch alle vier - nur in unterschiedlichen Proportionen - in sich, dies war Goethes Überzeugung. Aber „dieser Knabe" besitze vom Phlegma das größtmögliche Minimum und vom Gegensatz das Maximum, meinte er und sagte ihm eine große Zukunft voraus. Im Februar 1823 erkrankte er so schwer, daß man an seinem Aufkommen zweifelte. Kaum hatte seine kräftige Natur jedoch die Oberhand gewonnen, verlangte er nach Champagner, Bier und Kreuzbrunnen und schrie, als ihm sein Sohn der ärztlichen Anordnung zufolge Champagner verweigerte, so mächtig, daß sein Diener, der sich taktvoll entfernt hatte, vor Angst wieder herbeilief. Seinen Zorn über die „Ignoranz der Ärzte" hielt er weder damals noch später zurück.

Auch kam es anläßlich einer seiner unverdrossen fortgesetzten Badereisen zu einer letzten Torheit, was doch auf einen unvergleichlichen, ja unsterblichen Gewinn hinauslief. Die blutjunge Ulrike von Levetzow, die er zuvor schon kennengelernt hatte und die er offiziell „mein liebes Töchterchen" oder gar „mein Liebling" nannte, hatte die Zuneigung, ja die Leidenschaft des Dreiundsiebzigjährigen geweckt. Er wollte sie heiraten und bat ihre Mutter schriftlich um die Hand ihrer jüngsten Tochter. Er mochte der Meinung sein, was seinem Freund Willemer gelungen sei, müsse doch auch ihm gelingen. Er spannte sogar den Herzog für seine Werbung mit beachtlichen materiellen und ideellen Zusagen an Ulrikes Eltern und für sie selbst ein. Diese überließen die Entscheidung daher ihrer Tochter, die feinfühlig erklärte, sie habe Goethe sehr lieb - so wie einen Vater -, wolle ihn auch heiraten, um ihm nützlich zu sein, wenn er ganz allein stünde. Da er aber einen Sohn und eine Schwiegertochter im Hause habe, also eine Familie, die sie verdrängen müßte, so wolle sie ihn nicht heiraten, zumal ihr die Trennung von Mutter, Schwestern und Großmutter gar zu schwer würde, und sie noch gar keine Lust zum Heiraten hätte. Diese Absage wurde Goethe taktvoll an seinem Geburtstag 1823, dem „Tag des öffentlichen Geheimnisses“, wie er ihn ironisch nannte, von Ulrikes Mutter namens ihrer Tochter beigebracht, was er äußerlich lächelnd und auch hinfort heiter aufnahm. Tatsächlich aber war er nach dem Abschied von Ulrike tief erschüttert, zumal er in seinem Alter fürchten mußte, daß ihm, sei es durch das Schicksal, sei es durch den Entschluß Ulrikes, ein Wiedersehen versagt bleiben würde. Unweigerlich hatte sich der Vorhang vor dem letzten Akt seines Lebens gehoben, in dem Verzicht, Entsagung, Abschied vorwiegend nach fremden Texten zu deklamieren war. In seiner „Trilogie der Leidenschaft“ wurde diese Erfahrung des Abschieds von der Liebe eingesargt, damit für ihn, dem Liebe Leben bedeutete, zugleich vom Leben. Er verfaßte die „Marienbader Elegie“ auf der Rückreise im rüttelnden Wagen:

> Du hast gut reden, dacht ich: zum Geleite
> Gab dir ein Gott die Gunst des Augenblickes,
> Und jeder fühlt an deiner holden Seite
> Sich augenblicks den Günstling des Geschickes;
> Mich schreckt der Wink, von dir mich zu entfernen -
> Was hilft es mir so hohe Weisheit lernen!
> Mir ist das All, ich bin mir selbst verloren,
> Der ich noch erst den Göttern Liebling war;
> Sie prüften mich, verliehen mir Pandoren,
> So reich an Gütern, reicher an Gefahr;
> Sie drängten mich zum gabeseligen Munde,
> Sie trennen mich - und richten mich zu Grunde.

Im November 1823 anläßlich eines Besuchs bei Goethe, der noch immer einen starken, trockenen Husten hatte, nicht arbeiten konnte und sich entgegen ärztlichem Rat nur von Bier und Brot ernährte, wurde Wilhelm von Humboldt als erster in diese „Marienbader Elegie“ eingeweiht. In dieser „himmlischen Stunde“ ließ ihn Goethe das zierlich und eigenhändig geschriebene Gedicht, das er „vielleicht nie drucken lassen“ wollte - es erschien dann im 3. Band der Ausgabe letzter Hand von 1827 - äußerlich in Band und Papier eingebunden zwei Mal lesen. Es sei „dies Gedicht das Schönste, was er je gemacht hat“, schrieb Humboldt seiner Frau, und übertreffe vielleicht alle seine früheren. Aber im selbem Jahr 1823 war auch jener Dr. Johann Peter Eckermann aufgetaucht, der aus ärmlichen Verhältnissen stammend, sich ein Studium erhungert und eine Gedichtsammlung veröffentlicht hatte, die er Goethe übersandte. Am 10. Juni erschien er erstmals bei dem verehrten „Meister“ und schrieb am selben Abend ihr erstes Gespräch auf. Aber ihn besuchte auch jene dreißigjährige „schöne Polin und unvergleichliche Klavierspielerin“ Marie Szymanowska. Sie war „weniger schön, als hübsch, aber von unbeschreiblicher Anmut“, wie der Kanzler von Müller urteilte. Vor allem aber war sie eine Künstlerin.

Goethe hatte die aus Warschau stammende Hofpianistin des Zaren bereits in Marienbad kennengelernt, wo sie ihm vorgespielt hatte. Nun verschaffte ihm ihr virtuoses Klavierspiel vom 24. Oktober bis zum 5. November fast täglich nicht allein höchsten musikalischen Genuß, sondern auch Linderung seines Kummers über die in Marienbad erlittene Abweisung. Der Abschied von ihr fiel ihm so schwer, daß er sie noch im folgenden Januar „einen weiblichen Vulkan“ nannte, „der alles vollends versengt und verbrennt, was noch übrig ist“. Doch war da noch viel, so daß er ihren Abschied immer wieder zu verzögern suchte und vergeblich um ihren erneuten Besuch bat. „Sie sehen also“, hatte der erfahrene Kanzler von Müller bereits aus Marienbad einer befreundeten Dame mitgeteilt, „daß seine Leidenschaft für Ulrike von Levetzow wenigstens nicht exklusiv ist, und daß ich recht habe zu behaupten: nicht dieses einzelne Individuum, sondern das gesteigerte Bedürfnis seiner Seele überhaupt nach Mitteilung und Mitgefühl habe seinen jetzigen Gemütszustand herbeigeführt“. So konnte Müller seinem Tagebuch dann in Weimar anvertrauen, Goethe sei wieder den ganzen Abend sehr heiter und galant gewesen und habe sich an dem Beifall geweidet, den Madame Szymanowska sowohl durch ihre Persönlichkeit als auch durch ihr seelenvolles Spiel gefunden habe. „Auf sie hat er die schönen gemütvollen Stanzen gedichtet, die er uns kürzlich vorgelesen und seinen Dank dafür ausgesprochen, daß ihr seelenvolles Klavierspiel seinem Gemüte zuerst wieder Beruhigung schaffte." Selbstverständlich wurden sie Madame Szymanowska in ihr Stammbuch geschrieben und ebenfalls in die „Trilogie der Leidenschaft" eingesargt.

Da fühlte ich - o daß es ewig bliebe! -
Das Doppelglück der Töne wie der Liebe.

Zwei Menschen aber verliehen dem Dichter in seinem letzten Lebensjahrzehnt Stärke und Lebensmut mit gleicher Derbheit und Kraft, nämlich der nach kurzer Entfremdung doppelt rückgewonnene „Urfreund" Knebel und der „Herzensfreund" Zelter. Im Bannkreis um ihn als Helfer, Gehilfen und freundschaftlich Verbundene sind es nächst Humboldt, der aber nur zu intermettierenden Besuchen kommen kann, nächst dem „Kunschtmeyer" und Dr. Riemer, dem einstigen Erzieher seines Sohnes, eben der ihm immer näher kommende, hilfreiche Kanzler von Müller sowie Dr. Eckermann, Frédéric Jean Soret und der Baurat C.W. Coudray. Der Schweizer Soret war in Petersburg als Sohn des Hofmalers geboren worden, wuchs ab 1800 in Genf auf und hatte dort und in Paris Theologie und Naturwissenschaften studiert. Im Jahre 1822 hatte ihn Maria Pawlowna zum Erzieher ihres Sohnes, des späteren Großherzogs, bestellt. Nach anfänglicher Zurückhaltung schloß er sich immer mehr Goethe an und wurde ihm durch seine mineralogischen Kenntnisse und durch die gemeinsame Übersetzung der „Metamorphose der Pflanzen" ins Französische, die 1831 erschien, wertvoll. Seine Tagebuchnotizen über den Verkehr mit Goethe überließ er Eckermann für den 3. Teil von dessen „Gesprächen", bevor er 1836 nach Genf zurückkehrte. Coudray war ähnlich wie Zelter, aus einfachen Verhältnissen stammend, zuerst Tapezierer und Dekorateur, studierte dann in Dresden, Berlin, Paris und Rom Architektur und wurde von Goethe 1815 nach Weimar berufen, wo er 1816 zusammen mit J.F.R. Steiner eine selbständige Baubehörde gründete und eine segensreiche Tätigkeit entfaltete, wodurch trotz beschränkter Mittel Straßen, Dörfer, Kirchen, Schulen und Rathäuser entstanden. Auch der spätere Bau der Fürstengruft ist ihm zu verdanken. Er war Goethe nahe in seiner Sterbestunde und betreute seine Aufbahrung und Beisetzung, genau so wie er es bei Carl August getan hatte.

Zahllos aber waren die Besucher und die Zeugnisse, die sie von Goethe ablegten. Vor allem Humboldt schloß er sein Herz auf. So zeigte er ihm nicht nur vertraulich seine sorgfältig gebundene „Trilogie der Leidenschaft", sondern am Jahresende 1826 den Schädel Schillers, den er aus der Gruft herausgesucht hatte und auf einem blausamtenen Kissen mit einer Glasglocke darüber samt den aufgefundenen Gebeinen „schicklich und anständig" aufbewahrte, „bis man sie der Erde auf eine angemessene Weise zurückgeben könnte". In dem Fluß der Besucher aber ragte der junge Franz Grillparzer heraus, der ihn vom 29. September bis zum 3. Oktober 1826 aufsuchte. Sein im Stil der damals modischen Schicksalsdramen gehaltenes Schauspiel „Die Ahnfrau" war bereits am 18. Januar 1819 in Weimar aufgeführt worden, und als er nun selbst erschien, hatte er schon einen beträchtlichen Teil seines eigenen Lebenswerkes geschaffen. Am ersten Besuchstag trat ihm Exzellenz wie gewöhnlich ganz in Schwarz, mit einem Ordensstern an der Brust im Kreis von mehreren Gästen entgegen „wie ein Audienz gebender Monarch". Die Enttäuschung wich, als der Kanzler von Müller ihm am nächsten Tag bedeutete, die „Steifheit" Goethes sei nur die übliche Maske beim ersten Zusammentreffen, hinter der er seine eigene Verlegenheit verberge. Am nächsten Tag bei der Einladung zum Mittagessen war Goethe bereits „so liebenswürdig und warm, als er neulich kalt gewesen war". Als Goethe den jungen Dichter, indem er ihn wie er es gewöhnlich bei einem würdigen Kollegen tat, gleichsam von gleich zu gleich behandelte und seine Hand ergriff, um ihn zu Tisch zu führen, brach Grillparzer in Tränen aus.

Später konnte er sich zu seinem Leidwesen in seiner Verwirrung an die ganze Unterhaltung nicht mehr erinnern.

Auf den nächsten Vormittag beschieden, empfing ihn Goethe nun im langen Hausrock mit einem Schirmkäppchen auf dem Haupt und „hatte etwas unendlich Rührendes. Er sah halb wie ein König aus und halb wie ein Vater.“ Nun war das Werk Grillparzers, der seine isolierte Stellung in Wien beklagte, der Gesprächsgegenstand. Goethe erläuterte ihm, „daß der Mensch nur in Gesellschaft Gleicher oder Ähnlicher wirken könne“, indem er auf seinen Weimarer Kreis hindeutete. Schiller und er seien größtenteils nur das geworden, als was die Welt sie nun anerkenne, dank ihrer sich fördernden und ergänzenden Wechselwirkung. Auch zeigte Goethe ihm seinen Briefwechsel mit Byron. Als Grillparzer schließlich die Einladung erhielt, ihn am nächsten Abend, wo er ihn allein treffen würde, nochmals aufzusuchen, beging er, dem das Schicksal nicht im gleichen Maße hold war und der, sein Leben lang unverheiratet und in schwierigen Liebesverhältnissen blieb, auch den glücklichen Zufall nie recht zu packen wußte, seine „zweite Weimarische Dummheit. Ich fürchtete mich, mit Goethe einen ganzen Abend allein zu sein, und ging, nach manchem Wanken und Schwanken nicht hin.“ Natürlich war Goethe verstimmt, wie Grillparzer festhielt, „und von da an viel kälter gegen mich“. Beim Abschiedsbesuch wunderte sich Goethe zwar über das frühe Scheiden, blieb aber höflich wie stets. Viele Jahrzehnte später glaubte Grillparzer dennoch, Goethe sei ihm „auch in der Folge nicht gerecht geworden, insofern ich mich nämlich denn doch, trotz allem Anstande für den Besten halte, der nach ihm und Schiller gekommen ist“. Das alles aber habe seine Liebe und Ehrfurcht für Goethe nicht vermindert. Allein die Gelegenheit zu einer tiefer reichenden Begegnung war verpaßt.

Goethe indes, inzwischen zum Weisen von Weimar avanciert, war noch nicht am Ende. Nicht nur Herder und Schiller waren längst dahingegangen, Angelica Kauffmann war schon 1807, seine Mutter 1808, Friederike Brion 1813, Lili Schönemann, verehelichte Türckheim 1817, Napoleon 1821, der so hochgeschätzte Byron 1824, Charlotte von Schiller 1826, Charlotte von Stein 1827 gestorben, und nun im selben Jahr wie Charlotte Buff, „Werthers Lotte“, 1828 starb auch Carl August, sein alter Freund, mit dem ihn zunächst der Zufall zusammengeführt und dann das Schicksal aneinander geschmiedet hatte. Nie hatte er vergessen, was er ihm zu verdanken hatte, noch wie schwer es ihm selbst gefallen war, das von ihm Erwartete zu leisten. Kurz bevor er nach Berlin reiste, hatte ihn der Großherzog noch ein letztes Mal besucht. Einst hatte Goethe ihm am 3. September 1783 gewissermaßen ins Stammbuch geschrieben:

Laß mich vergessen, daß auch hier die Welt
So manch Geschöpf in Erdenfesseln hält,
Der Landmann leichtem Sand den Samen anvertraut
Und seinen Kohl dem frechen Wilde baut,
Der Knappe karges Brot in Klüften sucht,
Der Köhler zittert, wenn der Jäger flucht.

Doch daran, auch wenn er „unklug Mut und Freiheit sang“, sich doch „der Menschen schöne Gunst“ erwarb, wurde noch die Klage angeknüpft:

Doch ach! Ein Gott versagte mir die Kunst,
Die arme Kunst, mich künstlich zu betragen.

Beim fünfzigjährigen Regierungsjubiläum des Großherzogs am 3. September 1825 erschien Goethe als einer der ersten Gratulanten. Durch das Zusammentreffen wurde sein alter Freund Carl August am meisten erschüttert. „Mit beiden Händen“, so berichtet der beiden nahestehende Kanzler von Müller, „hatte der Großherzog Goethes Hände ergriffen, der vor Rührung nicht zu Worte kommen konnte und endlich nur sagte: ‚Bis zum letzten Hauch beisammen!‘ Der Großherzog zeigte bald wieder Fassung, und ich hörte: Oh, achtzehn Jahr und Ilmenau!“ Auch dankte ihm der Großherzog, bevor beide sich zum intensiven Gespräch in eine Ecke zurückgezogen hatten, dafür, was von Goethe einst auch in Tiefurt „vorgesungen" worden war. So wurde mancher Groll, der sich in der Stille durch gegenseitige Verletzungen angesammelt hatte, wieder geglättet. „Wenn also von Schlägen und Püffen die Rede ist, womit uns das Schicksal, womit uns Liebchen, Freunde, Gegner geprüft haben, so ist das Andenken derselben beim resoluten, guten Menschen längst hinweggehaucht." Bei dieser Gelegenheit traf Carl August Anordnungen für die Jubelfeier anläßlich des 50. Jahrestages von Goethes Ankunft in Weimar.

Es war dann der Legationsrat C.F. von Conta, der am 15. Juni 1828 Goethe die Nachricht überbrachte, daß der Großherzog auf der Rückreise von Berlin gestorben war. Er hat auch den Eindruck geschildert, den diese Nachricht auf Goethe machte: „Es veränderte sich kein Zug in seinem Gesicht, und gleich gab er dem Gespräch eine heitere Wendung, indem er von dem vielen Herrlichen sprach, das der Hochselige gestiftet und gegründet hatte." Noch einmal werden wir bei einem ähnlichen Anlaß dieser manchen vielleicht überraschenden Reaktion, dieser dem antiken Vorbild, den Gleichmut in allen Schicksalsschlägen zu bewahren, entsprechenden Selbstbeherrschung begegnen. Goethe flüchtete jedenfalls daraufhin nach Dornburg in die Einsamkeit, wo er sich vorzugsweise mit Botanik beschäftigte, schon um sieben Uhr seinen Sekretär zum Diktieren empfing und sich an der Gesellschaft des dortigen Schloßvogts und dessen Verwandten erfreute, später auch Besuche aus Weimar empfing. Mehr als ein halbes Jahrhundert zuvor hatte er seinem Freund gleichsam bereits die Abschiedsworte zugerufen:

> Gehab dich wohl bei den hundert Lichtern
> Die dich umglänzen
> Und all den Gesichtern
> Die dich umschwänzen
> Und umkrenzen!
> Findst doch nur wahre Freud und Ruh
> Bei Seelen grad und treu wie du.

Aber 1829 kam dann, nach langem Anlauf, immer wieder eingetretenen Unterbrechungen der zweite Teil des „Wilhelm Meister" unter dem Titel „Wilhelm Meisters Wanderjahre" heraus. Am 12. Juli 1796 hatte Goethe bereits, von Schiller ermutigt, ihm seinen Entschluß mitgeteilt, die „Lehrjahre" fortzusetzen. Bei der Wandlung der ursprünglichen Komposition des Romans 1807 nach Schillers Tod, als er die Ausführung ernsthaft anpackte, hatte er am 17. Mai feierlich notiert: „Morgens um ½ 7 Uhr angefangen von Wilhelm Meisters Wanderjahren das erste Kapitel zu diktieren." Nachdem er mehr oder weniger selbständige Stücke dafür am 5. August beendet hatte, „überdenkt" er an den folgenden Tagen wiederum die „romanhaften Motive zu den Wanderjahren". Im April 1810 unternahm er dann einen erneuten ernstlichen Anlauf, die Wanderjahre weiterzuführen. Nun aber, als der Roman endlich vorlag, den der inzwischen unentbehrlich gewordene Dr. Eckermann noch durch zwei große Einschiebsel aus Goethes ungeordnet liegen gebliebenem Material auffüllen mußte, hatte sich die Welt verändert, die industrielle Revolution begonnen und war ihr sozialpolitisches Echo erfolgt. Der Genfer Ökonom und Historiker Simonde de Sismondi hatte im Jahre 1819 bereits seine zweibändigen „Nouveaux principes d'économie politique" publiziert, der Buchhalter Charles Fourier 1822 seine „Théorie de l'unité universelle ou Traité de l'association domestique-agricole" veröffentlicht, der Graf Saint-Simon in demselben Jahr „Du système industriel", von 1823 bis 1824 seinen „Catéchisme des industriels" und 1825 seinen „Nouveau Christianisme" veröffentlicht und der schottische Fabrikbesitzer und Freund des einfachen Volkes Robert Owen in den USA 1824 seine Kolonie „New Harmony" in Indiana gegründet.

Im Hinblick auf diese sozialwissenschaftlichen Erörterungen hatte Goethe, der die „Wanderjahre" 1825 wieder aufgegriffen hatte, zu Sulpiz Boisserée gesagt, er begreife jetzt, weshalb das Werk nicht eher zustande kommen konnte. So wurde es erst im Februar 1829, als Goethe im achtzigsten Lebensjahr stand, nach langen Mühen und Umwegen fertig. Es war damit, wie er brieflich mitteilte, „wie mit dem Leben selbst. Es findet sich in dem Komplex des Ganzen Notwendiges und Zufälliges, Vorgesetztes und Angeschlossenes, bald gelungen, bald vereitelt, weshalb es eine Art von Unendlichkeit enthält, die sich in verständige“ - gemeint ist wohl: verstandesmäßige - „ und vernünftige Worte nicht durchaus fassen und einschließen läßt“, weshalb die „sich voneinander absondernden Einzelheiten“ den Wert des Buches ausmachten. Wohl als Hinweis hatte er dem Werk allerdings noch den bekenntnishaften Untertitel „Die Entsagenden“ verliehen. So könnte es scheinen, als sei Beschränkung, Resignation, Entsagung das eigentliche Generalthema, Begrenzung auf das, was das Leben nach manchen Umwegen und Fehlern zu tun noch übrig gelassen habe, Verzicht auf vielfältige angeborene und erworbene Vorteile, Rechte und Besitztümer, und eben Entsagung des leidenschaftlichen Verlangens nach Liebe und Glück. Ja, 1826 hatte er ausdrücklich erklärt, von dem „Wahn“, er hätte „Beruf und Talent zum Zeichnen und Malen“ gehabt, endgültig geheilt zu sein. „Ich bin der Einsiedler“ jenes Romans, hatte er einmal in bezug auf die „Wanderjahre“ gesagt, „der, von seiner Klause aus, das Meer doch immer tosen hört“. Gewiß liegen Zusammenhang, Ziel und Zweck aber innerhalb des Buches selber, hatte er doch schon 1821 angekündigt, „ist es nicht aus einem Stück, so ist es doch aus einem Sinn“.

Inzwischen war der Abschluß des „Wilhelm Meister“ schon lange zu seinem „Hauptgeschäft“ geworden. Hatte er sich einst eingebildet, „eine unbeschränkte und unbedingte Jugend erreichen zu können“, so hatte er nun längst die Erfahrung gemacht: „Auch mir in einem langen Leben sind Ereignisse begegnet, die, aus glänzenden Zuständen, eine Reihe von Unglück mir in andern entwickelten: ja es gibt so grausame Augenblicke, in welchen man die Kürze des Lebens für die höchste Wohltat halten möchte, um eine unerträgliche Qual nicht übermäßig lange zu empfinden“, wie er einem seiner zahlreichen Briefpartner 1827 mitteilte. In solchen Fällen sei auch ihm nichts anderes übrig geblieben, als sich wie „in einen verderblichen Krieg" auf die Arbeit zu stürzen und „den Kampf so im Nachteil als im Vorteil kräftig fortzusetzen". Ja, so schrieb er noch im Oktober 1828, betrachteten wir uns in jeder Lebenslage selbst, „so finden wir, daß wir äußerlich bedingt sind, vom ersten Atemzug bis zum letzten". Aber in diesem Rahmen sei uns auch die „höchste Freiheit" geblieben: „Jeder Morgen ruft uns zu : das Gehörige zu tun und das Mögliche zu erwarten." Auch er hatte auf seinem Lebensweg schmerzhaft erfahren, daß die Bewältigung der einzelnen Stationen ihren Tribut fordert, indes unaufhaltsam die Zeit fortschreitet. Er hatte ihn schließlich an eine Grenze geführt, an der nur noch Entsagung möglich war, um sich nicht in ständigen Konflikten aufzureiben.

So hatte sich nun auch sein Wilhelm Meister, älter geworden, jedoch nicht unbedingt viel reifer, auf den Weg gemacht. „Wer lange lebt, sieht manches versammelt und manches auseinanderfallen", heißt es nun. Schon in den „Lehrjahren" war Goethes Alter ego „Wilhelm Meister", zur Einsicht der „Einschränkung" gelangt, zu bestimmter Tätigkeit geführt worden. Der Handwerker wird zum Symbol der neuen Zeit, der heraufziehenden Epoche des modernen Kapitalismus erwählt. Das Wetterleuchten davon und von der künftigen Periode, an deren Wende wir nun selber stehen, durchzieht vollständig die „Wanderjahre", während die „Wahlverwandtschaften" noch ganz vom schicksalhaften Einzelleben erfüllt waren und der Rolle, die der Zufall darin spielt - oder womöglich nur zu spielen scheint. Im heraufziehenden Zeitalter der Massen, wie man diese Epoche später taufte, und damit des Ungenügens am vereinzelten Individuum erschien es ihm zwar nicht wünschenswert, aber unumgänglich, sich darin einzurichten. Infolgedessen konnte das „höchste Glück der Erdenkinder" nicht mehr die Persönlichkeit sein, sondern ein Kämpfer zu werden, der sich in den Wirrnissen der Zeit zu behaupten weiß. Nur mit tiefer innerer Erschütterung können wir, die an der Zeitenwende weltgeschichtlicher Neuanpassungen stehen, diese Botschaft vernehmen.

Goethe, der die natürliche Landschaft so über alles liebte, ja einst ihre Konturen mit Zeichenstift und Pinsel festzuhalten strebte, sagte doch zu der heraufziehenden Verstädterung als durch menschliche Arbeit und konstruktive Erfindungsgabe geschaffenem Ganzen, das über die in dunklen Gewölben gebeugten Existenzen und ihr oft unheilbares Elend hinweg, die Menschen in ihrem Einzeldasein in den Dienst des allgemeinen Schicksals zurückführen würde. Bereits Werther hatte ausgerufen: „Es ist mir nie so deutlich geworden, wie die letzten Tage, daß ich in der Beschränkung glücklich sein könnte, wenn ich nur ein Geschäft wüßte, ein rühriges, das Fleiß und Bestimmtheit im Augenblicke erforderte ... Jeder Handwerker scheint mir der glücklichste Mensch; was er zu tun hat, ist ausgesprochen, was er leisten kann ist entschieden." Der Weg vom „Werther" zu „Wilhelm Meister" wurde nun zum Paradigma jenes Verlangens nach der Verwirklichung des innersten Selbst, die aus der Verstrickung in die eigene Gefühlswelt und die immer wieder auftretenden Zweifel an der Richtigkeit des eingeschlagenen eigenen schicksalhaften Lebensweges herauszuführen vermochte. Das ist auch ein Ringen, ja ein Kampf gegen die menschliche Dummheit, von der einst Schiller gesagt hatte, daß sogar Götter gegen sie vergeblich kämpften, und von der es schon in den „Lehrjahren" heißt: „Das Menschenpack fürchtet sich vor nichts mehr als vor dem Verstande; vor der Dummheit sollten sie sich fürchten!"

Gewiß kann auch der Weiseste die unvermeidlich auftretenden Konflikte nicht immer vermeiden und der Vorsichtigste nicht den Sturz, er braucht aber nicht zu verzweifeln, „denn die Vorsehung hat tausend Mittel, die Gefallenen zu erheben und die Niedergeschlagenen aufzurichten". Manchmal sieht unser Schicksal aus wie ein Fruchtbaum im Winter. „Wer sollte bei dem traurigen Anblick desselben wohl denken, daß diese starren Äste, diese zackigen Zweige im nächsten Frühjahr wieder grünen, blühen, sodann Früchte tragen könnten; doch wir hoffen's, wir wissen's." In diesem Sinne hat Thomas Mann von den „Wahlverwandtschaften" behauptet, sie „sind Goethes allerchristlichstes Werk". „Es kann wohl sein, daß der Mensch durch öffentliches und häusliches Geschick zu Zeiten gräßlich gedroschen wird; allein das rücksichtslose Schicksal, wenn es die reichen Garben trifft, zerknittert nur das Stroh, die Körner aber spüren nichts davon und springen lustig auf der Tenne hin und wider, unbekümmert ob sie zur Mühle, ob sie zum Saatfeld wandern."

Aber die „Wanderjahre" weisen noch ein ganz anderes Thema auf. Goethe, noch im vorrevolutionären 18. Jahrhundert aufgewachsen, nicht allein in dem Betrieb der Politik und des Theaters, im Reich der Künste und der Wissenschaft, auf dem Gebiet des Bergbaus und des Soldatenwesens erfahren und sachverständig ein „Poeta laureatus" seiner Epoche geworden, wurde nun auch ein „vates", der wie ein antiker Seher weit in die künftige Welt der Ökonomie und Technik des 19. Jahrhunderts seherisch und bejahend hineinblickte. Es war ihm völlig klar, „daß unser neunzehntes Jahrhundert nicht einfach die Fortsetzung der früheren sei, sondern zum Anfang einer neuen Ära bestimmt scheine". Jedes Jahrhundert strebt danach, sich ganz in seiner Eigenart auszubilden „und sucht das Heilige gemein, das Schwere leicht und das Ernste lustig zu machen; wogegen garnichts zu sagen wäre, wenn nur nicht darüber Ernst und Spaß zugrunde gingen". Und dies war auch das Los des 19. Jahrhunderts.

> Treffliche Künste dankt man der Not und dankt man dem Zufall,
> Nur zur Wissenschaft hat keine geführt.

Wie nur wenige damals war er auch aus dieser Erfahrung heraus deshalb befähigt, sich kompetent über Schicksal und Zufall nicht allein des Einzellebens zu äußern, hatte er überdies doch genug davon an sich selbst erfahren. Mit der fortschreitenden Arbeitsteilung, mit der Annäherung der Völker durch den verbesserten Verkehr und mit dem riesig wachsenden Bedürfnis nach Rohstoffen und Fertigwaren aus aller Herren Länder würden die Menschen mehr aufeinander angewiesen sein als je zuvor. Jeder Arbeiter müßte erkennen, daß der einzelne sich nicht länger genügen könne, sondern zum Gelingen seiner Arbeit des anderen bedürfe. Aus der Selbstgenügsamkeit und dem Selbstgenießen führte die Zukunft hinaus in ein Sozial- und Gesellschaftsleben. Das 17. und 18. Jahrhundert lagen noch in großer Enge und Gebundenheit, wie wir erkennen können, wenn Wilhelm Meister von seinem Vater berichtet: „Er war einer der ersten, der seine Betrachtung, seine Sorge über die Familie, über die Stadt hinaus zu erstrekken durch einen allgemeinen wohlwollenden Geist getrieben ward." Bereits in den „Lehrjahren" hatte Goethe den Menschen als ein produktives soziales Wesen entdeckt und ihn mit einem Baumeister verglichen. Wenn aber nun in den „Lehrjahren" vordergründig noch die Idee der individualistischen Selbstgestaltung, ja Selbstverwirklichung vorherrschte, „denn mich selbst, ganz wie ich bin, auszubilden, das war dunkel von Jugend auf mein Wunsch und meine Absicht", sagte Wilhelm Meister, so umfaßte Goethe jetzt mit seinem Blick das Geschick der ganzen Gesellschaft. Schon 1817 hatte er sich gegen den Subjektivismus gewandt, der ihm mit seiner Originalitätssucht junger Leute verhaßt geworden war. „Ein jeder Mensch sieht die fertige und geregelte, gebildete, vollkommene Welt doch nur als ein Element an, woraus er sich eine besondere, ihm angemessene zu schaffen bemüht ist. Tüchtige Menschen ergreifen sie ohne Bedenken und suchen damit, wie es gehen will, zu gebaren, andere zaudern an ihr herum, einige zweifeln sogar an ihrem Dasein."

Infolge dieser Einsicht wandte sich in den „Wanderjahren" das Postulat der allgemeiner gefaßten Erziehung nach außen ins Soziale, ja Staatsbürgerliche. Im Zentrum steht dann nicht mehr der einzelne, sondern die „Pädagogische Provinz". Goethe war zu der Überzeugung gelangt, daß das Leben nur durch unentwegte Tätigkeit zu bewältigen sei. Für die neue Gestaltung der Welt aber bedurfte es Menschen aus der neuen Welt, unbelastet durch überkommene Vorurteile und veraltete Gewohnheiten. „Narrenpossen eure alte Bildung“, bekommt Wilhelm zu hören, „es ist jetzo die Zeit der Einseitigkeiten. Daß ein Mensch etwas entschieden verstehe, vorzüglich leiste, darauf kommt es an ... Mach ein Organ aus dir und erwarte, was für eine Stelle dir die Menschheit wohlwollend zugestehen werde.“ Es sollten im höchsten Sinne praktische Menschen sein, aber keine Egoisten, Utilitarier und doch zugleich aufopferungsfähige Philanthropen. So ist andererseits eben auch viel Entsagung im Alterswerk der „Wanderjahre“, nämlich die Selbstüberwindung ureigenster Bestrebungen zugunsten humaner und erzieherischer Grundsätze. Das Ideal privater Selbstverwirklichung, ja privaten Glücks, wird überwunden, ein Ungenügen am Individuum, zugunsten allgemeinerer gesellschaftlicher Ausgestaltung breitet sich aus. Und gilt es, das Gesetz, das der Mensch in sich trägt, Gleichnis, Abglanz, Ausstrahlung eines höheren, göttlichen Gesetzes zu „verwirklichen“.

Als Wilhelm Meister von einer Sternwarte aus über sich den Himmel erblickt, da mag er sich an Schiller und dessen geliebten Kant erinnern, wenn er sich fragt: „Wie kann sich der Mensch gegen das Unendliche stellen, als wenn er alle geistigen Kräfte, die nach allen Seiten hingezogen werden, in seinem Innersten, Tiefsten versammelt, wenn er sich fragt darfst du dich in der Mitte dieser lebendigen Ordnung auch nur denken, sobald sich nicht gleichfalls in dir ein behaglich Bewegtes, um einen reinen Mittelpunkt kreisend, hervortut? Und selbst wenn es dir schwer würde, diesen Mittelpunkt in deinem Busen aufzufinden, so würdest du ihn daran erkennen, daß eine wohlwollende, wohltätige Wirkung von ihm ausgeht und von ihm Zeugnis gibt. Wer soll, wer kann auf sein vergangenes Leben zurückblicken, ohne gewissermaßen irre zu werden, da er meistens finden wird, daß sein Wollen richtig, sein Tun falsch, sein Begehren tadelhaft und sein Erlangen dennoch erwünscht gewesen?“ Das Vorgefühl einer Veränderung der Dinge war stets auch bei Goethe schon vor der eingetretenen Veränderung wach. Dahinter aber tauchte unausweichlich die größere Frage auf, die Goethe sein Leben lang bewegt hatte:

> Woher nehmt ihr denn aber das große, gigantische Schicksal,
> Welches den Menschen erhebt, wenn es den Menschen zermalmt?

Daran knüpfte er, wieder ganz Künstler, in diesem Zusammenhang die Feststellung:

> Das Geschick das ist blind und der Poet gerecht.

Also ist das Schicksal doch blind wie der Zufall, so daß nur der Dichter alles in eine Reihe, in einen folgerichtigen Zusammenhang bringt? Aber Goethe konnte dieses große Thema nicht beenden, ohne auch für den Dichter eine Summe zu ziehen, zumal wohl nie ein gesellschaftlicher Zustand erreicht sein wird, in dem alle unsere Bedürfnisse legitim sein werden. Im Roman kann man derart dem Zufall sein Spiel erlauben, wenn er nur durch Charakter und Gesinnung der betreffenden Personen gelenkt und geleitet erscheint, so hielt Goethe in den „Lehrjahren“ fest. Im Drama hingegen hat der Zufall keinen legitimen Platz, sondern das Schicksal muß, wenn wir dazu unsere innere Zustimmung geben sollen, die Personen, sei es durch zusammenwirkende äußere Umstände, sei es aus immanenter Notwendigkeit heraus zu einer unvorhergesehenden Katastrophe verurteilen. Nach Goethes ist es daher im „Hamlet“ von Shakespeare das Schicksal, das den Helden, ausgehend von einer fürchterlichen Tat, immer vorwärts zu weiteren fürchterlichen Taten hindrängt, so daß uns sein Geschick als „im höchsten Sinne tragisch“ erscheint und keinen anderen als einen tragischen Ausgang zuläßt. So werden die „Wanderjahre“ auch ein Ausdruck der Weltfrömmigkeit, dies ein weiterer Begriff, ja eine Vorstellung, die er uns geschenkt hat, ein Universalismus durchgeistigter und zugleich seelisch verinnerlichter Art, die sich kraftvoll und tiefreichend in einem folgerichtigen Stufengang mit der Welt zu versöhnen, ja in eins zu setzen sucht.

Goethes einzigem Sohn August, von dem er einst selig vor Vaterglück in seinem Tagebuch festgehalten hatte: „mit Gustl, Frösche fangen im Park“, war es beschieden, den Vater vorzeitig zu verlassen. Wegen seiner praktisch-nützlichen Begabung hatte sein Vater ihn vielseitig herangezogen, jedoch nicht gut an ihm getan, wie er selbst nicht gut tat. Der Mangel an eigenständiger Entfaltungsmöglichkeit und die unglückliche, 1817 geschlossene Ehe mit Ottilie von Pogwisch, die als Tochter eines preußischen Majors in Danzig geboren, bei ihrer Mutter, einer geb. Gräfin Henckel-Donnersmarck, am Weimarer Hof aufwuchs, ließen die Umstände immer bedrückender für ihn werden. Er suchte sich diesen, zunächst gemeinsam mit Dr. Eckermann, im Mai 1830 auf einer Reise nach Italien, dennoch in des Vaters Spuren wandelnd, wenigstens eine Zeitlang zu entziehen. Der Abschied vom Vater, so berichtete man, soll erschütternd gewesen sein. August sei ihm plötzlich weinend vor die Füße gefallen und dann davon gestürzt, während sein Vater, von bösen Ahnungen überwältigt, auf seinem Lehnstuhl zusammenbrach. Nach Monaten abwechslungsreicher Eindrücke raffte ein plötzlicher Tod August in der Nacht auf den 27. Oktober hinweg.

Als Goethe die Nachricht vom Tode seines Sohnes am 27. Oktober 1830 in Rom durch den Kanzler von Müller behutsam zu überbringen versucht wurde, der sie ausgerechnet von August Kestner, dem Sohn von „Werthers Lotte“ erfahren hatte, blieb der Einundachtzigjährige zunächst ruhig, konnte das Unbegreifliche nicht fassen. Dann endlich, während ihm die Tränen in die Augen traten, unterbrach Goethe und sagte: “Nun, so sprechen Sie es nur kurz aus, daß mein Sohn am Fuße der Pyramide von Cestius seine irdische Laufbahn beendet hat“ und fügte hinzu: „non ignoravi me mortalem genuisse“, er habe gewußt, einen Sterblichen gezeugt zu haben. Dann ging er in sein Zimmer. Er selbst überbrachte seiner Schwiegertochter die traurige Kunde mit den Worten: „August kommt nicht wieder.“ In der Folgezeit konnte niemand erfahren, inwieweit die Nachricht ihn erschüttert hatte, da er mit keinem, nicht einmal mit seiner Schwiegertochter weiter darüber sprach. Man bemerkte keinerlei Veränderung, außer einer ernsten Stimmung an ihm. Doch faßte er den Entschluß, endlich seine Hinterlassenschaft zu regeln. Wenige Wochen später setzte er daher ein umfängliches Testament auf und bestellte den Kanzler von Müller zu seinem Testamentsvollstrecker.

Am 25. November traf ihn die junge Großherzogin Maria Pawlowna bereits wieder heiter und wohl an. Er hatte mit Dr. Eckermann zu Abend gespeist und sich dann von seiner Schwiegertochter vorlesen lassen. In der Nacht erlitt er einen Blutsturz, die herbeigerufenen Ärzte gaben ihn auf. „Doch die Vorsehung“, so berichtet sein Privatsekretär und Gehilfe Kräuter, „wollte uns unser Glück und der Welt ihren Stolz noch länger erhalten“. Er selber aber hatte schon am 21. November an Zelter, der ihn ein letztes Mal im Juli 1831 besucht hatte und dem von neun eigenen und drei Stiefkindern nur zwei Töchter geblieben waren, den antiken Spruch geschrieben, niemand sei vor seinem Hinscheiden glücklich zu nennen: „Nemo ante obitum beatus ist ein Wort, das in der Weltgeschichte figuriert, aber eigentlich nichts sagen will. Sollte es mit einiger Gründlichkeit ausgesprochen werden, müßte es heißen: ‚Prüfungen erwarte bis zuletzt‘.“

Hast du es so lange wie ich getrieben,
Versuche wie ich das Leben zu lieben.

Schon lange hatte sich ihm in seinen späten Jahren immer mehr das Unberechenbare, Unkalkulierbare, Unvorhersehbare in seinen Überlegungen aufgedrängt, von dem er in seinem letzten Lebensjahrzehnt so gern und oft als von dem Dämonischen sprach. Je mehr er in seinem langen Leben erfahren, bewirkt und erlitten hatte, um so mehr erkannte er die Umrisse des Unerkennbaren, das auf eine unerforschliche Macht hinter den Phänomenen deutet. Obwohl er weit davon entfernt blieb, der Wissenschaft, der Ratio Lebewohl zu sagen, hielt er doch an seinen Maximen und Reflexionen fest: „Der Greis wird sich immer zum Mystizismus bekennen; er sieht, daß so vieles vom Zufall abzuhängen scheint; das Unvernünftige gelingt, das Vernünftige schlägt fehl, Glück und Unglück stellen sich unerwartet ins Gleiche; so ist es, so war es, und das hohe Alter beruhigt sich in dem, der da ist, der da war und der da sein wird." Aber dies bedeutet noch keine Entsagung, keine Resignation, keine Abkehr von Welt und Leben, sondern im Gegenteil: Weltfrömmigkeit, Bejahung des Seins und seiner Geborgenheit in einer Macht, die nicht vom Menschen bis ins Letzte enträtselt werden kann. Zum Dahinträumen, bloßen Genießen etwa ist keine Zeit, der Forderung des Tages muß bis zum letzten Atemzuge Genüge geleistet werden.

An Dr. Eckermann, dem Sohn armer Eltern, der erst spät zu akademischen Ehren gelangte, war Goethe der Mitautor eines seiner besten Bücher, der „Gespräche mit Goethe" erwachsen, dem er an vielen Tagen seine Gedanken, Kommentare und Erlebnisse eines reichen Lebens diktieren konnte - denn er wußte, daß Eckermann, heimgekehrt, sofort alles Aufgenommene säuberlich notieren würde, und er ihm damit späterhin zugleich eine bescheidene Einkommensquelle zu verschaffen vermochte. In einem Brief an Thomas Carlyle vom 2. Juni 1813 hat Goethe zusammengefaßt, was Eckermann ihm war: „Sein zartes und zugleich lebhaftes, man möchte sagen, leidenschaftliches Gefühl ist mir von großem Wert, indem ich ihm manches Ungedruckte, bisher ungenutzt Ruhende vertraulich mitteile, da er denn die schöne Gabe besitzt, das Vorhandene, als genügsamer Leser, freundlich zu schätzen und doch auch wieder nach Gefühl und Geschmack zu Fordernde deutlich auszusprechen weiß." Dieses Werk ist zweifellos eines der großen und vielgelesenen Bücher der Weltliteratur geworden.

Eckermann verstand es mit unvergleichlicher Einfühlungsgabe seinem Gegenüber die Fragen zu stellen, die nicht nur Goethe, sondern uns Nachlebenden oft über die Person und das Werk hinaus von größter Bedeutung sind und die Repliken mit geradezu sokratischem Hebammengeschick aus ihm herauszuholen. Die unbezweifelbare Echtheit von Goethes Diktion und Gedankenführung fesselt nicht nur uns Nachgeborene, vielmehr auch die Mitlebenden, die Goethe noch persönlich kannten, haben glaubhaft versichert, man höre Goethe sprechen. Überdies hat Eckermann das unschätzbare Verdienst wie einst Schiller den Ersten Teil des „Dr. Faust", so seinerseits den Zweiten Teil durch nie ermüdendes Anregen, Drängen und Ermutigen gleichsam mitgeschaffen zu haben. Auch hat er an der nachgelassenen Gesamtausgabe der Werke Goethes den Hauptteil der redaktionellen Hilfsarbeit, über den Tod des Dichters hinaus, geleistet. Damals sinnierte Goethe: „Es ist der Mühe wert, lange zu leben und die mancherlei Pein zu ertragen, die ein unerforschlich waltendes Geschick in unsere Tage mischt, wenn wir zuletzt über uns selbst durch andere aufgeklärt werden und das Problem unseres Strebens und Irrens sich in der Klarheit der Wirkungen auflöst, die wir hervorgebracht haben."

Mit Euch, Herr Doktor, zu spazieren,
Ist ehrenvoll und ist Gewinn.

Goethe übernahm nun selbst die Leitung des Haushalts, da sich seine Schwiegertochter, die zusammen mit den beiden Enkeln bei ihm lebte, zu untalentiert erwies. Was sein Äußeres anbetraf, so hielt er sich noch aufrecht, und obgleich sein Scheitel gebleicht und er meist schwarz gekleidet war, so hatte er doch das Aussehen eines Sechzigjährigen. Wenn Besucher kamen - und es kamen unverändert nicht wenige - verbarg er hinter der Maske der Exzellenz und des Staatsministers, die

Hände gern auf dem Rücken mit vorgeschobenem Unterleib, seine übliche Verlegenheit bei Begegnungen mit Fremden. Aber mit so vielen Menschen er auch zusammenkam und so vielen Frauen, mehr als hier erwähnt, er immer nahe gekommen sein mag, das Empfinden im Innersten einsam zu sein, hatte ihn seit Schillers Tod nie mehr verlassen. Dies wurde dadurch noch verstärkt, daß neuerdings sich jeder berechtigt glaubte, „ohne irgend ein Fundament bejahen und verneinen zu können, wodurch denn ein Geist des Widerspruchs und ein Krieg aller gegen alle erregt“ wurde. Seinen letzten Geburtstag benutzte er mit den Enkeln zu einem Besuch in Ilmenau. Von dem Bergrat J.Ch. Mahr ließ er sich auf den Kickelhahn begleiten und bestieg dort die ihm einst vertraute Berghütte. Er habe da vor langer Zeit einmal einen Vers an die Wand geschrieben, sagte er ihm und möchte ihn gern noch ein Mal sehen. Mahr führte ihn sogleich an das südliche Fenster, an dem links noch immer mit Bleistift geschrieben stand:

Über allen Gipfeln ist Ruh,
In allen Wipfeln spürest du
Kaum einen Hauch.
Es schweigen die Vöglein im Walde;
Warte nur, balde
Ruhest du auch.

D.7. September 1783, Goethe

Goethe überlas die wenigen Verse und Tränen strömten über seine Wangen, während er sein Taschentuch zog, um sie fortzuwischen. Dann schwieg er etwa eine halbe Minute und sah nochmals durch das Fenster in den düsteren Fichtenwald und ging zurück. Humboldt hatte ihn bei einem früheren Besuch gefaßt vorgefunden, das Unvermeidliche zu erwarten. Doch wurde es um so dringlicher, ein Werk zum Abschluß zu bringen, das zu vollenden ihn nun Eckermann und Humboldt drängten. Es handelte sich darum, sein eigentliches Lebenswerk, den „Faust“ zu vollenden, mit dem sein Name wie mit keinem anderen für immer verbunden bleiben wird. Schon in seiner „Sturm und Drang“-Periode hatte ihn das Thema beschäftigt und rief den „Urfaust“ hervor, eine Konzeption aus Straßburger Tagen. Die Herkunft aus dem Puppenspiel wird nirgends deutlicher als hier. Über das Elementare, Dunkle, Schwankende, Dämonische in seinem eigenen Wesen war in jener Zeit mancher verwirrt. Es gab da manche Tage bitterhumoristischer Stimmungen und sophistischen Widerspruchsgeistes. „Aus einem Auge blickt ihm ein Engel, aus dem anderen ein Teufel und seine Rede ist tiefe Ironie über alle menschlichen Dinge“, hatte einst eine Reisebekanntschaft bemerkt. Selbst Schiller wurde zeitweise dadurch verwirrt.

Die zweite Entstehungsphase des Werkes ist die italienische und darauf folgende kurze Periode von 1788 bis1790, in der jener Entwurf zu „Faust, ein Fragment“ erweitert wurde. In der dritten Entstehungsphase von 1797 bis 1805, die in die Zeit der Zusammenarbeit mit Schiller fiel, wurde von ihm gedrängt der „Faust, Erster Teil“ 1806 vollendet und erschien 1808. Die vierte Entstehungsphase ist die Altersperiode von 1825 bis 1831, in der „Faust, Zweiter Teil“, von dem einzelne Teile des dritten und fünften Aktes, so der „Helena“ Akt, bereits geschaffen waren, vollendet wird. Wie ein Vermächtnis wird er sorgfältig gebunden, ein, zwei Mal zwar noch hervorgeholt und vorgezeigt, aber dann dem Nachlaß überantwortet. Nie hat Goethe den Zweiten Teil aufgeführt gesehen, und manche zweifeln, ob man ihn überhaupt aufführen kann. Die fertige Tragödie glich kaum noch der historischen Faustgestalt, auch nicht dem sagenhaften Zauberer und Wissenseroberer der Renaissance. Aber es dauerte nicht lange, bis das deutsche Bürgertum und nicht nur dieses - man lese in der Korrespondenz von Marx und Engels und ihrem engsten Kreis bis zu Dr. Franz Mehring nach - den „Faust“ auswendig kannte und ihn als abrufbare Weisheit für alle Lebenslagen gebrauchte. In der Tat wird er im Ausland sowohl der Form als dem Inhalt und der Thematik nach als typisch deutsch empfunden.

Dennoch war es kein von Anfang an etwa nach einem vorgefaßten Plan, einer leitenden Konzeption über die Jahrzehnte hin geschaffenes Werk, sondern in den einzelnen Entstehungsphasen verschoben sich nach den Wandlungen in Goethes Leben selbst im selben Maß die leitenden Ideen ständig und traten andere Momente in den Vordergrund. Von den verschiedenen Stationen seines Lebens lösten sich Erlebnisse und Erlesenes, Gleichnisse und Symbole und wuchsen dichterisch umgestaltet zu einem Ganzen zusammen. So wurde schließlich daraus das Drama des schicksalhaften Ringens mit höchstem Einsatz zwischen Faust, dem nach Erfüllung seines Lebens und Erkennens strebenden Menschen, und dem scheinbar alles negierenden Dämon sinnloser Zufälligkeit. Mephisto geriet zur einprägsamsten und faszinierendsten Gestalt aller Dichtung, ja zuweilen gar zur Hauptperson des Dramas überhaupt, weil hier der Teufel nicht allein als „Geist, der stets verneint" auftritt, sondern als gefallener Engel, der sich „von Zeit zu Zeit" deshalb eben bei dem Allmächtigen sehen lassen darf, um mit ihm über das Schicksal der Menschheit, ja über das Schicksal der Schöpfung selber zu streiten. Dabei werden das Göttliche und das Teuflische, Fausts unendliche Erlebnissucht und der höhnische Nihilismus, Fausts unbegrenztes Erkenntnisstreben und die auflösende Kritik, die in Goethes Seele unlösbar verschlungen waren, in der Gestalt Mephistos vereint. Sind doch Analyse und Synthese, Auflösen und Verbinden, Sondern und Verknüpfen nicht allein „zwei verschiedene Denkweisen", sondern zwei „unzertrennliche Lebensakte".

Erst die große Lebenskrise von 1823 und der Zuspruch von Humboldt und Eckermann ließen in Goethe auch die Einsicht reifen, daß es ihm vom Schicksal vergönnt sei, poetisch alle menschlichen Zustände zu durchleben und den Erfahrungskreis des ihm zugemessenen Daseins in allen Höhen und Tiefen dichterisch auszukosten. Aber die Auseinandersetzung zwischen dem Allmächtigen, der unerschütterlich vom Guten der Schöpfung und der Sittlichkeit des Menschen durchdrungen ist, und dem Teufel, der ebenso unerschütterlich von der menschlichen Hinfälligkeit überzeugt ist, ja „besser wär's, daß nichts entstünde", läuft auf eine Wette hinaus. Deren Einsatz wird jedoch von keinem der beiden Kontrahenten, sondern von dem ahnungslosen Faust, nämlich mit seinem Seelenheil, beigesteuert. Allerdings nimmt der Allmächtige die von dem abgefallenen Engel angebotene Wette nicht an - „Gott würfelt nicht" wird noch über hundert Jahre später Einstein gläubig sagen -, sondern läßt Mephisto nur gewähren, denn „es irrt der Mensch, so lang er strebt". Schon hier klingt an, daß der Mensch die irdischen Schranken brauche, um sich bewähren zu können. In Wahrheit aber handelt es sich abermals um ein Ringen im Innern von Goethe selbst, der auf seinem Lebensweg dem Schicksal die Wette seiner Bewährung abtrotzte. Den Allmächtigen zu suchen, der sich von denen, die mit heißem Herzen danach streben, finden lassen will, die in der Natur wirksame kosmische Einheitskraft nicht nur möglichst zu erkennen, sondern mit ihr in Verbindung zu treten, um sie zu verehren, das ist Goethes und deshalb auch Fausts ureigenstes Verlangen. Ja, was der ganzen Menschheit zugeteilt ist, geistig das Höchste und das Tiefste zu erfassen, das wollte auch er selbst in seinem Inneren genießen.

Doch mit diesem Erkenntnisstreben wird es vorerst nichts, da Faust, der unersättlich Mephisto seine Seele verpfändet hat, wenn es ihm gelänge, ihn zum Augenblicke sagen zu lassen „verweile doch, du bist so schön", wie einst Goethe selbst, die Liebe in den Weg tritt, die irdische Liebe in Gestalt von Gretchen. Aber Mephisto weiß Faust, der nicht glaubt, Gretchen durch sein bloßes Menschsein, sogar nicht in seiner dämonisch verjüngten Gestalt, gewinnen zu können, sondern dazu den von Mephisto durch Zauber herbeigeschafften Schmuck benötigt, bald darauf grandios mit Hilfe von allerlei Gaukelwerk abzulenken. Indes bleibt Gretchen, die aus Furcht vor Schande zur Kindsmörderin wird, in ihrer Verzweiflung allein. Da Faust auch noch, wiederum mit Mephistos Hilfe, an ihrem Bruder, der seine Schwester rächen wollte, zum Mörder wird, ist Mephisto bereits davon überzeugt, Faust der Verdammnis überantwortet und seine Wette gewonnen zu haben. Er bietet sogar an, Gretchen vorerst mit seinen Zauberpferden zu retten, aber sie wählt, schon im Kerker, den Flammentod, die Buße und die Errettung ihrer Seele. Als Faust sich später im Zweiten Teil ihrer erinnert, da spricht Goethe selbst von seiner ersten Liebe - oder müssen wir auch hier seine Geliebte im Pluraletantum auffassen?

> Täuscht mich ein entzückend Bild,
> Als jugenderstes, längstentbehrtes höchstes Gut?
> Des tiefsten Herzens tiefste Schätze quellen auf:
> Aurorens Liebe, leichten Schwungs, bezeichnet's mir,
> Den schnellempfundnen, ersten kaum verstandnen Blick,
> Der festgehalten, überglänzte jeden Schatz.

Aber Mephisto ist nicht irgend ein abgefallener Engel, sondern der Dämon selbst, des Chaos' sonderbarer Sohn, der sich stolz zu erkennen gibt:

> Ich bin ein Teil des Teils, der anfangs alles war,
> Ein Teil der Finsternis, die sich das Licht gebar,
> Das stolze Licht, das nun der Mutter Nacht
> Den alten Rang, den Raum ihr streitig macht;
> Und doch gelingt's ihm nicht, da es, so viel es strebt,
> Verhaftet an den Körpern klebt.
> Von Körpern strömt's, die Körper macht es schön,
> Ein Körper hemmt's auf seinem Gange;
> So, hoff' ich, dauert es nicht lange,
> Und mit den Körpern wird's zugrunde gehn.

„Kalt und frech", weicht er nicht mehr von Fausts Seite und wird ihm bald unentbehrlich. Wir finden ihn auch sogleich im „Zweiten Teil" wieder neben Faust. Die beiden treten am Kaiserhof auf, d.h. am Ort von Staat und Politik, wo Mephisto, der allen dämonisch überlegen ironisch die Rolle des Hofnarren übernommen hat. Doch das Reich befindet sich in Anarchie, der Kaiser, aller Hilfsmittel beraubt, verspielt machtlos seine Existenz in äußerlichem Prunk und leerem

Festefeiern und schiebt am liebsten alle politischen Entscheidungen von sich. „Wie in Rom außer den Römern noch ein Volk von Statuen war", so hatte Goethe einst festgehalten, „so ist außer dieser realen Welt noch eine Welt des Wahns, vielmächtiger beinah, in der die meisten leben". Welch ein hektischer Karneval wird da inmitten trostloser Zeit von einem Volk gefeiert, das so dringend notwendiges Geld in leerem Scherz vertan hat. Spaß und Zeitvertreib übertönen die erforderliche ernste Leistung, und der Staatsmann vergeudet da nur seine Zeit als Zeremonienmeister und Festordner.

Aber Mephisto weiß Rat, wie er dem Staatsoberhaupt Geld beschafft, nämlich durch Inflation. Er weiß dem Kaiser inmitten des Amüsierbetriebs die erforderliche Unterschrift abzulocken und ruft zunächst kurzfristig mit seinem Papiergeld eine Scheinblüte von auflebendem Handel und Wandel hervor. Vergeblich warnt des Reiches Kanzler: „Der Satan legt euch goldgewirkte Schlingen", doch um die Zukunft sorgt sich niemand, bis der Zusammenbruch erfolgt. Mochten hierbei Goethes Erinnerungen an die französische Assignatenwirtschaft während der Revolution mitgespielt haben, so hat man doch mit Recht in diesen Partien des „Zweiten Teils" auch die symbolische Darstellung der kapitalistischen Produktion erkannt. Schon früh hatte Goethe jedenfalls seiner Zeit vorausgesehen: „Man darf nur ein wenig mit den Welthändeln bekannt sein, um zu bemerken, daß uns große Veränderungen bevorstehen und die Besitztümer nirgends mehr recht sicher sind."

In diesem „Alterswerk", wie man den „Zweiten Teil" des „Faust" gern nennt, leitet uns der Weise von Weimar durch alle Höhen und Tiefen, über Räume und Zeiten und führt uns vielerlei Gestalten vor Augen. Vor allem wird auch der fast vierzig Jahre jüngere Dichter Byron in der Gestalt des Euphorion beschworen, in dem Goethe den größten Dichter seiner Zeit erblickte und den auch Heinrich Heine „mein Vetter" nannte, der „im Schmerz neue Welten entwickelt" habe. Goethe sah seinerseits in Byron „einen aus Werthers Stamm", der die Thematik des „Faust" verwandelt gestaltet hatte. Als ihm einst der Einwand vorgehalten worden war, bei Byron sei für reine Mythenbildung kein entscheidender Gewinn zu ziehen, entgegnete er: „Byrons Kühnheit, Keckheit und Grandiosität, ist das nicht alles bildend? Wir müssen uns hüten, das Bildende stets im entschieden Reinen und Sittlichen suchen zu wollen. Alles Große bildet, sobald wir es gewahr werden." Auch Byrons Schicksal war es, frühvollendet dahinzugehen. So stürzt im „Faust" auch Euphorion in den Tod und ruft, indem die Mütter beschworen werden, noch aus der Tiefe „Laß mich im düstern Reich,/Mutter, mich nicht allein!" Doch der Dichter bescheinigt ihm im nachfolgenden Trauergesang, daß er Herrliches gewinnnen wollte, allein es sei ihm nicht gelungen.

Wem gelingt es? - Trübe Frage,
Der das Schicksal sich vermummt,
Wenn am unglückseligsten Tage
Blutend alles Volks verstummt.
Doch erfrischet neue Lieder!
Steht nicht länger tief gebeugt!
Denn der Boden zeugt sie wieder,
Wie von je er sie gezeugt.

Goethe liefert uns verschlüsselt, indem er sich in dieser Tragödie mit dem Ewigen über das Menschenlos unterhält, wie er selbst lächelnd bekannt hat, seine letzten Einsichten. Indem er die Bibel paraphrasiert, hat er erläutert: „Das Wahre, mit dem Göttlichen identisch, läßt sich niemals durch uns direkt erkennen, wir schauen es nur im Abglanz, im Beispiel, Symbol, in einzelnen und verwandten Erscheinungen" und setzte in anderem Zusammenhang hinzu, „da sich gar manches unserer Erfahrungen nicht rund aussprechen und direkt mitteilen läßt". Selbst erblindet, hat Faust den letzten Sinn des menschlichen Lebens erkannt, nämlich zu handeln, um seinen Mitmenschen zu dienen, ihnen Lebensgrund zu schaffen, Ödland und Sumpf in fruchtbaren Boden zu verwandeln.

Eröffn' ich Räume vielen Millionen,
Nicht sicher zwar, doch tätig frei zu wohnen ...
Das ist der Weisheit letzter Schluß:
Nur der verdient sich Freiheit wie das Leben,
Der täglich sie erobern muß ...
Solch ein Gewimmel möcht ich sehn,
Auf freiem Grund mit freiem Volke stehn.
Zum Augenblicke dürft' ich sagen:
Verweile doch, du bist so schön!
Es kann die Spur von meinen Erdentagen
Nicht in Äonen untergehn.

Als „Knechte" für diese Arbeit werden die „Lemuren" gerufen, aus „Bändern, Sehnen und Gebein geflickte Halbnaturen", Sinnbild fabrikmäßiger industrieller Arbeitsorganisation, wiederum ein prophetischer Blick auf das unabwendbar heraufziehende neue Zeitalter, Bejahung und Kritik zugleich. So wird das Land urbar gemacht, indem die Natur zugleich zerstört wird, aber auch die alte Kultur, die Kapelle und die Hütte von Philemon und Baucis, den schuldlosen Alten, Erben und Überlebende der antiken Kultur. Doch Goethe selbst ist in dieser Weise kein Handelnder, auch sein Faust gerät niemals auf jene kritische Schwelle, wo es existentiell und sittlich um Sein oder Nichtsein ginge. Er wird vielmehr von Szene zu Szene schicksalhaft getrieben und muß am Schluß bekennen: „Ich bin nur durch die Welt gerannt." Man glaubt zu schieben, und man wird geschoben. Auch Wilhelm Meister, obwohl er sich schließlich einen „bürgerlichen" Beruf erwählte, hatte sich nie über die Rolle eines teilnehmenden Beobachters erhoben, sondern war bis kurz vor Schluß nur mit seinem kostbaren Inneren befaßt. In diesem Licht muß auch die letzte hochgerühmte Tätigkeit Faustens gesehen werden, die als großes kolonisatorisches Werk erscheint. Aber zu allen Zeiten ist aus dem menschlichen Inneren zuletzt Gewinn gekommen, auch wenn wir, blind gegen unser Schicksal, zum Scheitern verurteilt scheinen.

So klammert sich der Schiffer noch zuletzt
Am Felsen fest, an dem er scheitern sollte.

Während sich, der Bühnenanordnung gemäß, „der greuliche Höllenrachen“ auftut und Mephisto glaubt, endlich den ausbedungenen Preis für seine Mühen kassieren zu können, eilen der geheimnisvolle Pater Seraphicus, hinter dessen Maske man den Hl. Franziskus hat erkennen wollen, und der Doctor Marianus herbei, ein Gelehrter, der sich ausschließlich der Verehrung der Mutter Christi geweiht hat, hinter dessen Maske man den Hl. Bernhard von Clairvaux mit seinem Gebet an Maria in Dantes „Paradiso“ (33. Gesang) erkennen möchte. Indessen errettet die Engelschar, begleitet von Gretchen verkleidet als eine der Büßerinnen, Faustens „Unsterbliches“ aus den Klauen des Teufels und entführt es zum Himmel. Goethes Formel für Vergebung und Erlösung nach getaner Buße lautet:

Wer immer strebend sich bemüht,
Den können wir erlösen.
Und hat an ihm die Liebe gar
Von oben teilgenommen
Begegnet ihm die selige Schar
Mit herzlichem Willkommen.

So vollendet sich Faustens Schicksal, indem es fast scheint, als spielte Goethe damit auf den 1. Korintherbrief (13,13) an, daß der Allmächtige und nicht Mephisto jene Wette um Faustens Seele gewinnt, die im Vorspiel zum „Ersten Teil“ der Tragödie geschlossen wurde. Auch ihm selbst war es beschieden, ein biblisches Alter zu erreichen, um mit seinem symbolisch gerichteten Blick den Zusammenhang der Phänomene, der geistigen und der natürlichen, als Abbild dessen zu erkennen, was er das „Göttliche“ nannte. Die einfache Wahrheit der Geschichte hingegen „mit ihrer Masse von Thorheiten und Schlechtigkeiten“ sei, „daß es zu allen Zeiten und in allen

Ländern miserabel gewesen ist". Doch war es seine im Faust niedergelegte Auffassung, daß „ein guter Mensch in seinem dunklen Drange" sich des rechten Weges wohl bewußt sei. Und bereits im frühen Faust-Fragment hatte es geheißen:

> Und was der ganzen Menschheit zugeteilt ist,
> Will ich in meinem innern Selbst genießen.
> Mit meinem Geist das Höchst' und Tiefste greifen,
> Ihr Wohl und Weh auf meinen Busen häufen,
> Und so mein eigen Selbst zu ihrem Selbst erweitern,
> Und, wie sie selbst, am End' auch ich zerscheitern.

Sein Lebenswerk war getan. Goethe starb nach schweren Schmerzen, von Todesängsten schließlich gnädig befreit, am 22. März 1832 um halb zwölf Uhr. Er scherzte noch, wenn auch sehr matt, um neun Uhr, als der Arzt ihn längst aufgegeben hatte, mit seiner Schwiegertochter. Sein Sterben war, berichtet der befreundete Kanzler von Müller, nur ein Ausbleiben des Atems ohne alle Zuckungen oder Kampf. Rückblickend erscheint uns sein ganzer Werdegang auf Dauer angelegt, als habe er so alt werden müssen, um seine Bahn, das heißt sein Werk, zu vollenden. Ein innerlich und äußerlich so vielfältig entwickelter Mensch wie Goethe ist in den verschiedenen Phasen seiner natürlichen Entwicklung wie in ganzen Jahrhunderten daheim und umspinnt das Geschehen, das innere und das äußere, mit Fabeln, in die wir alle uns mehr oder minder verstrickt finden.

Aus der Mitte des 18. Jahrhunderts kommend, war es ihm vergönnt über die Epochenwende von 1789 hinaus noch tief in das 19. Jahrhundert hineinzublicken, „das Jahrhundert für die fähigen Köpfe, für leichtfassende praktische Menschen, die, mit einer gewissen Gewandtheit ausgestattet, ihre Superiorität über die Menge fühlen, wenn sie gleich selbst nicht zum Höchsten begabt sind". Er verkannte nicht, welche Kräfte es ökonomisch, politisch und sozial in sich barg, aber ihm waren auch die Nachteile des heraufziehenden „velociferischen Jahrhunderts" mit seiner wachsenden Mechanisierung und Entseelung nur allzu deutlich, sein dämonisch getriebenes Rennen und Laufen, sein „Ultra“, das alles zu übertreiben und überziehen strebte. Die Antwort darauf, gerichtet an sich selbst und seinesgleichen konnte nur die Losung sein: „Laß uns soviel als möglich an der Gesinnung halten, in der wir herankamen, wir werden, mit vielleicht noch wenigen, die Letzten sein einer Epoche, die sobald nicht wiederkehrt.“ Schmerzlich empfinden wir, die wir kulturell noch verwurzelt sind im Beginn unseres eigenen Jahrhunderts und zugleich nach furchtbaren tektonischen Erschütterungen am Beginn einer säkularen Wende stehen, die tiefe Wahrheit jener Mahnung.

Am Ende seines Lebens gab er sich Rechenschaft darüber, daß auch ihm Ereignisse begegnet waren, die aus anfänglich scheinbar glänzenden Umständen ihm in anderen eine Reihe von Unglück bereitet hätten. In solchen Momenten sei ihm nichts anderes übriggeblieben, als „den Kampf so im Nachteil als im Vorteil kräftig fortzusetzen“. Jeder Morgen rufe uns zu, und auch dies läßt antike Anklänge erkennen, „das Gehörige zu tun und das Mögliche zu erwarten“. An eben denselben Adressaten als an den vorerwähnten hatte er ein Jahr später gewissermaßen erläuternd hinzugefügt: „Betrachten wir uns in jeder Lage des Lebens, so finden wir, daß wir äußerlich bedingt sind vom ersten Atemzug bis zum letzten; daß uns jedoch die höchste Freiheit übriggeblieben ist, uns innerhalb unsrer selbst dergestalt auszubilden, daß wir uns mit der sittlichen Weltordnung in Einklang setzen und, was auch für Hindernisse sich hervortun, dadurch mit uns selbst zum Frieden gelangen können.“ Die wahre Dichtung, so hatte er im 13. Buch von „Dichtung und Wahrheit“ festgehalten, sei daher ein „weltliches Evangelium“.

Als Dichter zeichnete ihn die Gabe aus, einen inneren Sinn für das Wesentliche eines Geschehens zu besitzen, gewissermaßen sein „Gesetz“. So erzählt Goethe in den „Unterhaltungen deutscher Ausgewanderter“ die Geschichte der beiden von dem selben Meister aus dem selben Baum in ganz gleicher Form verfertigten Tische. Der eine zerspringt ohne ersichtlichen Grund, während der andere, fern davon in einem Brand zerstört wird. Er erklärte dazu: „Diese Dinge brauchen nicht erklärbar zu sein; es genügt, daß sie wahr sind." An anderer Stelle gebraucht er die Wendung, „wie sich Verdienst und Glück verketten". Ob nun Zufall oder Schicksal derartiges Geschehen gebietet, soll hier nicht entschieden werden. Man erinnert sich jedoch an Goethes Wort hinsichtlich seiner Farbenlehre „eine geradezu falsche Hypothese ist besser als gar keine". Ihn selbst jedenfalls hatte das Schicksal seinen Lauf beenden, das heißt sein Werk vollenden lassen und ihm dafür, ob nun zufällig oder schicksalhaft, immer die Menschen zugeführt, die ihm notwendig waren oder jedenfalls behilflich, seine „Mission", wie er sich manchmal ausdrückte, zu vollenden.

Aber wir dürfen aus dem Erfordernis, uns an andere anzuschließen, um selbst unseren Unterhalt zu gewinnen, auch auf die Unausweichlichkeit des Leidens und der Entsagung in der überwältigenden Mehrzahl der Fälle schließen. Der Gewinn liegt für den einzelnen, wie Goethe im „Zweiten Teil" des „Wilhelm Meister" und des „Faust" darzutun suchte, im Anschluß an die Gemeinschaft der Mitlebenden. Denn durch die unumgängliche partielle Entsagung des einzelnen wird dieser fähig, in den Dienst der anderen zu treten, mit ihnen und für sie zu wirken, sie zu Helfern, Freunden, ja zu Brüdern und Schwestern zu gewinnen. Die Einschränkung, die sich der einzelne dadurch gefallen lassen muß, läßt ihn seinen Lebensinhalt gewinnen und ermöglicht ihm, beruflich und menschlich nützlich für andere zu wirken. Die Lösung, die uns dahin treibt, mag man in Goethes Sinne auch die sittliche Gesellschaft nennen, indem wir, als allein lebenswert, an ihr unseren Anteil suchen.

Das Ringen mit den Problemen, das Streben sowohl in die eigene Seelentiefe als auch das der Mitmenschen einzudringen, in das Geheimnis der unverbrüchlichen Schönheit des Lebens und der Welt trotz allem, dieses entschlossene, tapfere und lebensbejahende Streben Goethes, will uns heute als Kennzeichen einer versunkenen Epoche erscheinen, aus der er selbst als einer der Letzten hervorragte. In seiner Frühzeit zumal lesen wir häufig von dem Sichtreibenlassen, Getriebenwerden von der „unsichtbaren Geißel der Eumeniden", die er über seinem Haupt schwingen hörte, ohne daß ihn je die innere Gewißheit verließ, daß er „gerettet" würde. Aus einem solchen Schicksalsgefühl war vor allem auch sein Schauspiel „Egmont" entstanden, das getragen wird von Schicksalsheiterkeit, einem sorglos sicheren Sinn, der den äußeren eigenen Untergang in einen inneren Sieg verwandelt. Die Entstehung der dafür sinnbildlichen Szenen fiel bezeichnenderweise in den Anfang der Weimarer Zeit. Sie wurden angereichert mit praktischer Lebenskunst, durch die der reifere Goethe seinen Dämon zu belauschen und zu lenken wußte. Keines seiner dramatischen Werke ist ihm zu vollenden so leicht gefallen. Noch in späterer Zeit, als er sich mehr der klassischen Form näherte, erblickte er im „Egmont" das Unvergängliche seines eigenen Wesens, das Spiegelbild seines eigenen Dämons, der ihm befahl, sich ganz der Welt in ihrer inneren Bedeutung zu öffnen.

Trotz allem, was man dafür oder dagegen sagen mag, so zeugt doch etwas in unserem Innern, daß sich die Vorstellung des Schicksals, sei es in bezug auf uns oder auf andere, nicht abweisen läßt, und daß wir seinen kleinen Bruder, den Zufall, wenn er uns günstig ist, nur allzu gern begrüßen, ohne viel nach seinem Woher oder Wohin zu fragen. „Mein Leben wird, so still es von außen aussieht, mit immer größerer Heftigkeit fortgerissen. Die vielen Fäden der Wissenschaften, Künste und Geschäfte, die ich in meinen früheren Zeiten angeknüpft habe, laufen nun immer enger zusammen", sagte er bereits um 1800. Für den, der seinem Schicksal nicht oder nicht mehr vertraut, wird seine Lebensbahn, ja wird die Geschichte wieder zu einem dunklen Tunnel, in dem der Mensch gefangen ist, ohne zu wissen, welche Folgen sein Handeln haben wird, ohne die illusorische Sicherheit einer Folgerichtigkeit seines Handelns und Strebens. Er kann dann nur auf den Zufall hoffen, der ihn vor schlimmen Folgen bewahrt.

Auch solche Phasen, vor allem gegen Ende seines Lebens, waren Goethe keineswegs fremd. Er fragte dann rhetorisch: „Was ist denn überhaupt das Leben? Man macht alberne Streiche, beschäftigt sich mit niederträchtigem Zeug, geht dumm aufs Rathaus, klüger herunter, am anderen Morgen noch dümmer hinauf."

Ist das Schicksal also etwas „Fremdes", das uns von außen trifft, etwas, das entgegen unseren Absichten, Plänen und Zielen uns leitet, korrigiert und führt entweder zu „unserem Ziel" oder auch ins Verderben? Ein Ziel vielleicht, das wir zuvor niemals ins Auge gefaßt, geschweige denn gewollt haben? Oder ist es „in uns" angelegt, eine geheime Stimme, die zu uns spricht etwa wie das „Daimonion" des Sokrates oder das christliche Gewissen - oder etwa „das liebe innere Ding" Goethes? Müssen wir vielleicht nur auf diese Stimme richtig hören, um dahin zu gelangen, wohin uns zu kommen bestimmt ist? Goethe hatte in diesem Zusammenhang mit Verachtung die Unterstellung zurückgewiesen, er sei ein Heide. „Ich heidnisch? Nun, ich habe doch Gretchen hinrichten und Ottilien verhungern lassen, ist denn das den Leuten nicht christlich genug? Was wollen sie noch Christlicheres?" Und über die „Wahlverwandtschaften" äußerte er gegenüber dem frommen katholischen Sulpiz Boisserée, „der sehr einfache Text dieses weitläufigen Büchleins sind die Worte Christi: Wer ein Weib ansieht, sie zu begehren etc. Ich weiß nicht, ob jemand sie in dieser Paraphrase wieder erkannt hat." Zudem hatte er doch den „Zweiten Teil" seines „Faust" sogar mit christkatholischen Sublimierungen beschlossen.

Allerdings hatte er nie gewisse christlich-dogmatische Vorstellungen akzeptiert, war gewiß auch nicht lutherischer Protestant, als den ihn Thomas Mann hatte sehen wollen, vielmehr spürt der moderne Protestantismus, der absolut antimystisch eingestellt ist, in Goethe ein feindliches Element und möchte ihm sogar die Bezeichnung Christ ebenso wie der Katholizismus bestreiten. Gewiß schwankte auch Goethe zeitweilig hin und her zwischen der Bibel und den Heidengöttern, der Offenbarung und dem Pantheismus, dem Glauben und der Philosophie. Dies haben indes auch viele Heilige getan. In „Wilhelm Meisters Wanderjahre“ hatte er festgehalten, Jesus sei „in seinem Leben für den edlen Teil der Menschheit noch belehrender und fruchtbarer als sein Tod“. Ja, das Christentum war für Goethe eine „Offenbarung des Höchsten, und zwar die mächtigste, die uns Erdenkindern vergönnt ist“. Ihm gebühre auch deshalb besondere Anerkennung, weil es „auch Niedrigkeit und Armut, Spott und Verachtung, Schmach und Elend, Leben und Tod als göttlich“ anerkennt. So sollte man ihm, wie er es wünschte, die Bezeichnung Christ, wenn auch eigener, ja eigenwilliger Art nicht versagen, denn „im Innern ist ein Universum auch“.

Sofort nun wende dich nach innen:
Das Zentrum findest du da drinnen.
Woran kein Edler zweifeln mag.
Wirst keine Regel da vermissen,
Denn das selbständige Gewissen
Ist Sonne deinem Sittentag.

Goethe hat dennoch eine sehr persönliche Koordination seines Glaubens als Monotheist, Polytheist und Pantheist zustande gebracht. Wenn man ihn als Schüler Spinozas bezeichnet hat, so hat er daraufhin eindeutig in „Dichtung und Wahrheit“ repliziert, so „denke man aber nicht, daß ich hätte seine Schriften unterschreiben und mich dazu buchstäblich bekennen mögen“. Aber es scheint gewiß, daß er von ihm seinen Humanitätsbegriff übernommen hat, ohne daß dies jedoch im persönlichen Umgang mit den beiden Humboldts etwa zu Schwierigkeiten geführt hätte. Lavater gegenüber hatte Goethe 1774 geäußert, daß niemand sich über Gott so ähnlich wie der Heiland ausgesprochen habe wie Spinoza, und als Fritz Jacobi, der einst selbst Spinoza anhing, in seiner Schrift „Über die Lehre des Spinoza“ diesen einen Atheisten nannte, erwiderte Goethe, für ihn sei er der Gottesgläubigste - theissimus- und Christlichste. Überdies war nach Auffassung von Thomas

Mann der Humanitätsbegriff von Spinoza christlich, wobei indes fraglich ist, ob die Antike vor dem Auftreten des Christentums überhaupt einen „Humanitätsbegriff" besessen hat. Und was für Goethe das Wichtigste war, nämlich die Dichtung, so hat er in seinen Maximen und Reflexionen festgestellt: „Alles Spinozistische in der poetischen Produktion wird in der Reflexion Machiavellismus."

Was schließlich Goethes Entsagungsethos anbelangt, so erscheint dieses wie sein Schicksal, als die „Schicksalsvorschrift, der eingeborene und bei schwerer geistiger Strafe unverbrüchliche Imperativ" (Th. Mann) von Goethes Werk und Wirken in ihrer gestaltenden Verantwortung. Bereits in den „Wahlverwandtschaften" heißt es, gewissermaßen als Leitmotiv: „Es sind gewisse Dinge, die sich das Schicksal hartnäckig vornimmt. Vergebens, daß Vernunft und Tugend, Pflicht und alles Heilige sich ihm in den Weg stellen; es soll etwas geschehen, was ihm recht ist, was uns nicht recht scheint; und so greift es zuletzt durch, wir mögen uns gebärden, wie wir wollen." Damit waren die Zweifel in den „Lehrjahren", „sollten zufällige Ereignisse einen Zusammenhang haben? Und das, was wir Schicksal nennen, sollte es bloß Zufall sein?" schon antizipatorisch beantwortet. Dort hieß es überdies, ebenfalls bereits mit einem transzendenten Hinweis, daß der Lebensweg früher oder später einem jeden Ergebenheit in das Schicksal, Zutrauen zu einer solchen Leitung einflößen müsse.

Goethe umschloß, ja er verinnerlichte die Entsagung endlich mit einer Heiterkeit, die wiederum weniger an das Christentum als an gewisse antike Philosophen erinnert und nur bei wenigen Anlässen, etwa beim Tod seines Sohnes, erschüttert werden konnte. „Denn unser Schicksal ist seiner Bestimmung näher, und wenn wir nicht selber Herren darüber sind, wenn es von dem Verstande, von den Empfindungen anderer abhängt, ein Ja oder ein Nein, ein So oder So zu erwarten ist, dann ziemt es, ruhig zu stehen, sich zu fassen, sich zu fragen, ob man es erdulden würde, und wenn es ein sogenanntes Gottesurteil wäre, wo uns auferlegt ist, die Vernunft gefangen zu nehmen." Die ursprüngliche ethnische Religiosität des Menschen läßt uns ja leicht beim Zusammentreffen des Zufalls einen schicksalhaften Eingriff vermuten. Die ethnische Religiosität erscheint daher abgelagert wie eine archaische Seelenschicht. „Der Gehalt derselben findet sich in der Weltgeschichte so wie die Hülle derselben in den Begebenheiten. An der Wiederkehr der Schicksale ganzer Völker wird sie eigentlich begriffen." Dies mag heutzutage, da sich das irdische Geschehen nur nach wechselnden äußerlichen militärischen, politischen und wirtschaftlichen Gewichtsverlagerungen abzuwickeln und sich die Menschheit weithin aller transzendentalen Bindungen begeben zu haben scheint, obsolet erscheinen. Auch hatte Goethe wenig mit der durch die Romantiker betriebenen Wiederbelebung jener Vorstellungen aus grauer Vorzeit im Sinn. „Der Mensch wird überhaupt genug durch seine Leidenschaften und Schicksale verdüstert, als daß er es nötig hätte, dieses noch durch die Dunkelheiten einer barbarischen Vorzeit zu tun." Vielmehr hatte er nicht ohne Anstrengung ein Selbstbewußtsein entwickelt, in das sich ein Dichter mit der Zeit wie in ein Schicksal finden muß.

Bereits Schiller hatte erkannt, daß Goethe weder für Kants „Freiheit" noch überhaupt für Philosophie den rechten Sinn habe. Goethe hatte darauf das treffende Argument, der Mensch verstehe nichts, als was ihm gemäß ist. Andererseits hatte er zeit seines Lebens immer wieder die Auffassung vertreten, der Mensch sei zum Handeln berufen, das verantwortliche Handeln sei eine essentielle Eigenschaft der menschlichen Existenz. Es bleibe wohl nichts anderes übrig, „als zu tun, was unsere Vorfahren getan haben, nicht zu handeln und zu beobachten, ohne zu denken, und nicht zu denken, ohne zu handeln und zu beobachten". Was ist überhaupt das Schicksal? Ist das ein ganzer Lebenslauf, oder sind das nur jene einzelnen unabweisbaren Stationen des Lebens wie Geburt, Heirat und Tod, oder sind das auch Wendepunkte wie materielle Not, Gesundheit und Krankheit, Glücksfall und Unfall? „Es glaubt der Mensch, sein Leben zu leiten, sich selbst zu führen, und sein Innerstes wird unwiderstehlich nach seinem Schicksale gezogen", heißt es im „Egmont". Aber damals hatte sich Goethe noch nicht der Entsagung ergeben. Indes verrät sich der wahre Dichter dadurch, daß er „diese Welt" immer zu transzendieren neigt. Am 21. April 1830, zwei Jahre vor seinem Tode, schrieb Goethe Dr. Eckermann wie zum Abschied in dessen Tagebuch das Wort aus dem Buch Hiob (9, 11):

> Er geht vorüber, eh ich's gewahr werde,
> Und er wandelt vorbei, eh ich's merke.

Er unterließ es indes hinzuzufügen (Vers 9,12): „Siehe, wenn er wegrafft, wer will ihm wehren? Wer will zu ihm sagen: Was machst du?" Unsere Ideen kommen ja zu uns wie Tag und Nacht, aus Dunkelheit und Licht. Wenn sie uns begegnen am Weg des Lebens, sind sie einprägsamer als die erlernten und erlesenen. Einst war Goethe ausgezogen, „daß ich erkenne, was die Welt im Innersten zusammenhält", und das Genie zu rühmen, „welches unter dem dunkeln, aber sichern Einfluß reiner Vernunft nach objektiven Gesetzen" zu forschen strebt. Auch er wurde gezwungen für seine Imagination, „was ihr die Wirklichkeit vorenthielt, durch Nachhilfe der Denkkraft zu ersetzen", um nach der Erkenntnis, auch in der Wissenschaft bestehe ein großer Teil des Publikums aus Unverständigen und Snobs, auch hierbei entsagend zu dem Resultat zu gelangen, man müsse sich mit der Erkenntnis des Erkennbaren begnügen und das Unerforschliche verehren. Schließlich wird dennoch die Frage unabweisbar, welches die Gründe sind, die das Schicksal - oder den Zufall? - bewirken mögen. Dies zieht sogleich die andere Frage nach sich, ob man nicht mit der Frage nach den Gründen des Schicksals - der geht zugrunde, der immer nach den Gründen fragt - ein unlösbares Problem aufgeworfen hat. Das heißt aber nüchtern in der Sprache unseres ausgehenden Jahrhunderts gesprochen, daß wir es hier offenbar mit einem wissenschaftlich unlösbaren Problem zu tun haben.

Unsere Vorfahren begnügten sich mit Legenden und Mythologien oder schlicht mit der Ergebung in ihr Schicksal, mit der „inneren Überzeugung" des Glaubens. Aber weder Mythologien noch Legenden können uns eine befriedigende Antwort auf die Frage liefern, ob unser Lebenslauf durch Schicksal gesteuert oder nur durch den Zufall gelenkt wird. Vor allem der Gelehrte jedoch möchte wissen, ob sich in der Analyse der tatsächlichen Begebenheiten und ihrer Umstände Faktoren sichern oder Regelmäßigkeiten - „Gesetze", ein Ausdruck, der bekanntlich aus der religiösen Welt stammt und auf die diesseitige angewandt wurde und nicht umgekehrt - auffinden lassen, die empirisch wenigstens im Geschick einzelner Menschen oder wenigstens von Völkern, Kulturen oder Staaten feststellbare Gleichförmigkeiten in der einen oder anderen Richtung aufweisen. So hatte einst schon ein antiker Historiker die Behauptung gewagt, es sei Rom vom Schicksal vorherbestimmt, die Welt zu beherrschen. „Der Mensch findet sich mitten unter Wirkungen und kann sich nicht enthalten, nach den Ursachen zu fragen; als ein bequemes Wesen greift er nach der nächsten als der besten und beruhigt sich dabei. Besonders ist dies die Art des allgemeinen Menschenverstandes", heißt es schon in den „Betrachtungen im Sinne der Wanderer". Aber wir wissen erst etwas, lange nachdem wir es gelernt zu haben glauben, dadurch, daß es uns durch das Leben bestätigt wurde.

Wollen wir aber ernsthaft zu befriedigenden Antworten in dem bezeichneten Sinne gelangen, so müssen wir die Vorstellungen, Ereignisse und Lebensläufe anderer als objektive Phänomene betrachten und nicht von vornherein einen Schlüssel oder gar eine Kartei bereit halten, um sie einfach einzusortieren oder abzulegen. Die Erfahrung ist hier wie sonst der wissenschaftlichen Betrachtung dienlich, kann aber auch schaden, weil sie vorschnell Gesetzmäßigkeiten und Ausnahmen erkennen läßt. Das nicht geringste Hindernis bei der rationalen Verarbeitung beobachteter Tatsachen und Ereignisse aber bildet der Umstand, daß uns die Ereignisse weniger noch als gefärbt durch unsere „Vorurteile" als in dem Licht erscheinen, in dem wir ihnen stimmungsmäßig begegnen. Der Mensch verfügt ja über die wunderliche Eigenschaft, selbst dann an die Stelle des Problems ein Bild davon zu projizieren oder gar hineinzuphantasieren, wenn die Wahrheit festgestellt und das Problem gelöst worden ist. Man hört dann oft die Antwort, die Wahrheit liege zwischen zwei extremen Auffassungen. Hingegen hat Goethe uns überzeugt, daß vielmehr das Problem dazwischen liegt, „das Unschaubare, das ewig tätige Leben in Ruhe gedacht".

Und doch meinen wir, unter den vielen Fäden, aus denen sich nicht allein das Leben, sondern auch das Wirken Goethes zusammensetzt, als Leitmotiv sein Schicksal zu erkennen, zu dessen Zustandekommen sich viele Zufälle zusammenfanden. Nicht das Geringste dabei war ja, daß manche Betrachter die Auffassung vertraten, Goethe sei schicksalhaft zum Genie bestimmt gewesen und nur zufällig ein Dichter geworden. Hatte schon Theophrast gemeint und hatte Schiller ausgesprochen: „In deiner Brust sind deines Schicksals Sterne", so will die moderne Wissenschaft wissen, in unseren Genen, „die wir ererbt von unsern Vätern", läge unser Schicksal vorherbestimmt. In der Tat hat die Zwillingsforschung manchen Baustein zu dieser Auffassung beigetragen. Die Psychoanalyse, die zunehmend in Mißkredit gerät, will wissen, daß unser Wille, unser Handeln, ja unser Geschick aus unserem Unterbewußtsein heraus, für das unsere Träume und unsere Assoziationen den Schlüssel liefern könnten, gelenkt werde. Aber niemand kann uns bündig - eben „wissenschaftlich" - erklären oder wenigstens erläutern, wie unsere Schicksale oder die unserer Vorfahren dahin gelangt sind. Die scheinbare Immanenz der wissenschaftlichen Erklärung läuft dabei gar zu leicht auf eine maskierte Transzendenz hinaus und droht sich dadurch der Erklärung zu entziehen.

Gern glauben wir daher bei dem Zustandekommen der wechselnden und wechselhaften Ereignisse des Lebens in diesem Zusammenhang an ein Geheimnis, denn das Geheimnis besitzt sehr große Vorteile. Es scheint a priori mehrere Erklärungen bereit zu halten und von vornherein keine auszuschließen. „Wir wandeln alle in Geheimnissen. Wir sind von einer Atmosphäre umgeben", vertraute Goethe Dr. Eckermann an, „von der wir noch gar nicht wissen, was sich alles in ihr regt, und wie es mit unserem Geiste in Verbindung steht". Gewiß sind Geheimnisse noch keine Wunder, aber das Wunder ist „des Glaubens liebstes Kind". Jedenfalls war auf das Palimpsest auch von Goethes Seele zuunterst der Name des Allmächtigen geschrieben, der bei allen Widrigkeiten seines Lebens immer wieder durchschien. Einwänden begegnete er mit dem gelassenen Hinweis, er habe ja ohnehin immer nur „das Testament Johannis gepredigt". Dieser Glaube war mit den Jahren eher stärker geworden, hatte sich jedoch angesichts der Welt mehr und mehr verdüstert. „Ich sehe die Zeit kommen, wo Gott keine Freude mehr an ihr hat, und er abermals alles zusammenschlagen muß zu einer verjüngten Schöpfung." Stets müsse der Kleine und Unschuldige bezahlen, was der Große und Schuldige verbrochen hat. Jeder Krieg habe ein bestialisches Gefolge, dabei glaube womöglich noch die eine Seite, sie sei bei der anderen bloß in die Schule gegangen. Immerhin wachse auch der Mut dem Geringsten aufs neue, wenn er nach tiefster Niedergeschlagenheit sich wieder ermannt.

Dennoch bildete zweifellos nicht die Vorstellung von Schicksal und Zufall im menschlichen Dasein, sondern die Idee der Kunst den Mittelpunkt jener ganzen Literaturepoche, die mit dem Erscheinen Goethes, „dem großen Repräsentanten dieser Periode", ihren „Höhepunkt erreicht hatte". Ihm, dem „der Geist unter seinen Händen zu Literatur wurde", war es beschieden, „der größte Künstler in unserer Literatur" (Heinrich Heine) zu werden. Er war sich bewußt, daß nicht Malerei oder Musik das Material für seine künstlerische Gestaltung lieferten, sondern die Sprache selbst. Die Sprache aber besteht aus Worten, die nichts anderes sind als verkörperte Gedanken. Vergeblich wird derjenige seinen Worten eine Ordnung zu geben suchen, die nicht in seinen Gedanken enthalten ist. Seine Sätze ähneln sonst jenem „ordo ligneus vel ferreus“ des Horaz (Ars poetica V,41), einem hölzernen Eisen. Goethe aber beherrschte die große Kunst, seinen Stil nicht nur mit Unbestimmtheiten zu füllen, die gefallen, sondern auch zum Nachdenken zwingen und den Geist erkennen lassen, was er sonst nicht fassen würde. Dessen ungeachtet hat Goethe sein ganzes Leben hindurch wie der bekannte rote Faden im Tau der britischen Marine - ein Bild übrigens, das er gern gebrauchte - der Gedanke beschäftigt, ob Zufall oder Schicksal seine Existenz - oder gar die Existenz der Menschheit generell? - beherrsche oder lenke. Verhältnismäßig früh war er deshalb in dieser Hinsicht zu einem Resultat in „Der Dichtung Schleier aus der Hand der Wahrheit“ gelangt, wenn es auch Dinge in der Welt gibt, „die der Dichter besser überhüllet als aufdeckt“.

Als er aus Italien heimkehrte, hatte er einst seinem herzoglichen Freund erklärt, daß sein Dichtertum, besser noch, wie er es damals formulierte, sein Künstlertum sein Schicksal, seine Mission und seine Aufgabe sei. Dies war mehr, es war ein Bekenntnis. „Die Gabe der Dichtkunst hat das Eigne besonders darin, daß sie den Besitzer nötigt, sich selbst zu enthüllen.“ Wie einst sein Faust gleich zu Beginn mit der Übersetzung des griechischen Wortes „Logos“, das „Wort“ bedeutet, am Anfang des Johannes Evangeliums ringt, so hatte er selbst zeit seines Lebens mit dem Wort, sei es als sein Stoff oder sei es als „Sinn“, gerungen. Das Wort jedoch, sobald es ausgesprochen wird, gehört nicht mehr dem Sprecher, noch weniger gehört es dem Schreiber, sobald es niedergeschrieben ist, am wenigsten aber dem Dichter, wenn er es in die Welt hinausgesandt hat. Dann gehört es der Menschheit, und „es kann die Spur von meinen Erdentagen/Nicht in Äonen untergehn“. So hängt denn alles an der Sprache, deren Geheimnis wir entschlüsseln müssen, um hinter den Sinn des Wortes zu kommen. „Es gibt so viele Arten von Sprache in der Welt, und nichts ist ohne Sprache. Wenn ich nun die Bedeutung der Sprache nicht kenne, werde ich den nicht verstehen, der redet, und der redet wird mich nicht verstehen (1. Kor., 14,10-11)." Ist das nun das letzte Wort? Hat dies das Schicksal oder der Allmächtige mit Goethe gewollt? Er selbst hat uns auch hierauf die Antwort erteilt, nicht ohne sie abermals geheimnisvoll zu verschlüsseln:

> Was mit mir das Schicksal gewollt? Es wäre verwegen,
> Das zu fragen; denn meist will es mit vielen nicht viel.
> Einen Dichter zu bilden, die Absicht wär ihm gelungen,
> Hätte die Sprache sich nicht unüberwindlich gezeigt.